立德树人之立信实践
——新时代高校学生工作理论与实践探索

主　编　王军华
副主编　李延绍　潘勇军

图书在版编目（CIP）数据

立德树人之立信实践：新时代高校学生工作理论与实践探索／王军华主编. —上海：立信会计出版社，2023.12
　　ISBN 978-7-5429-6719-0

　　Ⅰ.①立… Ⅱ.①王… Ⅲ.①上海立信会计金融学院－思想政治教育－文集 Ⅳ.①G641-53

　　中国版本图书馆 CIP 数据核字（2020）第 270475 号

责任编辑　彭秋龙
美术编辑　吴博闻

立德树人之立信实践——新时代高校学生工作理论与实践探索
LIDE SHUREN ZHI LIXIN SHIJIAN

出版发行	立信会计出版社
地　　址	上海市中山西路 2230 号　　邮政编码　200235
电　　话	(021)64411389　　　　　　传　　真　(021)64411325
网　　址	www.lixinaph.com　　　　　电子邮箱　lixinaph2019@126.com
网上书店	http://lixin.jd.com　　　　　http://lxkjcbs.tmall.com
经　　销	各地新华书店
印　　刷	上海颛辉印刷厂有限公司
开　　本	710 毫米×1000 毫米　　1/16
印　　张	18.25
字　　数	262 千字
版　　次	2023 年 12 月第 1 版
印　　次	2023 年 12 月第 1 次
书　　号	ISBN 978-7-5429-6719-0/G
定　　价	98.00 元

如有印订差错，请与本社联系调换

序
FOREWORD

教育兴则国家兴，教育强则国家强。

党的十八大以来，以习近平同志为核心的党中央高度重视高校思想政治工作。习近平总书记站在党和国家事业发展、民族振兴、培养担当民族复兴大任的时代新人的战略高度，围绕"培养什么人、怎样培养人、为谁培养人"这一根本问题，先后发表一系列重要讲话、作出一系列重要指示批示，系统、全面、科学、深刻地阐述了关于加强高校思想政治工作等一系列方向性、根本性问题，为坚持和加强党对教育工作的全面领导，系统落实立德树人根本任务提供了路径指引和根本遵循。

当前，世界百年未有之大变局加速演进，我国正处于以中国式现代化全面推进中华民族伟大复兴的关键时期。面对国际上各种思想文化交流交锋、国内外各种风险挑战，高等教育要以习近平总书记在中共中央政治局第五次集体学习时的重要讲话为指引，积极投入教育强国建设实践，充分发挥龙头作用，坚持不懈用习近平新时代中国特色社会主义思想铸魂育人，着力加强社会主义核心价值观教育，引导学生树立坚定的理想信念，永远听党话、跟党走，矢志奉献国家和人民。

上海立信会计金融学院坚持以习近平新时代中国特色社会主义思想为指导，全面贯彻习近平总书记关于教育的重要论述，坚守为党育人、为国育才，坚持和加强党的全面领导，落实立德树人根本任务，锚定学校战略目标，制定学校《全面落实立德树人根本任务实施纲要》（以下简称《纲要》），明确实施党建引领、立德树人、人才强校、学科攀升、服务驱动、机制创新"六大战略"，集中力量打好二十项攻坚战，系统化推进《纲要》的实施。强化目标导向，理清工作思路，明确每项攻坚战牵头校领导和牵头部门，细化时间表、任务书、施工图，分年度形成每项攻坚战的工作台账，层层压实责任，切实把党员干部、师生员工的思想和行动统一到培养德智体美劳全面发展的社会主义建设者和接班人、办好人民满意教育的使命上来，在全校营造"处处育人、人人育人"的浓厚氛围，确保立德树人真正形成常态长效的"合围之势"。

学校广大学生工作者始终坚持用习近平新时代中国特色社会主义思想武装头脑，立足以中国式现代化全面推进中华民族伟大复兴的时代命题，紧紧围绕"培养什么人、怎样培养人、为谁培养人"这一根本问题，深入实施"时代新人铸魂工程"，深化"大思政"课综合改革，全面落实立德树人"六大战略"，构建"六环节、六目标"诚信教育体系，推动五育深度融合发展，探索思政教育数字化有效转型，守正创新构建大学生思想政治教育新生态，努力培养德智体美劳全面发展的社会主义建设者和接班人。

一、坚持铸魂育人，筑牢立信学子理想信念

育人的根本在于立德。学校坚定不移用习近平新时代中国特色社会主义思想武装青年大学生头脑，认真贯彻落实习近平总书记关于教育的重要论述，以立德树人为根本任务，致力于培养堪当民族复兴大任的时代新人。学校教育引导立信学子传承和弘扬中华优秀传统文化，传承大师家国情怀，坚定中国特色社会主义共同理想；扎实开展学习贯彻习近平新时代中国特色社会主义思想主题教育，邀请专家学者、英雄模范进校园进课堂，组织参观红色革命遗址和爱国主义教育基地，引导师生铭记党的奋斗历程和领悟党的宝贵经验。立信学子发起跨越 90 年的接力，在学校党的二十大精神师生宣讲团成立仪式上，"新进社"正式揭牌成立，积极当好学习宣传贯彻党的二十大精神的排头兵。

二、坚持以文化人，养成立信学子诚信品格

诚信是大学生树立理想信念的基础。一个没有良好诚信品德的人，不可能有坚定的理想信念；一个平时不讲诚信的人，在关键时刻不可能为崇

高的理想信念作出牺牲。学校高度重视社会主义核心价值观教育，传承红色基因和"立信"文脉，坚持以信立校、以信兴校、以信筑梦，将诚信价值引领贯穿教育教学全过程、各环节，构建"六环节、六目标"诚信教育体系。建立从招生考试到毕业离校一体化的制度体系，完善诚信档案评价系统，建设"诚信文化长廊"展示区，创设"伞伞相传、诚信相伴"实践育人项目，形成以诚信货架、诚信书架、"信"箱为依托的诚信文化体验区等。学校发起成立全国高校诚信文化育人联盟，诚信教育"立信模式"发扬光大、广受好评。

三、坚持评价改革，锻造立信学子意志品质

深化教育改革创新、推动教育高质量发展是把握"强国建设、教育何为"的有力支撑。学校注重深化改革创新，聚焦高素质财经人才培养，持续深化"立信特色"人才培养模式改革，系统构建"以成效为导向"的"培养目标—毕业要求—课程体系"人才培养方案和"通识课+学科专业课+实践课"课程体系；克服"五唯"痼疾，探索增值评价，将过程性、实践性教育评价标准纳入资助育人体系和奖学金综合评价体系；优化学期学段制教学模式，实施"16+2"两阶段学期学段制教学，合理安排长短学段课程设计；推进实施全程导师制，加强导师指导，将创新创业教育融入专业教育全过程；建立应用型创新人才培养需要的实践教学平台，探索以科研训练项目、创新实践活动为载体的新型课程模式，不断提升学生实践能力、科研能力和创新能力。

四、坚持五育并举，助推立信学子素质提升

培养德智体美劳全面发展的社会主义建设者和接班人，是教育事业发展的灵魂。学校注重创新实践教育，不断擦亮立信品牌，培养符合国家和社会人才需求的新时代财经人才；实施"一体一艺"工程，发挥高水平运动队对体育文化和体育精神的引领作用，打造击剑、跆拳道、女足等高水平特色体育项目，建立学生体育素养、心理素养评价制度；深化学校美育

改革，加强"星海艺术团"和学生社团建设，繁荣发展校园文化；发挥学业发展中心的教育引导功能，鼓励学生养成良好的学习习惯、形成有效的学习策略；发挥导师作用，举办本科生学术论坛，鼓励学生投身学术研究、提升学术素养；将劳动教育融入第二课堂，引导学生在创新创业、志愿服务、社会实践、勤工助学等活动中弘扬劳动精神，全面提升综合素养。

五、坚持数智赋能，培植立信学子发展优势

教育数字化转型是贯彻国家战略的应有之义，是建设教育强国的强大动能。学校加快推进教育资源数字化、智能化传播和应用，探索网络思政转型升级新模式，构建立信数字思政工作新格局。学校优化顶层设计，系统推进易班建设；围绕学生成长成才不同阶段的现实需求，打造"新生入学网络思政教育第一课"品牌项目及"诚信数字档案"，推进新生入学适应性教育与易班建设相结合，实现学生发展的全程记录和即时读取；完善互动体验式教学课程体系，打造"劳动教育实践空间"，运用新技术、新手段、新平台，打造"有风景的思政课堂""智慧党建融课堂"等，构建开放式思政教育空间，提升大学生思想政治工作的数字化、网络化、智能化水平，实现思政教育场景的转型与升级。

近年来，学校学生荣获全国高校数学建模挑战赛金奖、全国大学生艺术展演一等奖等殊荣，获评"中国大学生自强之星"和"上海大学生年度人物"。学校击剑、女足获批上海市高水平运动队，学生在中国大学生赛艇、击剑、游泳、跆拳道等锦标赛上斩金夺银。4人入选第31届世界大学生夏季运动会中国体育代表团。学校成为教育部首批全国健康学校，入选"上海市级创新创业教育实践基地"，创业指导站获评"上海市A级院校创业指导站"。学校毕业生整体毕业去向落实率连续三年高于上海市平均水平，是"全国毕业生就业典型经验高校"。

面向加快建设教育强国新征程，立信学生工作将以坚持党的全面领导为根本保证，以立德树人为根本任务，以为党育人、为国育才为根本目标,全面贯彻落实学校第一次党代会明确的"实施立德树人攻坚,培养堪当民族复兴大任的时代新人"发展任务,更加彰显以"大思政课"综合改革推动大学生思想政治教育守正创新的时代之呼,更加聚焦以财经教育数字化新赛道塑造"立信特色"人才培养新范式的育人之任,更加注重以深耕诚信文化软实力赋能学生工作高质量发展的文脉之势,主动超前布局、有力应对变局、奋力开拓新局,用实际行动回答好"强国建设、教育何为""财经创新、育人何为"的立信答卷,努力办好人民满意的高等财经教育。

解 超

2023 年 12 月

目录 CONTENTS

绪论　为党育人　为国育才：教育强国建设重大实践课题的立信探索 ……… 1

第一章　坚持铸魂育人　筑牢立信学子理想信念 ……… 13
　第一节　新时代高校铸魂育人的理念阐释 ……… 14
　第二节　新时代高校铸魂育人的立信实践 ……… 24
　第三节　新时代高校铸魂育人的立信探索 ……… 32

第二章　坚持以文化人　养成立信学子诚信品格 ……… 55
　第一节　新时代高校以文化人的理念阐释 ……… 56
　第二节　新时代高校以文化人的立信实践 ……… 67
　第三节　新时代高校以文化人的立信探索 ……… 75

第三章　坚持评价改革　锻造立信学子意志品质 ……… 101
　第一节　新时代深化高等教育评价改革的理念阐释 ……… 102
　第二节　新时代深化高等教育评价改革的立信实践 ……… 111
　第三节　新时代深化高等教育评价改革的立信探索 ……… 123

第四章　坚持五育并举　助推立信学子素质提升 ……… 135
　第一节　新时代高校五育并举的理念阐释 ……… 136
　第二节　新时代高校五育并举的立信实践 ……… 147
　第三节　新时代高校五育并举的立信探索 ……… 155

第五章　坚持数智赋能　培植立信学子发展优势 …………………… 183
　　第一节　新时代高校数字化转型的理念阐释 ………………………… 184
　　第二节　新时代高校数字化转型的立信实践 ………………………… 198
　　第三节　新时代高校数字化转型的立信探索 ………………………… 203

附录 ……………………………………………………………………… 233
　　附件一 ………………………………………………………………… 234
　　附件二 ………………………………………………………………… 243
　　附件三 ………………………………………………………………… 250
　　附件四 ………………………………………………………………… 257
　　附件五 ………………………………………………………………… 264
　　附件六 ………………………………………………………………… 272

后记 ……………………………………………………………………… 278

绪论

为党育人 为国育才：教育强国建设重大实践课题的立信探索

教育兴则国家兴，教育强则国家强。党的十八大以来，习近平总书记站在新时代党和国家事业发展全局的高度，把教育事业摆在更加突出的优先发展战略地位，在多个场合就教育发表了一系列重要论述，深刻回答了关系教育强国建设的重大理论和实践问题。2023年9月16日出版的《求是》杂志刊发习近平总书记重要文章《扎实推动教育强国建设》。习近平总书记从"培养担当民族复兴大任的时代新人""加快建设高质量教育体系""全面提升教育服务高质量发展的能力""在深化改革创新中激发教育发展活力""增强我国教育的国际影响力""培养高素质教师队伍"等方面，对扎实推动教育强国建设提出明确要求，深刻阐述了中国特色社会主义教育强国的丰富内涵，科学回答了建设教育强国的一系列重大问题，为我们在新征程上加快推进教育现代化、建设教育强国、办好人民满意的教育指明了前进方向、提供了根本遵循。

一、加快建设教育强国之立信思考及目标锚定

教育强国是一个中国化的概念，是中国特色社会主义现代化强国思想的重要内容。党的二十大报告明确指出，"坚持教育优先发展、科技自立自强、人才引领驱动，加快建设教育强国、科技强国、人才强国"①，这是全面建成社会主义现代化强国背景下党中央作出的重大战略部署和战略选择。这为加快建设教育强国提出了新的更高目标，为到2035年建成教育强国、科技强国、人才强国指明了前进方向。

为贯彻落实这一远景目标，2023年5月，习近平总书记在中共中央政治局第五次集体学习时强调了"五个加快"，即加快建设高质量教育体系、加快建设服务全民终身学习的现代教育体系、加快建设一流人才培养与创新能力、加快建设服务高质量发展的现代教育体系、加快建设中国特色世界先进水平的优质教育。这为新时代加快教育强国建设提供了思想之源，为我们指明了当前加快建设教育强国战略实施的着力点和侧重点。

---

① 习近平.高举中国特色社会主义伟大旗帜 为全面建设社会主义现代化国家而团结奋斗：在中国共产党第二十次全国代表大会上的报告[N].人民日报，2022-10-26(1).

加快建设教育强国、加快推进教育现代化，将是未来一段时期内我国教育发展的主要任务。上海立信会计金融学院是一所会计、金融特色鲜明的公办全日制普通高等学校，坚持立德树人根本任务，培养具有"诚信品质、实践能力、创新意识、国际视野"的高素质应用型人才，不断彰显"诚信为本、学验并重"的办学特色。作为一所以诚信立校的高校，在90多年的办学历程中，学校始终重视育人以德为先，坚持德才兼备的教育理念，重视培养学生以坚定的理想信念筑牢精神之基，以过硬的能力素质在时代大潮中建功立业。

学校注重以科学理论引领前进方向，始终坚持以习近平新时代中国特色社会主义思想武装头脑、指导实践、推动工作，认真学习贯彻党的二十大精神，深入落实习近平总书记关于教育的重要论述，牢记为党育人、为国育才初心使命，以高质量财经教育发展为主题，锚定世界级高质量财经教育目标，紧紧围绕国家重大战略和经济社会发展需求，以财经教育发展"小逻辑"服务支撑中国式现代化道路"大逻辑"的时代之需，突出以科教融汇、产教融合深化拓展"三位一体"办学优势，在优秀人才选拔、课程体系改革、专业能力塑造、产教协同育人、长效机制构建等方面持续发力，用实际行动回答好"强国建设、立信何为"发展之问，深化财经教育供给侧结构性改革，加快构建中国特色、世界水平的高质量财经人才培养体系，努力走好建设特色鲜明的高水平应用型财经大学新征程。

学校注重从探索实践中汲取智慧力量，始终坚持将培养德智体美劳全面发展的社会主义建设者和接班人作为落实立德树人根本任务的核心目标。自2016年上海立信会计金融学院组建新校以来，学校确立"立信"校训和"立诚明德、经世致用"的大学精神，全面贯彻党的教育方针，坚持以立德树人为根本，以人才培养为中心，以学科建设为龙头，以师资队伍为关键，以改革创新为动力，全面肩负起人才培养、科学研究、社会服务、文化传承与创新、国际交流与合作的职责使命，培养出大批德智体美劳全面发展的社会主义建设者和接班人。迈入新征程的上海立信会计金融学院把学校的立德树人放在党和国家事业发展全局中去思考、谋划、实践，主动坚守新时代立德树人的价值追求，总结和凝练形成《立德树人之立信实践——新时代高校学生工作理论与实践探索》一书，以理论、实践、案例、制度为框架，聚焦学校全面落实立德树人根本任务的"六大战略"——党建引领、立德树人、人才强校、学科攀升、服务驱动、机制创新，为培养德智体美劳全面发展的社会主义建设者和接班人提供立信的理念、方式、思路和经验。学校党委科学构建立德树人的实践体系，以健全"六项长效机制"为抓手，推动完善党中央重大决策部署落实机制，加强立德树人的顶层设计、整体规划，制定了《全面落实立德树人根本任务实施纲要》，着重从党建引领、立德树人等六大方面下功夫，统筹部署、系统化推进实施落实立德树人"六大战略"和二十项攻坚战的部署。学校制定立德树人"六大战略"和二十项攻坚战任务路线图，强化目标导向，健全机制、环环相扣、汇聚合力，把立德树人内化到学校建设和管理各领域、各方面、各环节，形成持续发力、久久为功、全方位长效系统推进立德树人的"合围之势"。

二、深刻把握教育强国建设的核心课题

"培养什么人、怎样培养人、为谁培养人"是建设教育强国的核心课题。习近平总书记在中共中央政治局第五次集体学习时指出，我们建设教育强国的目的，就是培养一代又一代德智体美劳全面发展的社会主义建设者和接班人，培养一代又一代在社会主义现代化建设中可堪大用、能担重任的栋梁之才，确保党的事业和社会主义现代化强国建设后继有人。这一论述强调，扎根中国大地办教育必须明确"培养什么人、怎样培养人、为谁培养人"，这是教育的根本问题，也是建设教育强国的核心课题。

高等教育在建设教育强国中发挥着龙头作用，要主动肩负培养栋梁之才的时代重任，为中国式现代化打造人才自主培养的战略基地。继党的二十大报告之后，习近平总书记再次强调，"我们要建设的教育强国，是中国特色社会主义教育强国，必须以坚持党对教育事业的全面领导为根本保证，必须以立德树人为根本任务，以为党育人、为国育才为根本目标，

以服务中华民族伟大复兴为重要使命"①,突出了立德树人之于教育高质量发展、教育现代化、教育强国的重要性。

上海立信会计金融学院坚持以习近平新时代中国特色社会主义思想为指导,全面贯彻落实全国和上海高校思想政治工作会议精神、全国和上海市教育大会精神,牢牢把握中国特色社会主义大学的办学方向,全面贯彻党的教育方针,落实立德树人根本任务,按照上海市关于构建高校思政工作"三圈三全十育人"育人体系的要求,全面统筹办学治校各领域、教育教学各环节、人才培养各方面的育人资源和育人力量,深化构建立德树人系统化落实机制,实施立德树人"六大战略"和二十项攻坚战,推动立德树人形成"合围之势",努力培养担当民族复兴大任的时代新人。"立德树人之立信实践"丛书作为上海立信会计金融学院全面贯彻党的教育方针,落实立德树人根本任务的实践探索的重要成果,紧紧围绕"培养什么人、怎样培养人、为谁培养人"这一根本问题,紧紧抓住坚持办学正确政治方向、建设高素质教师队伍和形成高水平人才培养体系三项基础性工作,聚焦全面落实立德树人根本任务的"六大战略"展开系统论述,从实践的维度全方位展现上海立信会计金融学院落实立德树人根本任务的顶层设计、实施路径、典型案例、机制建构和工作思考,力求深刻、全面呈现新时代高校全面落实立德树人根本任务,推动立德树人形成"合围之势"的实践经验。《立德树人之立信实践——新时代高校学生工作理论与实践探索》作为"立德树人之立信实践"丛书中的第二本图书,在继承《立德树人之立信实践》一书成果的基础上,进一步总结了学校在学生思想政治工作方面的理论与实践探索的经验,为高校以学生工作为切入点全面落实立德树人根本任务提供了借鉴。

三、加快建设教育强国之立信实践探索

党的二十大报告赋予教育新的战略地位和历史使命,更为教育发展锚定了清晰而坚定的战略方位。我们要在把握教育强国的核心课题和本质要

---

① 习近平.扎实推动教育强国建设[J].求是,2023(18):4-9.

求的基础上，立足党和国家事业的大格局，以推动财经教育的高质量发展为根本原则，锚定到2035年建成教育强国的奋斗目标，为加快教育强国建设担当作为、贡献力量。

上海立信会计金融学院党委副书记、副院长王军华作为分管学校大学生思想政治教育与管理工作的校领导，从理论入手，带领立信学生工作队伍，系统把握建设教育强国的核心课题，以实现思想政治教育立德树人的价值旨归，坚持运用好习近平新时代中国特色社会主义思想的世界观与方法论，以高质量思想政治教育发展助力教育强国建设为指导原则，以教育数字化转型为先导，以教育评价改革为方法引领，以素质教育的守正创新为实践指引，锚定根本目标，在为党育人、为国育才上出实招，发挥好高校推动思政教育高质量发展的重要阵地作用。学校从实践出发，全面推进立信学工系统立德树人"五大工程"，即铸魂育人、以文化人、五育并举、评价改革和数字赋能，充分统筹挖掘促进一、二、三课堂协同联动的育人资源和力量，构建学工系统立德树人系统化落实机制，推动立德树人形成"合围之势"，努力培养担当民族复兴大任的时代新人。《立德树人之立信实践——新时代高校学生工作理论与实践探索》从理念阐释、实践经验和前沿探索等维度进行阐述，包括许多案例和前沿思考，展示了立信学工系统在落实立德树人根本任务方面的实践经验和成果。这些案例和思考不仅为其他高校提供了参考和借鉴，为培养德智体美劳全面发展的社会主义建设者和接班人提供新的理念和方式，同时也为进一步推动高等教育改革和发展提供了新的思路和方法。

（一）牢记为党育人、为国育才，在立德树人上强基础

教育是国之大计、党之大计。加快建设教育强国，必须全面落实立德树人根本任务。加快推进教育强国建设，最根本的就是要培养德智体美劳全面发展的社会主义建设者和接班人，培养在社会主义现代化建设中可堪大用、能担重任的栋梁之才，确保党的事业和社会主义现代化强国建设后继有人。回顾上海立信会计金融学院的办学历程，学校在建设特色鲜明的高水平应用型财经大学的新征程中，始终着力加强社会主义核心价值观教育,引导学生树立坚定的理想信念,矢志奉献国家和人民,形成具有立信特色的"大思政"育人格局,为国家培养具有家国情怀的新时代建设者。思想政治工作是学校各项工作的生命线。学校探索构建立信特色的思政工作体系,进行全方位部署,突出思政工作首要位置。学校不断丰富"大思政"建设内涵,出台《上海立信会计金融学院关于加强和改进新形势下思想政治工作的实施办法》,明确学校党委书记、校长作为思政建设第一责任人。学校党委书记主讲新生入学第一堂思政大课,校长开讲信用中国等"中国系列"思政课选修课,帮助新生扣好人生第一粒扣子。

(二) 锚定根本目标,守牢文化育人主阵地

习近平总书记在党的二十大报告中指出,"广泛践行社会主义核心价值观""弘扬以伟大建党精神为源头的中国共产党人精神谱系""深入开展社会主义核心价值观宣传教育,深化爱国主义、集体主义、社会主义教育,着力培养担当民族复兴大任的时代新人"①。

学校围绕立德树人总目标,统筹做好社会主义核心价值观教育顶层设计,既要统筹思想政治教育的全过程,又要兼顾思想政治教育的各阶段、各方面,推动实现教育过程与人才培养目标的有机统一。系统推进要求我们应遵循教育规律和人才成长规律,树立系统培养的观念,把握事物之间的普遍联系,用全面的、发展的眼光看问题,以系统思维推动整体发展,推进学校与附属学校的大中小学思想政治教育一体化有机衔接。

怎样培养人是新时代高校落实立德树人根本任务必须回答好的重大实践课题。建设教育强国,要坚持不懈用习近平新时代中国特色社会主义思想铸魂育人,着力加强社会主义核心价值观教育,引导学生树立坚定的理想信念,永远听党话、跟党走,矢志奉献国家和人民。育人的根本在于立魂。学校坚持把立德树人作为中心环节,把思想政治工作贯穿教育教学全过程,精心组织师生学习宣传党的二十大精神、弘扬伟大建党精神,开展

---

① 习近平.高举中国特色社会主义伟大旗帜 为全面建设社会主义现代化国家而团结奋斗:在中国共产党第二十次全国代表大会上的报告[N].人民日报,2022-10-26(1).

"红色印记""红色文化""红色筑梦"系列主题活动,积极推进"青马社团"和"新进社"建设,实现全员育人、全过程育人、全方位育人,形成思政工作与课程思政同向同行、共同发力的"大思政"格局,教育引导新时代立信学子坚定理想信念,赓续红色基因。

(三) 遵循规律,顶层设计教育强国建设考核评价的维度

习近平总书记强调,"从教育大国到教育强国是一个系统性跃升和质变,必须以改革创新为动力","教育评价事关教育发展方向,事关教育强国成败。要紧扣建设教育强国目标,深化新时代教育评价改革,构建多元主体参与、符合我国实际、具有世界水平的教育评价体系"[①]。中共中央、国务院印发的《深化新时代教育评价改革总体方案》坚持以立德树人为主线,持续深化新时代教育评价改革,从根本上解决教育评价指挥棒问题,扭转教育功利化倾向,为推进新时代教育评价改革指明了方向和道路。

为了适应新时代国家战略和经济社会发展需要,满足学生全面发展的培养需要,上海立信会计金融学院积极贯彻落实中央和教育部关于深化新时代教育评价改革的总体方案和相关文件精神,以提高教育质量为核心,以推进教育现代化为目标,以促进教育国际化为途径,全面推进教育评价改革。学校围绕构建"以成效为导向"的一流应用型财经人才培养方案、科学设计应用型人才培养课程体系、优化学期学段制教学模式、深化全程导师制建设、全面推进全程导师制等方面进行了探索,加强一流本科教育的顶层设计,厚植专业课程的德育沃土,取得显著成效。

建设教育强国,必须加快建设高质量教育体系,加大高等教育评价改革力度。深化教育评价改革是加快建设教育强国的战略突破口。高等教育评价体系是评价大学生综合素质与能力的重要标准体系。推进新时代教育评价体系改革,是撬动学生工作的有力杠杆,是推动高等教育高质量发展的风向标,是高校落实立德树人根本任务的重要抓手。学校学工系统在坚持立德树人根本任务的前提下,因时因势、因地制宜地推进思想政治教育

---

① 习近平.扎实推动教育强国建设[J].求是,2023(18):4-9.

的传承与创新，推动育人方式变革和学生学习方式转变，与时俱进转变高校学生工作理念、工作思路，创新工作方法，着力培养学生探索性、创新性思维品质，并从以下几个方面不断优化教育机制。根据《深化新时代教育评价改革总体方案》提出的"改革学生评价，促进德智体美劳全面发展"的要求，学校聚焦五育并举，坚持德育为先、全面发展、因材施教，坚决改变用分数给学生贴标签的做法，创新德智体美劳过程性评价办法。学校探索建立学生综合素质档案制度，形成"学分银行""诚信学分"等新评价政策，创新过程性评价制度，形成学生"电子成长档案"和"学生成长图谱"等新评价办法。

学校学生工作者应树立以立德树人为核心的教育质量观，坚持将立德树人作为教育评价的主旨与灵魂，并将其融入思想道德、文化知识、社会实践等教育各环节，积极克服"五唯"痼疾，以增值评价为视角，将过程性、实践性教育评价标准纳入学生资助育人体系和学生奖学金综合评价体系，将学校自2013年创立的资助育人品牌项目"学生发展银行"作为教育评价载体，从促进学生综合评价专业化、客观化和科学化发展三方面入手，建立了极具财经金融类高校特色且客观健全的学生综合评价平台。

（四）以高质量素质教育为基点，开辟教育强国建设的新境界

习近平总书记在全国教育大会上强调，坚持中国特色社会主义教育发展道路，培养德智体美劳全面发展的社会主义建设者和接班人。德智体美劳全面发展教育目标的提出，具有时代性、现实性。新时代赋予了五育新的内涵，高等院校作为对接经济社会发展需要和立德树人教育体系的主阵地，理应深刻体会新时代对人才评价、选拔和培养提出的新要求，认真贯彻落实全国教育大会精神，助力德智体美劳全面发展教育目标的实现。

党的二十大报告明确提出："坚持以人民为中心发展教育，加快建设高质量教育体系，发展素质教育，促进教育公平。"① 学校锚定为党育人、为国育才这个根本目标，围绕立德树人"六大战略"，巩固和发展具有诚

---

① 习近平.高举中国特色社会主义伟大旗帜 为全面建设社会主义现代化国家而团结奋斗：在中国共产党第二十次全国代表大会上的报告[N].人民日报，2022-10-26(1).

信特色的理想信念教育，筑牢德育基础，构建和完善融合学校诚信文化与中华民族传统文化的实践育人新模式，构建德智体美劳五育并举的高质量人才培养体系。

为坚决打好素质教育攻坚战，学校紧紧围绕德智体美劳全面发展的人才培养目标，在巩固德育、智育的基础上，积极实施"一体一艺"工程建设。一是深化学校体育改革，用好学校体育课教学主渠道，挖掘体育教育中的德育要素，发挥高水平运动队对体育文化和体育精神的引领作用，全面推进跆拳道、击剑、女足等特色体育项目建设，广泛开展水上龙舟等特色群众性体育活动，建立学生体育素养、心理素养评价制度，构建由"育体"向"育心"发展的体育育人新模式。二是深化学校美育改革，成立星海艺术团话剧团，打造上海市高校大师剧系列首批重点推荐剧目《潘序伦》，弘扬"立信"这一独特的诚信品质，繁荣发展校园文化，切实提升以文化德、以美育人能力。三是不断强化"以学生为中心"的办学治校理念，坚持从党建引领、管理协同、队伍进驻、服务下沉、文化浸润、自我治理六个方面入手，将高校育人力量和资源整体下沉到学生社区，逐步探索形成一站式学生社区综合管理模式，构筑学生党建前沿阵地，建设"三全育人"实践园地，打造智慧服务创新基地，争创平安校园样板高地，强化对大学生的思想引领与价值塑造。四是将劳动教育纳入培养社会主义建设者和接班人的总体要求，充分发挥劳动教育在树德、增智、强体、育美等方面的作用，引导广大青年学生在创新创业、志愿服务、社会实践、勤工助学等活动中弘扬劳动精神，养成劳动习惯，增强表达沟通、团队合作、组织协调、创新奋进等能力。

学校坚持德育为先，引导学生坚定理想信念、厚植爱国主义情怀，全面推进素质教育，提高智育水平，加强体育美育，落实劳动教育，在培养奋斗精神、增强综合素质上下功夫，将德智体美劳五育并举落实在育人全过程，真正实现五育融合、全面育人。

（五）纵深推进数字化转型，凝聚教育强国建设的新动力

习近平总书记指出，"教育数字化是我国开辟教育发展新赛道和塑造教育发展新优势的重要突破口"，我国互联网上网人数已达10.67亿人，要"进一步推进数字教育，为个性化学习、终身学习、扩大优质教育资源覆盖面和教育现代化提供有效支撑"①。教育数字化转型不仅关系到我国人才培养的质量，也深刻影响着整个社会的数字化转型发展和国家的竞争优势。

立信学工系统构建以数字化、网络化和智能化为主要特征的现代思想政治教育体系，把握教育数字化转型对高校思想政治教育网络内容建设的要求，加强和创新互联网内容建设，创新思想政治教育话语传播路径，加快推进各类教育资源数字化、智能化传播和应用，充分利用新技术、新应用、新平台为思想政治教育赋能，形成以高质量立信数字思政助力教育强国建设的新格局。

学校高度重视网络育人和易班建设，加强顶层设计，出台《上海立信会计金融学院进一步推进易班建设工作实施方案（2018—2020年）》，系统推进易班建设，形成以"服务"为理念、以"校院共建"为模式的独具特色的易班管理服务四级网格（易班建设工作领导小组、校易班发展中心、二级学院易班工作分站、易班班级）。

学校易班利用互联网和移动终端技术，营造更加多样化、个性化和交互性的思想政治教育环境，为立德树人提供丰富的教育资源。学校易班工作以"思想引领、教育教学、文化育人、生活服务"为核心理念，持续推进优秀网络文化建设，开展上海高校易班新生班级风采大赛、易班名师工作室及易班网络精品项目建设等品牌活动，已创建21个易班名师工作室、56个易班网络文化工作室和易班网络文化精品项目。易班名师工作室活动覆盖师生8 000余人次以上，取得了丰硕的网络思想政治教育成果。学校依托易班网数字化技术，扎实推进网络思政教育方式方法创新，打造"新生入学网络思政教育第一课"品牌项目，推进新生入学适应性教育与易班建设相结合，创新新生教育机制，打造独具立信特色的新生易班"学前"教育品牌。新生"学前"易班网络学习内容丰富，不仅包括党的二十大精

---

① 习近平.扎实推动教育强国建设[J].新长征（党建版），2023（10）：4-7.

神学习专题、校史校情、大学导读、诚信教育、垃圾分类、光盘行动、校园安全与自我防范、大学校园和学习生活及专业辅助课程教育等内容，还包括学校自主研发推出的信仰公开课、劳模进校园、经典大师剧——《潘序伦》《李建模》《冼星海》、立信榜样颁奖典礼等深受学生喜爱的立信校本网络文化课程。此外，易班积极开展浸润式、体验式教育，打造"劳动教育实践空间"。2022年，易班"劳动教育实践空间"正式上线，实现了劳动教育实践必修课程劳动实践环节过程化管理。

学校通过加强网络思政阵地建设，充分利用大数据、人工智能等技术，推动构建"夯实基础、建章立制、创建特色、精准思政、数字赋能"的数字思政育人新生态，构建人类智慧与人工智能相互融合、相互促进，教育功能更加强大的现代化教育体系和未来学习体系。

任务艰巨，使命光荣。一个时代有一个时代的主题，一代人有一代人的使命。新时代新征程，立信学工队伍始终牢记"为党育人、为国育才"的初心使命，树立"躬耕教坛、强国有我"的志向和抱负，胸怀"国之大者"，将落实立德树人根本任务与学校党建高质量发展、学校事业高质量发展紧密结合起来，践行"三全育人"理念，坚持五育并举，在扎实推进教育强国建设和扎根中国大地建设国际知名、国内重要影响、特色鲜明的社会主义财经大学的新征程中贡献高校辅导员、思政教师应有的力量，在为民族复兴铺路架桥、为教育强国建设添砖加瓦的逐梦路上，帮助青年大学生扣好人生第一粒扣子，在培养社会主义建设者和接班人的实践中解答好"培养什么人、怎样培养人、为谁培养人"这个教育的根本问题，以思想政治工作高质量发展助力加快教育强国建设。

第一章

坚持铸魂育人 筑牢立信学子理想信念

要坚持不懈用新时代中国特色社会主义思想铸魂育人,着力加强社会主义核心价值观教育,引导学生树立坚定的理想信念,永远听党话、跟党走,矢志奉献国家和人民。

——习近平总书记在中共中央政治局第五次集体学习时的重要讲话精神

第一节　新时代高校铸魂育人的理念阐释

浇花浇根，育人育心。铸魂育人是高校思想政治工作的首要使命和神圣职责，是高校培养德智体美劳全面发展的社会主义建设者和接班人的根本目标。习近平总书记在中共中央政治局第五次集体学习时强调："要坚持不懈用新时代中国特色社会主义思想铸魂育人，着力加强社会主义核心价值观教育，引导学生树立坚定的理想信念，永远听党话、跟党走，矢志奉献国家和人民。"① 习近平总书记的殷切期望，既体现了对高等教育工作的高度重视和深刻洞察，也彰显了中国共产党对高等教育事业的坚定信心和历史担当。高等教育要在教育强国建设中充分发挥龙头作用，一是更加主动服务国家发展战略全局，构建大格局、搭建大平台、培育大情怀，为国家和社会提供高质量的人才资源和创新成果；二是更加主动超前布局，以系统观念完善"三全育人"体制机制，以大平台全面统筹办学治校各领域、教育教学各环节、人才培养各方面的育人资源和育人力量，为学生成长成才提供全面保障；三是更加有效应对变局，把深化改革作为强大动力，不断创新教育理念、模式、内容和方法，不断提升教育质量和水平；四是更加奋力开拓新局，加快推进教育现代化，以教育之力厚植人民幸福之本，以教育之强夯实国家富强之基，为全面推进中华民族伟大复兴提供有力支撑。

本节将由理论入手，对新时代高校铸魂育人的核心内涵和价值意蕴进行探讨。首先，深刻解读高校铸魂育人的丰富内涵，包括深入贯彻习近平新时代中国特色社会主义思想、落实立德树人根本任务、自觉践行社会主义核心价值观、加强思想政治教育、厚植爱国主义情怀、切实加强实践锻炼等方面，明确高校铸魂育人的基本原则和主要内容。其次，深入分析高

---

① 佚名.加快建设教育强国　为中华民族伟大复兴提供有力支撑[N].人民日报，2023-05-30(1).

校铸魂育人对于提升国家综合国力和竞争力、培养社会主义合格建设者和可靠接班人、提升国家文化软实力和国际影响力的重要意义，阐明高校铸魂育人的必要性和紧迫性。在此基础上，本书立足上海立信会计金融学院办学特色，总结近年来学校牢记习近平总书记嘱托，走好新时代"赶考"路的立信方案。

一、新时代高校铸魂育人的核心内涵

新时代高校铸魂育人是习近平总书记在中共中央政治局第五次集体学习时提出的重要任务，它是对立德树人根本任务的深化和升华，也是对高校思想政治工作的创新和发展。它的提出，既有深厚的历史渊源，也有迫切的现实需要。

从历史渊源看，新时代高校铸魂育人是中国共产党百年奋斗精神的传承和发扬。中国共产党在成立之初，就把教育作为党的事业的重要组成部分，把培养革命人才作为党的重要任务。在革命、建设、改革各个历史时期，党都高度重视高等教育的作用，不断推进高校思想政治工作的改革创新，形成了一系列富有特色和成效的育人理念和方法。新时代高校铸魂育人，就是要继承和弘扬党的优良传统和宝贵经验，用习近平新时代中国特色社会主义思想和社会主义核心价值观教育引导大学生，培养他们成为担当民族复兴大任的时代新人。

从现实需要看，新时代高校铸魂育人是应对国内外复杂形势的必然选择。当前，世界正处于百年未有之大变局，我国正处于实现中华民族伟大复兴的关键时期。面对国际上各种思想文化交流交锋、国内外各种风险挑战，我们必须坚持以马克思主义为指导，以习近平新时代中国特色社会主义思想为旗帜，以社会主义核心价值观为准则，以立德树人为根本任务，以培养德智体美劳全面发展的社会主义建设者和接班人为目标，加强高校思想政治工作，推动高等教育实现高质量发展。

可以看出，新时代高校铸魂育人是习近平总书记对高等教育事业提出的重大战略部署，是推动高等教育现代化、建设教育强国、培养优秀人才的必然要求。必须深入学习贯彻习近平总书记关于教育的重要论述,把握好新时代高校铸魂育人的内涵、目标、路径和方法,努力开创高等教育事业发展新局面。

(一) 新时代高校铸魂育人的根本指针

新时代高校铸魂育人是习近平总书记在多次重要讲话中提出的重要命题,体现了对高等教育事业发展规律和人才培养规律的深刻认识,为推动高等教育高质量发展、办好人民满意的高等教育提供了根本遵循和行动指南。

第一,要坚持党对高等教育事业的全面领导,加强和改进高校党的建设,确保高校始终成为坚持党的领导的坚强阵地。这是办好中国特色社会主义大学的根本保证,也是新时代高校铸魂育人的政治指针。习近平总书记指出:"加强党对高校的领导,加强和改进高校党的建设,是办好中国特色社会主义大学的根本保证。"① 高校党委要把牢党对高校工作的领导权,始终用党的科学理论武装青年,坚定不移地坚持社会主义办学方向,全面落实党的教育方针,大力弘扬社会主义核心价值观,让社会主义核心价值观成为育人之本、兴校之基、办学之魂,努力把高校建设成为培养社会主义事业建设者和接班人的坚强阵地,把广大青年大学生培养成为听党话、跟党走、堪当民族复兴重任的时代新人。

第二,要坚持以马克思主义为指导,全面贯彻党的教育方针,落实立德树人的根本任务。这是办好中国特色社会主义大学的基本遵循,也是新时代高校铸魂育人的思想指针。习近平总书记强调:"新时代贯彻党的教育方针,要坚持马克思主义指导地位,贯彻新时代中国特色社会主义思想,坚持社会主义办学方向,落实立德树人的根本任务。"② 高校要用习近平新时代中国特色社会主义思想铸魂育人,以此为核心内容构建课程群,引导高校师生深刻领悟"两个确立"的决定性意义、增强"四个意

---

① 本报评论员.为办好中国特色社会主义大学提供坚强保证[N].中国教育报,2014-12-30(1).

② 习近平.思政课是落实立德树人根本任务的关键课程[J].奋斗,2020(17):4-16.

识"、坚定"四个自信"、做到"两个维护";要用社会主义核心价值观教育引导大学生,树立理想信念和社会责任感;要用社会主义先进文化、革命文化和中华优秀传统文化涵养大学生,提升道德品质和文化素养。

第三,要坚持以人才培养为中心,深化教育教学改革创新,提升人才培养质量。这是办好中国特色社会主义大学的核心任务,也是新时代高校铸魂育人的能力指针。习近平总书记强调,要"全面贯彻党的教育方针,弘扬爱国主义光荣传统,坚持立德树人,继续改革创新,着眼国家战略需求培养高素质人才"[1]。高校要坚持以学生为本,关注学生的个性差异和发展需求,实施分类指导、因材施教、全面育人;要坚持以能力为本,培养学生的创新精神和实践能力,加强基础理论教育和专业技能教育,提高学生的综合素质和应对复杂问题的能力;要坚持以需求为本,培养学生的社会适应能力和服务国家能力,加强社会主义市场经济、法治、科技、文化等方面的教育,培养符合国家战略需求和社会发展需要的高素质人才。

第四,要坚持以改革创新为动力,推进高等教育内涵式发展、质量提升、创新驱动。这是办好中国特色社会主义大学的重要途径,也是新时代高校铸魂育人的发展指针。习近平总书记指出:"加快一流大学和一流学科建设,实现高等教育内涵式发展。"[2] 高校要坚持问题导向和目标导向,深入分析高等教育事业面临的新形势新任务新挑战,破解制约高等教育发展的体制机制障碍,激发高校内部活力和创造力;要坚持开放包容和互学互鉴,积极参与国际交流合作,借鉴吸收世界优秀教育资源和经验,提升高校国际影响力和竞争力;要坚持科教融合和产教融合,加强基础研究和应用研究,加强科技成果转化和产业化,加强与地方政府、企业、社会组织等的合作共建,为国家经济社会发展提供有力支撑。

(二)新时代高校铸魂育人的实践指向

高校铸魂育人的内涵丰富,要求高校坚持以习近平新时代中国特色社

---

[1] 佚名.习近平给东北大学全体师生回信强调 着眼国家战略需求培养高素质人才[J].中国人才,2023(10):5.

[2] 习近平.决胜全面建成小康社会 夺取新时代中国特色社会主义伟大胜利:在中国共产党第十九次全国代表大会上的报告[N].人民日报,2017-10-28(1).

会主义思想为指导，以立德树人为根本任务，以社会主义核心价值观为主线，以思想政治教育为主渠道，以爱国主义教育为重点内容，以实践锻炼为有效载体，以全员全过程全方位为基本要求。具体来说，可以从以下几个方面加以理解。

第一，要深入贯彻习近平新时代中国特色社会主义思想。习近平新时代中国特色社会主义思想是当代中国马克思主义，是中国特色社会主义理论体系的最新成果，是全党全国人民为实现中华民族伟大复兴而奋斗的行动指南。高校要把学习贯彻习近平新时代中国特色社会主义思想作为首要政治任务和首要学习任务，融入教育教学全过程和各个环节，作为培养学生的思想政治理论课程的核心内容以及提升学生的思想政治素质的重要途径。高校要引导学生深刻领会习近平新时代中国特色社会主义思想的精神实质和丰富内涵，坚定对中国共产党领导和中国特色社会主义道路的信心，增强对中华民族伟大复兴的使命感和责任感，自觉用习近平新时代中国特色社会主义思想武装头脑、指导实践、推动工作。

第二，要落实立德树人根本任务。立德树人是教育的本质属性和根本任务，是教育工作的出发点和落脚点。高校要把立德树人作为办学治校的首要任务和基本遵循，把它体现在教育教学各个方面和各个环节，把它作为培养学生的思想政治理论课程的根本任务，把它作为提升学生的综合素质和专业能力的根本目标。高校要引导学生深刻认识立德树人的重要性和必要性，坚持以德为先，自觉做到德智体美劳全面发展。

第三，要自觉践行社会主义核心价值观。社会主义核心价值观是当代中国精神的集中体现，是全体人民共同的价值追求，是国家和民族发展进步的价值引领。高校要把培育和践行社会主义核心价值观作为立德树人的关键环节和重要内容，将培育和践行社会主义核心价值观贯穿于教育教学各个方面和各个环节，将其作为培养学生的思想政治理论课程的重要内容以及提升学生的道德品质和文化素养的重要途径。高校要引导学生深刻理解社会主义核心价值观的基本内涵和精神实质，坚持以爱国主义为核心、以英雄模范为榜样、以先进事迹为鼓舞、以优秀文化作品为载体，自觉践行社会主义核心价值观。

第四，要加强思想政治教育。思想政治教育是高校铸魂育人的主渠道和主阵地，是高校培养社会主义建设者和接班人的重要手段和有效途径。高校要把加强思想政治教育作为教育教学改革的重点和突破口，把它贯穿于教育教学各个方面和各个环节，把它作为培养学生的思想政治理论课程的重要手段，把它作为提升学生的思想政治素质的重要途径。高校要引导学生深入学习马克思主义基本原理和中国特色社会主义理论体系，深入学习党的历史和党的路线方针政策，深入学习国情国策和国际形势，深入学习法律法规和社会道德，自觉用马克思主义立场观点方法分析问题、解决问题。

第五，要厚植爱国主义情怀。爱国主义是中华民族的民族心、民族魂，是中华民族凝聚力和向心力的源泉，是中华民族伟大复兴的强大动力。高校要把加强爱国主义教育作为铸魂育人的重点内容和突出特色，把它贯穿于教育教学各个方面和各个环节，把它作为培养学生的思想政治理论课程的重点内容，把它作为培养学生的爱党爱国情怀的重要途径。高校要引导学生深入了解中华民族的历史文化和革命传统，深入了解中国共产党的奋斗历程和伟大成就，深入了解中国特色社会主义道路和制度优势，深入了解中华民族伟大复兴的艰辛过程和光明前景，自觉做到爱党爱国爱社会主义。

第六，要切实加强实践锻炼。实践锻炼是高校铸魂育人的有效载体和重要途径，是高校培养社会主义建设者和接班人的必要条件和重要保障。高校要把加强实践锻炼作为教育教学改革的重要内容和有效手段，把它贯穿于教育教学各个方面和各个环节，把它作为培养学生的思想政治理论课程的有效手段，把它作为提升学生的实践能力和创新能力的有效手段。高校要引导学生积极参与社会实践活动、志愿服务活动、科技创新活动、文化体育活动等，让学生深入了解社会实际和人民需求，增强其社会责任感和服务意识，锻炼其综合能力和团队精神，提高其创新能力和创业能力。高校要引导学生积极参与国家建设和国际交流，让学生深入了解国情国策和国际形势，提升其国际竞争力，培养其国际交往能力和跨文化沟通能力。

二、新时代高校铸魂育人的价值意蕴

高等教育是国家发展战略的重要支撑，是培养高层次人才和创新型人才的主渠道，是推动科技进步和社会发展的重要力量。高校铸魂育人是为国家培养有理想、有道德、有文化、有纪律的建设者和接班人，是为国家培养有担当、有能力、有作为的领导者和骨干。习近平总书记强调，教育是国之大计，是党执政兴国的基础工程。我们可以从以下三个维度来深刻理解高校铸魂育人是实现中华民族伟大复兴的中国梦的必然要求。

第一，高校铸魂育人是提升国家综合国力和竞争力的关键。当前，世界正处于百年未有之大变局，我国处于实现中华民族伟大复兴的关键时期。面对复杂多变的国际形势和艰巨繁重的国内任务，我们要坚持中国特色社会主义道路，以经济建设为中心，全面深化改革，贯彻新发展理念，推进高质量发展，构建新型国际关系，构建人类命运共同体。这些都需要高等教育为之提供强大的智力支撑和人才保障。高校要培养一批具有全球视野、国际竞争力、创新能力和社会责任感的优秀人才，要推动一批具有原创性、引领性、战略性的科技创新和成果转化，要传播一批具有中国特色、中国风格、中国气派的文化精品和思想理论。这些都需要高校通过铸魂育人为之奠定坚实的基础。

第二，高校铸魂育人是培养社会主义事业合格建设者和可靠接班人的根本任务。教育最重要、最根本的一件事就是要把学生培养成社会主义事业的合格建设者和可靠接班人。高校学生在校期间是高校培养学生成为社会主义建设者和接班人的关键阶段，是学生形成正确世界观、人生观、价值观的关键时期，是学生接受思想政治教育和实践锻炼的重要阶段。高校要着力培养学生的思想政治素养，引导学生忠诚拥护中国共产党和中国特色社会主义制度，树立中华民族伟大复兴的历史使命感和责任感，自觉内化和践行社会主义核心价值观。高校要着力培养学生的专业能力和创新精神，培养学生的科学思维、实践能力和协作意识，提高其综合素质和国际视野，使其保持健康体魄和良好心理。高校要着力培养学生的文化自信和高尚情怀，引导学生厚植爱国主义情怀、提升民族自豪感和坚定文化自信，形成开放包容的心态、多元互鉴的观念和人类命运共同体的意识。这些都需要高校通过铸魂育人为之提供有效的教育方式和教育内容。

第三，高校铸魂育人是提升国家文化软实力和国际影响力的重要途径。习近平总书记指出，"文化自信是一个国家、一个民族发展中更基本、更深沉、更持久的力量"。高等教育是国家文化创新和传播的重要基地，是中华优秀传统文化和社会主义先进文化的重要载体，是不同文明之间的重要桥梁。高校要挖掘和传承中华优秀传统文化，弘扬社会主义先进文化，展示中国特色社会主义文化的魅力。高校要积极参与国际文化交流与合作，推动不同文明之间的对话和交流，增进世界各国人民的相互了解和友谊。高校要培养一批具有深厚文化底蕴、广阔文化视野、强烈文化自信的文化人才，要创作一批具有中国特色、中国风格、中国气派的文化精品，要传播一批具有真理性、感染力、引导力的思想理论。这些都需要高校通过铸魂育人为之提供思想支撑和价值引领。

可以说，高校铸魂育人是新时代高等教育的价值所在，是新时代高等教育的灵魂所系。高校铸魂育人对于服务国家发展战略、培养社会主义建设者和接班人、提升国家文化软实力等方面具有重大意义，对于实现中华民族伟大复兴的中国梦具有重要的保障和促进作用。

三、新时代高校铸魂育人的立信方案

1928年，我国杰出的会计学家、教育家、被誉为"中国现代会计之父"的潘序伦先生创办了立信教育事业。从事务所办公室的一席之地到鼎盛时仅上海就设有11所分校；从仅有22名学生的簿记训练班到培养出数十万名财经人才，遍布海内外……先生将毕生心力倾注于会计人才培养，在中国财经教育史上写下了浓墨重彩的一笔。

迈入新时代，学校积极贯彻落实习近平总书记关于教育的重要论述和党的二十大精神，坚持以习近平新时代中国特色社会主义思想为指导，围绕立德树人根本任务，致力于培养具有"诚信品质、实践能力、创新意

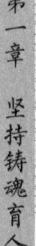
第一章　坚持铸魂育人　筑牢立信学子理想信念

识、国际视野"的高素质应用型人才,不断彰显"诚信为本、学验并重"的办学特色。

——学校以加强理想信念教育为基,传承大师家国情怀,引导学生坚定理想信念。学校深入挖掘和弘扬中华优秀传统文化,开设"中国系列"课程,包括财经中国、中国古典文化与现代生活等,让学生了解中华民族的历史文化和经济社会发展。学校坚持开展红色教育,弘扬革命精神和爱国主义精神,建有全球第一家会计专业博物馆(中国会计博物馆),展示中国会计发展的历史脉络和立信教育的光辉历程。学校围绕党史、新中国史、改革开放史、社会主义发展史等方面开展党史学习教育,组织开展"全国大学生同上一堂思政大课""全国大学生党史知识竞答大会"等活动,邀请专家学者作专题报告,组织师生参观红色革命遗址和爱国主义教育基地,引导师生深刻领悟党的奋斗历程。学校深入开展"不忘初心、牢记使命"主题教育和"我与第一个百年奋斗目标"主题征文等活动,引导师生自觉用习近平新时代中国特色社会主义思想武装头脑,坚定理想信念,永远听党话、跟党走,矢志奉献国家和人民。

——学校以加强诚信教育为魂,赓续立信诚信文脉,培养学生诚信品格。学校深化诚信文化品牌建设,发起成立全国高校诚信文化育人联盟。在新生入学教育中,学校开展贴近大学生思想实际的新生适应性教育和诚信教育,在毕业季围绕校训开展最后一堂诚信教育课。学校推进课程建设和教学管理改革,构建以"通识课+学科专业课+实践课"为核心的课程体系,强化产教深度融合。

——学校以加强创新实践为要,不断擦亮立信品牌,培养符合国家人才需求的新时代财经人才。学校大力推进实践育人平台建设,建立了课内与课外相结合、教学与科研相结合、校内与校外相结合,满足应用型创新人才培养需要的实践教学平台。学校充分发挥第二课堂作用,大力探索以科研训练项目、创新实践活动为载体的新型课程模式,全力打造开放式的科技创新大平台,对学生实践能力、科研能力和创新能力进行一体化培养;充分利用校外资源,凭借学科特色和行业优势,通过"请进来""走出去"等方式，将优秀财经人才的培养放到企业中去，凸显以"产学合作、学验并重"为基本特征的校企合作教育模式。学校积极推动国际交流合作，与境外100多所高校及机构建立了合作关系，开展国际人才培养和交流合作项目，提升学生的跨文化沟通能力。

面向未来，诚如《赓续大师精神 谱写时代华章——纪念潘序伦先生诞辰一百三十周年》一文中所写："今日之立信定将胸怀'国之大者'，为民族复兴伟业挺膺担当。我们要责无旁贷接过历史接力棒，守正创新推动'三位一体'立信会计事业与国家经济社会发展需求充分对接，实现教育链、人才链、产业链、创新链有机衔接，形成推动服务上海、服务全国经济社会高质量发展的倍增效应，努力谱写无愧于时代、无愧于人民、无愧于先辈的时代华章。"①

---

① 解超.赓续大师精神 谱写时代华章:纪念潘序伦先生诞辰一百三十周年[N].中国教育报，2023-08-02(4).

第二节　新时代高校铸魂育人的立信实践

新时代高校铸魂育人，不仅要有明确的目标，还要有有效的措施和方法。各地各校在贯彻落实习近平总书记关于教育的重要论述和党中央决策部署的基础上，结合自身实际，积极探索创新，形成了可资借鉴的实践方案。本节将重点介绍上海立信会计金融学院在育人实践中形成的特色做法与案例。

实践案例一　从"进社"到"新进社"①

1933年，在上海立信会计金融学院的前身、"中国现代会计之父"潘序伦创办的立信会计学校，有两位年轻人秘密发起成立了一个马克思主义学习小组——"进社"。"进"为"追求进步"之意。

这两位年轻人就是后来被称为"中国社会主义市场经济理论第一人"的著名经济学家顾准，与京剧《沙家浜》中主角郭建光的原型人物之一、被誉为"财经战线红管家"的李建模烈士。那一年，顾准18岁，李建模26岁。

"进社"是以立信同学会为基础，团结立信会计师事务所和立信会计补习学校中要求进步的年轻人而成立的。第一批成员有顾准、李建模、李少甫、陈怀德、夏增寿、李燮泉、沈尉平、童志培、汪璧、王纪华（王文清）等。"进社"以研讨时事政治、探讨社会进步为宗旨，邀请进步人士作马克思主义理论、经济时势、哲学等专题演讲，出版油印刊物《前卫》，用进步思想引领青年学子积极投身革命事业。

1934年，顾准和李建模等带领"进社"成员参加宋庆龄领导的中国民族武装自卫委员会（简称"武卫会"），两人先后加入中国共产党。"进

---

① 王蕾，易蓉.从"进社"到"新进社"：立信青年发起一场跨越90年的接力[EB/OL]. (2022-11-18)[2023-10-15]. https://www.lixin.edu.cn/mb/118944.htm.

社"开始直接在党的影响下开展活动,举办时事讲座,组织抗日募捐、抗日示威游行等,激发了同学们的爱国热忱。

后因武卫会组织被破坏,顾准流亡去北平,李建模在家乡成立武卫会常熟分会,并建立了中共支部。1945年10月,李建模随新四军苏浙军区第四纵队乘中安轮渡江时,因沉船与800多战士同时遇难,时年38岁。在战火纷飞的岁月里,立信"进社"的成员们用鲜血和生命探索救亡图存的道路,涌现了李建模、周宝训、黄秉乾、吕飞巡等一批青年英烈。

数十年后的今天,上海立信会计金融学院"青年马克思主义研究会"的同学们接过历史接力棒,倡议成立"新进社",传承"进社"优良传统,赓续立信红色文化。2022年11月18日,在上海立信会计金融学院党的二十大精神师生宣讲团成立仪式上,"新进社"正式揭牌成立。

"新进社"由青年学生组成,成员争做学习宣传党的二十大精神的理论先锋,让更多"听故事"的人变成"讲故事"的人。除举办讲座、论坛等活动,"新进社"还引入沙龙、朋辈讲坛、知识竞答、经典赏析、情景表演等形式,让理论学习"活"起来。

当前,"新进社"学生理论宣讲团由2018年成立的青年马克思主义研究会中本科生优秀党员和各二级学院大学生理论宣讲团成员构成,统筹校院两级学生理论宣讲团,化各自"单枪匹马"为全体"并肩作战",以理论宣讲为切入点,集全校优势资源打造全学科覆盖的学生讲师队伍。2023年"新进社"学生理论宣讲团深入广富林街道银源社区、金桥社区、敬业中学等开展主题宣讲40余场,累计参与学生2 000余人,听众超过4 000人。

小结: 从"进社"到"新进社",上海立信会计金融学院的学子们与革命先辈跨越90年的对话,展现了立信红色文化的传承和发展。他们以习近平新时代中国特色社会主义思想为指导,深入学习宣传党的二十大精神,用多种形式深化理论学习,成为信仰坚定、能力突出、素质优良、作风过硬的青年学生政治骨干。他们用实际行动诠释了立信人的使命担当,为学校高质量发展和高水平建设贡献了青春力量。

实践案例二　翻转课堂助力思政教育教学质量提升[①]

翻转课堂在调动学生学习积极性、提升学习效果上成效显著，特别是翻转课堂与思政教学的融合，不仅活跃了思政课堂氛围，对思政教育质量提升发挥着越来越重要的作用。上海立信会计金融学院马克思主义学院积极探索"混合式翻转课堂"的创新课堂实践教学模式，牢固树立"以学生为主体"的理念，灵活采用线上线下相结合的混合式教学方式，以问题为导向，将其贯穿于整个教学过程，引导学生在思考问题、解决问题、总结问题中深化思想认识，将相对抽象的思政知识形象化，引导学生更好地掌握思政知识，在提出问题、思考问题、解决问题、总结问题的过程中深化对思政知识点的理解。

抓好翻转课堂主题设计　融入时事学习内容

让思政课堂更有趣，让学生在思政课堂更有积极性，感觉更有趣，更愿意去主动获取知识，是翻转课堂存在的主要意义和目的。马克思主义学院为了推广运用好翻转课堂，在翻转课堂教案设计上突出当前热门时事政治，激发学生学习参与的兴趣，充分发挥思政课的主渠道、主阵地作用。教师对每期翻转课堂主题进行了精心设计，找准"大思政"的"小切口"，如针对党中央的重要会议、2022年冬奥会等内容，组织举行"北京冬奥我们的收获""畅想2050""我为党代会献良策"等不同主题活动，做到既紧扣教材、时事、专业，又具有较强的开放性，使学生"有话可说"，因而深受学生欢迎。在翻转课堂上，教师将学生分为不同组别，鼓励学生走上讲台，担任"主角"。教师除了通过自备课件进行专题授课，还采用朗读、互动抢答、拍摄短视频等多种形式，让思政课堂"活"起来。学生们纷纷表示，通过翻转课堂的学习，不仅拓宽了知识面，还锻炼了自身表达能力，更好地学习了教学内容。

[①] 张炜炜.翻转课堂助力思政教育教学质量提升：上海立信会计金融学院马克思主义学院教学改革探索[EB/OL].（2022-11-15）[2023-10-16]. http://paper.jyb.cn/zgjyb/html/2022/11/15/content_616451.htm.

创新线上教学　　探索翻转课堂新模式

马克思主义学院抓住用好线上教学的全新模式，积极探索推动线上翻转课堂教学，在2021级学生思政课教学中，通过腾讯会议开展了马克思主义基本原理翻转课。此次翻转课堂以学习小组为主体，用"青言青语"畅谈，旨在激发学生自主学习、合作探索的内生动力，提高学习效果。线上翻转课堂的运用为后续线上思政课教学积累了经验，课程从马克思主义中国化、中国制度、中国精神、人类命运共同体等8个方面进行探究学习，引导学生从抗疫先进人物事迹中深刻感受中国精神的深刻内涵，从历史与现实的维度认识先辈的奋斗与历史使命，取得良好效果。思政课教师根据线上授课的意见反馈，结合教学大纲要求，完善教学方案，补充学生感兴趣的时政热点知识，让学生在探讨当下热点的过程中掌握思政知识点。在学习交流中，学生围绕"如何上好疫情防控下的'翻转课'"出谋划策，通过各种方式保障思政教学效果。疫情防控下的"思政云课堂"，通过"小翻转"带来大能量，教师和学生"双向奔赴"，将学生的积极性、主动性和创造性充分激发出来，打造鲜活而有温度的思政课，让思政课成为学生喜爱、终身受益的课程。

抓实课程研究　　培养优秀教师队伍

为讲好新时代大思政课，马克思主义学院结合翻转课堂教学计划，成立思政课程课题小组。不同专业的教师通过专题研讨开展多形式、分层次、全覆盖的学习研讨，发挥好第一课堂主渠道作用，通过翻转课堂让学生对抽象概念有更具体的理解，在保障思政基础知识授课的基础上，将时政知识融入课程教学。同时，学校注重发挥第二课堂的德育作用，通过组织理论学习、主题党日活动、政治学习、主题班会、撰写理论文章等学生喜闻乐见的方式，让学生加深理解；依托第一课堂和第二课堂的融合教学，让思政课更加丰富多彩。在具体的教学设计中，教师根据教学需要，将党史、伟大抗疫精神等融入教学实践，引导学生通过翻转课堂情景模拟等学习方式加深记忆，达到思政课教育教学的目的。打造一堂堂让学生留恋、让教师难忘的思政课，正是马克思主义学院在大胆改革创新的背景下，突出抓好思政课教学的生动实践。马克思主义学院始终高度重视精品思政课程建设，如在学习党的二十大精神过程中，构建了课程、文化、实践、劳动、心理等多位一体的育人体系，实现思政育人的教学目标；把优质教师队伍建设作为推行翻转课堂教学模式的重点来抓，鼓励和组织思政课教师通过多种途径学习、考察，并积极举办讲座和专题培训，逐步探索推广全新的教学方法，全面构建育人格局，全面提升育人质量，助力学校打造一批潜心教书、全心育人的教师队伍，培养一批爱党爱国的学生。

搭建教学平台　提供答疑辅导服务

马克思主义学院积极督促任课教师参与线上答疑和辅导工作，建立了答疑与辅导制度，答疑与辅导均在周一至周五线上课堂教学之外的时间进行。马克思主义学院将翻转课堂同答疑与辅导平台相结合，通过平台对答疑与辅导情况进行在线巡查和监督，对突发情况及时进行处理。同时，定期和不定期开展主题鲜明的线上教研活动，开展围绕课程思政主题、数字化能力培养主题等特色鲜明的教研活动。马克思主义学院根据教师网络平台公布的答疑与辅导信息，对答疑与辅导情况进行检查，鼓励教师积极参加学院组织的线上教学期间优秀案例征集活动，反映学校在开展激励计划推进在线教学模式实践方面的成效，分享线上教学改革、教学团队线上教研活动、全程导师线上帮扶指导等典型经验与优秀做法。在开展教学辅导同时，马克思主义学院依托线上平台开展基础教学团队线上教研活动，保证每两周开展一次集体备课。集体备课包括课程建设、教学方式与方法改革、教学资源建设、教学工具和技术分享等主题，以及课程观摩交流等。基础教学团队通过多种形式的教研活动，组织团队教师开展自评、互评以及课程观摩学习，促进团队教师线上教学水平的提升。

小结： 上海立信会计金融学院马克思主义学院聚焦翻转课堂教学模式的创新，紧紧围绕高校人才培养、科学研究、社会服务、文化传承创新等多项功能，推进立德树人根本任务落细落小落实，在顶层设计、标准制定、分类发展等方面大胆创新，全面提升课程育人质量，助力思想政治教育教学质量提升。

实践案例三　以"五个着力"构建"立信"课程思政新模式①

上海立信会计金融学院认真学习贯彻习近平总书记关于教育的重要论述,深入贯彻落实全国教育大会和全国高校思想政治工作会议、学校思想政治理论课教师座谈会精神,围绕立德树人根本任务,从完善工作制度、深化内容建设、加强理论建设、提升意识能力、拓宽网络途径等五方面着力,打造"中国系列"品牌课程,构建育人标准统一、育人形式多样、具有立信特色的课程思政模式。

一是着力完善课程思政工作体系。构建"党委统一领导、党政部门协同联动、二级学院推进落实"的领导体制和工作机制,成立书记、校长任双组长的课程思政教学改革领导小组,设立校级课程思政指导委员会,全面负责全校课程思政教学改革指导、咨询、督查、评估工作。设立党委教师工作部、教务处、学生工作部、人事处、评估办、马克思主义学院等多部门组成的课程思政教育教学改革办公室,定期召开联席会议,拓宽思路、解决问题。出台《课程思政教学改革校级综合试点工作方案》《关于进一步推进课程思政教育教学改革的实施意见》等系列文件,明确思政工作顶层设计和工作任务,积极推动二级学院制定本院课程思政工作方案。设立课程思政教育教学改革专项配套经费,将试点课程纳入学校重点课程建设予以经费资助,将课程改革实施成效作为教学成果评奖的必备条件,推动形成课程标准和教学规范。

二是着力深化课程思政内容建设。推动二级学院建设课程思政项目,在学校所有二级学院开展"一院一纲"工作,全覆盖式研讨修订各学科专业课程思政教学大纲、教学计划,挖掘不同专业所蕴含的育人元素,学校近1900门课程全部设立育人目标、融入育德元素。金融学院获批"上海市课程思政重点改革领航学院";3个二级学院结合学科特点创建课程思政

---

① 佚名.上海立信会计金融学院"五个着力"构建"立信"课程思政模式[EB/OL].(2021-04-13)[2023-10-20]. http://edu.sh.gov.cn/xxgk2_zdgz_jyxx_02/20210531/154041eb51d544adb891cbf9f440a80f.html.

"示范学院",通过制度、课程、队伍等内涵建设,发挥示范引领作用;7个二级学院建设实践教育平台,通过社会实践、调查、调研等活动,发挥实践育人作用。开展课程思政试点项目,培育100门课程作为校级课程思政试点课程,包含2门"中国系列"课程(各3期)、5门思想政治理论课、52门专业课和37门综合素养课。加强试点课程规范性建设,一方面在试点课程的教学大纲与教学计划修订、学生评教分数、课程研究等方面建立课程思政标准;另一方面对试点课程项目开展中期检查和结项验收,进一步提高课程质量。

三是着力加强课程思政理论研究。开展课程思政理论研究指导工作实践,形成《经济学学科门类课程思政教学指导意见》。组织编写《诚信文选》《课程思政优秀教学案例集》等教辅读物,整理课程思政成果汇编成册,充分挖掘育人资源,对课程思政工作形成理论积累与支撑。聚焦解决课程思政教育教学内容、方法、标准、评价和工作机制等的重点难点问题,开展课程思政专项研究课题25项,公开发表课程思政教育教学改革论文47篇,汇总编撰课程思政教学案例130余个,指导制作课程思政微视频课件92个,形成试点课程示范资料库。

四是着力提升课程思政素养能力。加强课程思政工作交流研讨,分别与华东政法大学、西南财经大学等10余所高校举办交流研讨会,探讨课程思政工作举措。举办各层级的"书记面对面"课程思政专场座谈会,校党委领导和院系党委书记、总支书记、一线课程思政教师共同研讨问题、交流经验。开展教师育德意识和能力提升系列培训,每年集中对学校教师思想状况展开调研,以问题为导向制订针对性的培训计划;在延安、临沂等地举办课程思政骨干教师培训班,结合革命老区光荣历史学习思政教学改革理念,谋划思政教学改革实践;组织课程思政骨干教师到上级单位、市内外高校、企业开展交流,改进和提高课程思政育人成效。营造良好氛围,挖掘并宣传课程思政优秀教师事迹典型,在每学期的新入职教职工培训中举行课程思政专题普及性教育。

五是着力拓宽课程思政网络途径。打造以易班为重点的网络思政平台，遴选育人资源丰富、学生授课覆盖面较广的 25 门课程制作课件，丰富网络思政教育资源，拓展学科育人渠道，增进教师与学生的网上互动和交流，提升课程思政的育人效果。创建运营"师道立信"公众号，以学校教师为受众主体，借助新技术向教师定向推送丰富多彩的思想政治教育资源，用教师乐于接受的方式开展交流对话，线上与线下相结合，持续宣传课程思政工作的理念、思路和举措。

小结：上海立信会计金融学院从完善工作体系、深化内容建设、加强理论研究、提升素养能力、拓宽网络途径五方面着力，构建"立信"课程思政模式，打造"中国系列"品牌课程，努力培养德才兼备、能担当民族复兴大任的时代新人。该模式具有明确的目标导向、系统的体系架构、丰富的内容载体、有效的方法手段、创新的网络支撑等特点，为高校课程思政教育教学改革提供了有益借鉴和启示。

第三节　新时代高校铸魂育人的立信探索

一、明确奋进目标：以教育之强夯实国家之强

建设教育强国，是全面建成社会主义现代化强国的战略先导，是实现高水平科技自立自强的重要支撑，是促进全体人民共同富裕的有效途径，是以中国式现代化全面推进中华民族伟大复兴的基础工程。

要准确把握教育的战略先导功能——教育是提升国家综合国力和竞争力的根本途径。在全面建设社会主义现代化国家进程中，教育可以发挥引领、支撑、保障、推动的作用；在应对国内外风险挑战的过程中，教育可以发挥超前、应变、开拓、创新的作用。教育强国建设为社会主义现代化强国建设提供坚实的人才支撑、科技支撑和文化支撑，为应对风险挑战提供坚实的智力支撑、创新支撑和价值支撑。

要系统把握教育的重要支撑作用——科技是第一生产力，是国家发展的战略资源、国际竞争的核心力量。教育是培养创新人才的主渠道、提升科技实力的基础保障，在实现高水平科技自立自强的过程中发挥创新、引领、推动、转化的作用。教育强国建设为科技创新提供坚实的人才支撑、智力支撑、文化支撑和价值支撑，为科技自立自强提供条件保障、制度保障、环境保障和动力保障。

要全面把握教育的有效途径指向——教育是社会公平正义的重要基础，是实现共同富裕的重要保障。教育可以提高人民群众的知识水平和技能水平，增强人民群众的创新能力和创业能力，促进物质富裕和精神富裕。教育强国建设可以为人民提供更多更好的教育机会和教育资源、更加公平公正的教育环境和教育条件、更加优质高效的教育服务和教育成果。

要深刻把握教育的基础工程定位——中华民族伟大复兴是几代人的共同梦想、共同使命。在以中国式现代化全面推进中华民族伟大复兴的进程

中，要发挥以教育之强夯实国家富强之基的根本保障作用。

锚定新征程新使命，要进一步明确以教育之强夯实国家之强的奋进目标。

要坚持立德树人系统观念。坚持立德树人，就要把培养社会主义建设者和接班人作为教育的首要任务，把思想政治教育贯穿于教育全过程，把社会主义核心价值观融入学校课程、社会实践和家庭教育等各个环节，树立健康第一的教育理念，全面提高学生的思想水平、政治觉悟、道德品质、文化素养，强化实践动手能力、合作能力、创新能力。

要坚持创新驱动发展战略。新时代的教育改革，不仅是教育数量的延续和发展，还要从教育的全局、广度、深度多方位加大力度，把发展科技第一生产力、培养人才第一资源、增强创新第一动力更好结合起来。要把创新摆在高等教育事业发展全局的核心地位，因时因势、因地制宜地推进教学内容创新，推进育人方式变革和学生学习方式转变，针对不同的学段、教育类别和个性化的教育需求，着力培养学生探索性、创新性思维品质。

要坚持推进教育数字化。通过加强资源平台建设，鼓励各类学校、在线教育机构等逐步开放数字教育资源，合力打造优质数字教育资源库，为教育现代化提供有效的科技支撑。顺应数字化转型和智能升级趋势，着力开发教育新技术、应用新场景，推进线上线下融合互动，努力打造"人人皆学、处处能学、时时可学"的学习共同体。

二、健全落实机制：完善二级党组织思想政治工作评价体系

加强和改进高校思想政治工作，关系到新时代高等教育"培养什么人、怎样培养人、为谁培养人"这一根本问题。2020年4月，教育部等八部门联合发布的《关于加快构建高校思想政治工作体系的意见》指出，要建立多元多层、科学有效的高校思政工作测评指标体系，完善过程评价和结果评价相结合的实施机制。高校二级党组织是高校党建的重要载体。加快构建内容全面、指标合理、方法科学的二级党组织思想政治工作评价体系，是加强党建引领，遵循思想政治工作、教书育人和学生成长"三大规

律",激发二级党组织思想政治工作内生动力的重要举措。

(一)高校二级党组织思想政治工作评价体系的建构原则

思想政治工作的评价是以一定目标为依据,以教育的社会效果为对象进行的价值判断。"从内涵和方法来看,思想政治工作是务虚和务实的统一体,必须虚实结合,求得实效。"① 因此,高校二级党组织思想政治工作评价体系建构,要切实"把立德树人、规范管理的严格要求和春风化雨、润物无声的灵活方式结合起来,把解决师生的思想问题和教学科研、学习就业等实际问题结合起来"②,将思想政治工作的总目标、总任务进行分解,应遵循以下4个建构原则。

1. 方向性原则

高校二级党组织思想政治工作的评价作为学校开展思想政治工作的一个基本环节,要充分体现方向性原则。方向性原则要求二级党组织思想政治工作评价体系要具有鲜明的政治导向,通过指标和权重的科学化设置,把全面贯彻落实全国和上海高校思想政治工作会议精神不断引向深入,将评价对象的思想政治引导到体现学校思想政治工作目标上来,把正确的政治方向、价值导向贯穿二级党组织思想政治工作全过程。

2. 育人性原则

高校二级党组织思想政治工作的评价作为一种价值判断过程,是有效的教育手段,是评价者对评价对象开展思想政治教育的重要途径。在高校二级党组织的思想政治工作评价体系建构的过程中,要坚持以人为本,将显性德育与隐性德育相结合,体现新形势下思想政治教育主体和客体之间的新变化,重视评价指标对评价对象主观能动性的激发;在遵循思想政治工作规律、教书育人规律、学生成长规律的基础上,要使评价体系的实施能够切实提升教师的育德意识和育德能力,积极培育和践行社会主义核心价值观,培养德智体美劳全面发展的社会主义合格建设者和可靠接班人。

---

① 陈宝生.切实推动高校思想政治工作创新发展[N].光明日报,2017-08-04(11).
② 佚名.始终充满积极向上的正能量:三论"在激情奋斗中绽放青春光芒"[J].当代广西,2017(10):39.

3. 科学性原则

科学性是建构高校二级党组织思想政治工作评价体系的基础，要以科学的理论为指导，注重基于事实的客观联系，注重保持指标与目标的一致性、连贯性和完备性，实现定性评价与定量评价、定期评价与日常评价、民主测评与组织检查等相结合，使评价体系能够遵循二级院系思想政治工作的客观规律，不断提高科学化精细化水平。

4. 易操作性原则

高校二级党组织思想政治工作评价体系既要有利于实现学校总体的思想政治工作目标，也要充分考虑思想政治工作者的个体差异，以及工作对象的思想道德发展水平。因此，高校二级党组织在评价体系的构建过程中要注意：一要适当精简指标的数量；二要提高评价指标间的区分度；三要设计具体可操作的评价指标，而不是抽象的概念化的条文罗列；四要充分运用大数据、互联网等新媒体技术开展思想政治工作评价，推动思想政治工作传统优势同现代信息技术深度融合。

（二）高校二级党组织思想政治工作评价体系的建构依据

高校二级党组织思想政治工作评价体系建构是高校二级党组织开展思想政治工作评价的具体化表现，也是高校思想政治评价工作是否科学、有效运作的关键，应进一步明确高校二级党组织思想政治工作的评价导向、评价标准、指标体系，使思想政治工作有的放矢，推进高校二级党组织思想政治工作取得实质性进展。

1. 确立评价导向的依据：坚持正确的政治方向

坚持正确的政治方向是高校二级党组织建设思想政治工作评价体系的根本遵循。高校二级党组织作为思想政治工作的直接实施者，在建构思想政治工作评价体系中，要坚持以习近平新时代中国特色社会主义思想为指导，牢牢把握办好中国大学的根本方向，牢牢把握中国特色社会主义大学的根本任务，牢牢把握做好高校思想政治工作的根本动力，牢牢把握办好高等教育的根本保证，确保评价体系能够全面贯彻党的教育方针；坚持以马克思主义为指导，坚持党对高校的全面领导，充分发挥二级党组织的政治核心作用，发挥思想政治工作价值引领和方向指引作用，激励基层思想政治工作队伍汇聚育人正能量。

2. 制定评价标准的依据：思想政治工作的目标

高校立身之本在于立德树人。二级党组织思想政治工作评价体系的建构，必须紧紧围绕落实立德树人根本任务，把思想政治工作贯穿教育教学全过程。在围绕学生、关照学生、服务学生过程中，推进习近平新时代中国特色社会主义思想进课堂、进教材、进头脑，培养担当民族复兴大任的时代新人，培养德智体美劳全面发展的社会主义建设者和接班人。坚持教育者先受教育，全面提升教师的育德意识和育德能力，使教师努力成为先进思想文化的传播者、党执政的坚定支持者、学生健康成长的指导者和引路人。高校二级党组织思想政治工作评价体系中的目标设定、评价标准，都必须与落实立德树人的根本任务相一致，遵循教书育人规律、思想政治工作规律、学生成长规律，推动实现全员全过程全方位育人。

3. 构建指标体系的依据：思想政治工作的有效性

"思想政治工作内涵丰富，既包括理想信念教育、价值观教育、意识形态工作，又包括思想政治理论课教育教学、以文化人和以文育人；既包括社会责任感教育，又包括社会实践教育；既包括人文关怀，又包括心理健康教育和心理疏导；既包括高校的和谐稳定，又包括高校的校风学风。"[1] 因此，在评价指标体系的设计过程中，要把握党管高校、立德树人、课程思政等思想政治工作的着力点，全方位、多维度体现高校二级党组织思想政治工作的目标任务、工作举措和特色做法，充分考虑评价指标间的逻辑关系和结构层级，兼顾指标内容的针对性和可操作性，着眼长效机制建设，真正使思想政治工作贴近实际、贴近生活、贴近学生，切实打通育人"最后一公里"，提升二级党组织思想政治工作的有效性。

（三）高校二级党组织思想政治工作评价体系的建构理路

1. 思想政治工作条件的评价

思想政治工作作为一个系统工程，必须有一定条件作为保障。高校二

---

[1] 倪邦文.适应新的形势 做好"人的工作"[N].光明日报，2016-12-24(7).

级党组织思想政治工作的条件应包括思想政治工作的组织管理、经费保障、环境支持等要素，这是高校二级党组织思想政治工作能否顺利开展的必要保证。具体可包括思想政治工作的组织领导等方面。组织领导主要体现为：完善高校二级党组织党的领导体制，建立完善齐抓共管的长效机制；强化院系党的领导，落实全面从严治党主体责任；加强做好高校二级党组织思想政治工作各类投入的保障和支持；加强哲学社会科学教材的建设和管理，完善学术评价体系和评价标准等内容。

2. 思想政治工作过程的评价

二级党组织思想政治工作过程评价是检验二级党组织思想政治工作实效性的重要评价内容，主要考察二级党组织开展思想政治工作的途径和方法是否遵循党的教育方针和国家的相关政策，是推进二级党组织实现全员全过程全方位育人的重要体现。二级党组织思想政治工作过程的评价，主要包括常规工作、两课教学、党团活动、相关科研等要素，是二级党组织思想政治工作的主体。具体可包括价值引领、课程思政、改革创新、阵地建设、队伍建设等方面。价值引领主要包括加强理想信念教育，培育和践行社会主义核心价值观，推进学院思想政治教育改革创新等方面；课程思政主要体现在落实学校课程思政教育教学改革方案，开展专业课程育人改革试点，组织参与"中国系列"课程选修与宣传发动工作，选取课程开展综合素养改革试点或开展专业课程育人改革试点等方面；改革创新主要包括注重文化育人和实践育人，在工作中运用新媒体新技术等方面；阵地建设主要包括加强思想文化阵地管理和环境建设方面；队伍建设主要体现在提升教师的育德意识和育德能力，配齐建强思想政治工作队伍和党务工作队伍方面。

3. 思想政治工作效果的评价

二级党组织思想政治工作的全过程主要通过工作效果来体现，这也是推进高校二级党组织思想政治工作长效机制建设的关键。效果评价主要体现在二级党组织的责任落实方面，主要包括院风学风、师德师风、相关责任落实、学院特色项目等方面，具体包括完善依法治理的制度环境并强化主体责任、加强基层党建工作、特色创建等方面。通过对思想政治工作多形式、多层次、多方面的效果评价，并建立相应的奖惩机制，能够进一步增强高校二级党组织做好思想政治工作的责任感，激发高校二级党组织思想政治工作队伍的积极性和主动性，推进高校二级党组织思想政治工作不断开创新局面。

三、深化课程建设：进一步发挥课程思政的育人作用

课程思政建设是推进当前高校思想政治教育的重要途径。2016年习近平总书记在全国高校思想政治工作会议上强调，做好高校思想政治工作，"要用好课堂教学这个主渠道，思想政治理论课要坚持在改进中加强，提升思想政治教育亲和力和针对性，满足学生成长发展需求和期待，其他各门课都要守好一段渠、种好责任田，使各类课程与思想政治理论课同向同行，形成协同效应"[①]。习近平总书记明确指出各类课程与思想政治课程同向同行的关系，强调做好思想政治工作不但要发挥思想政治课程主渠道作用，而且要依托各类课程，发挥各类课程在课堂教学中的作用。课程思政的实施有效遵循了这一根本思想，将思想政治教育与各类课程融合在一起。加强课程思政建设，关键在于深入挖掘教育载体和搭建平台，职业道德教育是推进课程思政的有效载体之一。高校职业道德教育是思想政治教育的重要内容，尤其对推进从各类专业课教学角度开展思想政治教育起到了积极促进作用，构建了有效教育平台，是推进课程思政的重要手段和载体。探索和研究职业道德教育在课程思政中的价值，有助于进一步创新当前高校课程思政的发展路径，为课程思政建设提供有益参考。

（一）职业道德教育与课程思政关系概述

课程思政强调育人理念在教学环节的贯彻和实施，从狭义上理解，课程思政关注德育环节在课程教学中的有机融合和作用发挥；从广义上理

---

① 佚名.习近平在全国高校思想政治工作会议上强调 把思想政治工作贯穿教育教学全过程 开创我国高等教育事业发展新局面[EB/OL].(2016-12-08)[2023-10-21]. http://www.moe.gov.cn/jyb_xwfb/s6052/moe_838/201612/t20161208_291306.html.

解，课程思政旨在实现课堂教学中全员育人、全课程育人机制构建。挖掘课程的思想政治教育资源，是课程思政生成路径的重要先决条件。

1. 课程思政与职业道德教育的关系阐释

课程思政是探索实施高校思想政治教育的重要途径，课程思政强调全员育人、全课程育人，充分发挥每一门课程的育人功能。当前，课程思政改革试点正在不断推进。从高校思想政治理论教育课程建设方案解析，课程思政涉及的内容包括显性教育和隐性教育。显性教育的课程模块主要是思想政治理论课，主要包括4门思想政治教育必修课和1门形势与政策课；隐性教育的课程模块主要包括综合素养课程（公共基础课、通识课等）、哲学社会科学课程、自然科学课程。高德毅等（2017）指出，课程思政"是将高校思想政治教育融入课程教学和改革的各环节、各方面，实现立德树人润物无声"①。

职业道德教育是高校大学生思想政治教育的重要内容，也是培养大学生职业素养的基础。所谓职业道德教育，是指采用一定的教育方法，遵循职业道德教育的原则，通过开展针对行业特点的道德教育活动，提高从业人员职业道德品质，培养从业人员良好的职业道德意识和职业道德行为的教育活动。

职业道德教育与课程思政之间相互关联，互为依托。职业道德教育的内容覆盖各类课程，职业道德教育既有理论教育又有实践教育，职业道德教育符合课程思政中显性教育与隐性教育相结合的特点，这使得职业道德教育与课程思政两者之间无形中产生了紧密的依存关系。高校开展职业道德教育活动，前提是要符合不同职业的特点，即与各个不同专业紧密结合，尤其要依托专业课课堂教学环节，通过专业课程的设置以及在教学过程中融入职业道德元素，实施高校职业道德教育活动。以上过程恰恰契合了课程思政的教育理念和途径，职业道德教育价值的体现过程蕴含了思想政治教育在隐性课程中的价值转化，与"课程思政"理念不谋而合。同

---

① 高德毅,宗爱东.从思政课程到课程思政：从战略高度构建高校思想政治教育课程体系[J].中国高等教育,2017(1):44-46.

时，普遍性的职业道德教育也为大学生基本道德素质培养奠定了基础。因此，职业道德教育是课程思政建设的重要载体和平台。

2. 职业道德教育是高校课程思政的重要载体

职业道德教育与思想政治教育课程体系中的各个课程模块紧密相关，是高校课程思政的重要载体。职业道德教育在课程思政中体现在两个方面：一是普遍性的职业道德教育，二是专业性的职业道德教育。普遍性的职业道德教育贯穿整个高校思想政治理论课程体系，比如，社会主义核心价值观所倡导的诚信、敬业是每一个职业人都必须遵循的道德基础，贯穿于思想政治理论课、通识教育课、公共基础课、专业教育课程各个方面。专业性的职业道德教育侧重不同职业所应遵循的职业道德，比如，医学专业有医生职业道德，财经专业有财经职业道德，新闻专业有新闻职业道德，法学专业有法律职业道德。专业性的职业道德教育以课程思政中的专业课程为载体，开展与职业紧密相关的道德教育活动。专业性的职业道德教育重在通过专业课课堂教学，培养学生应对和解决职业领域道德两难和道德困境的能力，提升大学生的职业素养。从课程思政的角度入手，在课程模块中自然科学课程更加注重大学生职业道德教育，高德毅等（2017）提出，针对自然科学课程，重点开展职业素养和科学精神教育①。职业道德教育恰恰与之高度吻合，符合课程思政建设中大学生职业素养提升的目标要求。因此，普遍性的职业道德教育与专业性的职业道德教育既交叉又融合，两者可能同时出现在同一课程模块中，相辅相成、相互促进。

（二）高校课程思政中职业道德教育的价值基础

职业道德教育活动所表现出的理论与实践相结合、显性教育与隐性教育相结合的特点，共同构成了高校课程思政的价值基础。高校课程思政建设的最终目标在于培养大学生良好的职业德性，建设过程注重理论与实践相统一。大学生职业德性养成教育将道德理论教育与道德实践教育融合在一起，既坚持理论知识的传授，又在实践中培养未来职业人运用理论的能力；既

---

① 高德毅,宗爱东.从思政课程到课程思政:从战略高度构建高校思想政治教育课程体系[J].中国高等教育,2017(1):44-46.

坚守好课堂教育阵地，又关注大学生在实践中运用理论的能力培养。

1. 传统职业道德的文化价值传承

职业道德教育中蕴含的中西方传统文化元素为课程思政提供了丰富的理论资源。当前，在高校推进课程思政建设过程中，坚持社会主义办学方向是根本。高等教育要为中国特色社会主义建设服务，要符合社会主义核心价值观的要求，要坚持道路自信、理论自信、制度自信、文化自信。实现以上目标，需要深刻挖掘中西方传统文化中蕴含的丰富职业道德教育资源。

诚信精神被视为做人经商之根本。诚信是中国传统文化的基石，诚实守信是一项基本的职业道德。在儒家思想中，诚信包含了比当前市场经济中所强调的诚信品质更高的伦理价值，"儒家伦理，不是把'诚'作为手段、不是作为取信于人从而更好牟利的手段，它更是目的"①。将诚信的道德意识作为一种个体的内在道德需求，而非约束交易主体的经济契约。西方信用文化同样关注契约精神，在近代欧洲，随着市场经济的形成和发展，许多国家以法律的形式对信用加以严格规定，从法律上确立了信用原则，使信用文明超越血缘关系进入陌生人社会，成为社会公共领域共同遵循的原则。西方信用文化所蕴含的公正平等原则、契约精神等内容与中国传统文化中的诚信精神互为补充，共同为高校思想政治教育提供理论资源。西方"天职观"将职业视为某种由上帝安排的任务，即"天职"，强调一种对职业敬畏和崇敬的道德认知。职业被认为是美好和圣洁的，虔诚、勤奋、忠诚、主动、追求卓越都被视为一种高尚的工作状态。虽然早期西方"天职"概念的提出与西方宗教发展紧密相关，但将工作视为一种"天职"的职业精神极大促进了当时资本主义市场经济的发展。对当今高校思想政治教育而言，西方"天职观"理论对大学生敬业精神培养、职业责任养成、正确职业观树立等都将起到积极作用，有助于培育大学生热爱社会、热爱他人的心理，并将这种道德认知不断传播和延续，促进人与社会的和谐发展。诚信、敬业精神流传千年，作为社会主义核心价值观的重

---

① 徐彦平.情商中国[M].上海:复旦大学出版社,2013:156.

要内容引领着社会发展方向；信用作为一种道德品质，为课程思政中实现大学生个体德性养成提供理论指导；"天职观"理论等西方职业伦理中蕴含的道德哲学理论为课程思政提供理论支撑等。

此外，职业道德教育中蕴含的哲学思想为高校课程思政提供道德理论支持。高校课程思政改革，不仅在于形成全员育人、全课程育人的机制，更在于提升高校思想政治教育的层次和水平。诚信精神、信用原则、敬业精神等内容是每个职业人必须遵循的道德准则，除了以上普遍性的职业道德教育，还要培养大学生在不同职业领域应对和解决道德两难问题、破解道德困境的能力，而职业道德教育中所蕴含的中西方传统道德哲学思想能够帮助大学生在不同专业中运用哲学思维，提升自我道德意识和道德认知，提升职业道德教育的理论和实践水平。

2. 大学生职业德性养成的实践价值

职业道德教育为课程思政的价值实现提供了实践支撑。职业道德教育的目标在于大学生职业德性的养成，即培养大学生良好的职业品质；课程思政的最终目标是通过全员育人的实施加强高校思想政治教育，培养大学生的优秀品德。职业道德教育的根本目标与课程思政的最终目标相一致。德性是在实践中形成的，德性是一种实践性的品质。亚里士多德曾在《尼各马可伦理学》一书中指出，"道德德性通过习惯养成"[①]，"自然赋予我们接受德性的能力，而这种能力通过习惯而完善"[②]，"德性不仅产生、养成与毁灭于同样的活动，而且实现于同样的活动"[③]。他强调了实践对于人的道德德性形成的重要价值。因此，德性教育是一种实践教育，德性教育的最终目标必须通过实践教育实现，课程思政中的德性教育是课程教育在实践环节中的体现。职业德性养成是大学生思想政治教育的重要内容，符合课程思政教育成果的要求，也是课程思政在实践教育环节的重要体现。职业道德教育作为德性教育的重要形式，决定了职业道德教育成为课程思政

---

① 亚里士多德.尼各马可伦理学[M].廖申白,译.北京:商务印书馆,2013:35.
② 亚里士多德.尼各马可伦理学[M].廖申白,译.北京:商务印书馆,2013:36.
③ 亚里士多德.尼各马可伦理学[M].廖申白,译.北京:商务印书馆,2013:39.

的重要载体。由此可见，职业道德教育强调通过理论教育使理论转化为个体内心的道德品格，通过实践获得一种好的品质、追求卓越，再通过实践体现优良品质，增强大学生的道德认知和道德情感，践行有德性的行为。只有当这种道德品质成为一种固定的、内在的道德品格时，课程思政的目标才得以实现，大学生才逐渐成为一个真正有德性的人。

（三）高校课程思政中职业道德教育的实施路径

职业道德教育作为高校课程思政的重要载体和平台，蕴含着丰富的文化价值和实践价值。职业道德教育的开展有助于这一价值的实现，并以此提升课程思政建设的层次和水平。高校可以通过教育教学各环节的改革创新来推进职业道德教育在课程思政中的实施，具体包括完善课程建设顶层设计、突出职业德性实践教育、提升师资队伍育人能力、构建协同育人机制等。

1. 完善课程建设顶层设计

课程建设是高校课程思政的先决条件，无论是显性课程还是隐性课程，都蕴含着丰富的职业道德教育资源，为高校思想政治教育提供了充分保障。第一，高校要从顶层设计着手，结合各高校、各专业特点，构建符合高校实际、契合社会发展需求、代表高校特色的课程体系，将高校思想政治教育融入每门课程，创新课程育人模式。比如，财经类院校依托财经专业特点，将财经职业道德教育作为课程建设的重要代表，建设具有财经特色的道德教育体系；医学类院校依托医学专业特点、政法类院校依托法学专业特点等。不同高校根据不同专业特点，构建相应的职业道德教育课程体系，推进课程思政建设。第二，每门课程都要注重学科导向，结合课程特点提炼课程中的职业道德教育元素，针对不同课程类型采用不同的教育模式。比如，哲学社会科学课程要关注职业伦理、道德哲学方面的教育内容，加强大学生道德思辨等能力的培养；自然科学课程要关注与专业特点相关的职业素养、科学精神方面的教育内容；思想政治类课程要关注普遍性职业道德如诚实守信、爱岗敬业等的培养。总之，完善课程建设的顶层设计旨在推进高校课程思政中职业道德教育体系的构建，从而明确教育目标、统一教育原则、规范教育方法、明晰教育内容，全面提升课程思政的教育质量。

2. 突出职业德性实践教育

课程思政不仅要聚焦课堂环节的理论教育，还要关注课程建设中的实践教育环节，将道德理论与道德实践教育资源有机结合。职业道德教育是一种德性实践教育，具有很强的实践性特征，强调通过实践过程实现德性养成。当前高校教育中，德性实践教育恰恰是通过实践环节帮助大学生学习和了解职业领域中各个社会角色的具体要求，使其认知和完成个体根据相关职业要求完成的应尽义务。因此，高校课程思政需要关注职业德性实践教育，重视各类实践课程建设，建设专业实践基地，通过实践类课程教育环节加强理论对实践的指导，引导学生通过专业实践活动感悟职业德性、践行职业道德行为，再将职业道德行为转化为个体内在职业品德，从而实现课程思政的实践价值。

3. 提升师资队伍育人能力

教育者是高校课程思政的关键因素。第一，提升教育者的育人意识。教育者自身对育人工作要有正确的认知，不论是为人还是求知，都要做到身正为范，将育人作为教育者的首要任务，实现教书和育人有机统一。第二，提升教育者在课程思政中运用职业道德载体开展育人工作的能力。每位专业课教师都要充分发挥主观能动性，在课程教学中深入挖掘德育资源，促使每门课程都能够借助职业道德教育平台构建具有自身特色的课程思政教育模式。第三，提升专业教师职业道德教育教学能力。只有教育者做到真懂、真信，才能在教育教学过程中实现真教、真用。培养教育者运用哲学思维解决职业道德问题、破解职业道德困境的能力显得尤为重要，这一目标的实现对师资队伍提出了极大的挑战。缺乏同时具备专业能力和哲学学科背景的师资队伍资源是当前高校课程思政建设中职业道德教育面临的瓶颈。因此，高校要通过开展定期师资培训、营造校园德育氛围、引进复合型师资人才等方式，努力提升师资队伍的育人能力。

4. 构建协同育人机制

高校课程思政并非单纯专业教师之责，而是需要不同教育者共同参与、协同育人,共同开展大学生职业道德教育。在课程教学中,思想政治理论课教师、专业课教师和辅导员基于不同的岗位角色,在大学生职业道德教育过程中发挥不同作用。从职业道德教育内容看,思政课教师侧重从道德理论的角度开展职业道德教育,专业课教师侧重开展与专业紧密结合的职业道德教育,辅导员侧重通过职业生涯规划课程开展职业道德教育。任课教师更加注重开展第一课堂的职业道德教育活动,辅导员更加侧重第二课堂的职业道德教育活动。不同身份教育者结合岗位特点和职业道德教育内容,明确教育职责分工,有所侧重,互相配合,共同开展职业道德教育活动。

总之,职业道德教育符合课程思政建设的基本要素,将为高校课程思政建设提供一种新的教育思路和模式,促进高校课程思政的全面发展。在高校课程思政建设中,职业道德教育是推进全员育人、全课程育人的有效载体和平台,具有积极理论价值和实践价值。职业道德教育作为高校课程思政的一个子系统,在课程建设、实践教育、师资队伍培养、协同育人机制构建等方面依然面临一系列问题和挑战,有待在实践中进一步改进。

四、推动协同发展:构建师生共育"双循环"发展格局

2018年,习近平总书记在全国教育大会上指出,"思想政治工作是学校各项工作的生命线"①。思想政治工作关乎办学方向,关乎育人根本,加快构建思想政治工作体系,推动思想政治工作高质量发展是落实立德树人根本任务的基本保证,是实现中华民族伟大复兴的基础工程。实现高校思想政治工作创新发展,主要应抓好教师与学生这两个对象群体的教育工作,着力构建教师思政工作与学生思政工作均衡发展的体制机制,一体化推动工作实践,全面提升育人质量。

(一)教师思政工作与学生思政工作协同发展的内生逻辑

教师思想政治工作与学生思想政治工作是一体两翼的"双循环"子系

---

① 张烁.习近平在全国教育大会上强调:坚持中国特色社会主义教育发展道路 培养德智体美劳全面发展的社会主义建设者和接班人[N].人民日报,2018-09-11(1).

统，两者的均衡协调发展契合高校思想政治工作发展演进趋势，统一遵循高校思想政治工作的"三大规律"，协调于立德树人根本任务的实践过程，具有价值、理论和实践的必然性。

1. 价值逻辑：教师思想政治工作与学生思想政治工作协同发展的价值同构性

中共中央、国务院印发的《关于新时代加强和改进思想政治工作的意见》强调"把思想政治工作作为治党治国的重要方式"①，对于推动构建新时代思想政治工作大格局具有深远的指导意义。高校思想政治工作作为治党治国的重要方式，是为实现中华民族伟大复兴育人育才的奠基工程。这是高校思想政治工作的根本价值逻辑，也是教师思想政治工作与学生思想政治工作的共同价值遵循。教师思想政治工作与学生思想政治工作存在价值同构性。首先，教师思想政治工作与学生思想政治工作价值同构的必然性。站在党和国家事业发展全局的战略高度，对标培养社会主义建设者和接班人的教育目标，为党育人、为国育才，实现师生共育是教师思想政治工作与学生思想政治工作的价值取向。教师思想政治工作与学生思想政治工作作为高校思想政治工作的子系统，具有价值内涵的统一性、工作过程的互促性，两者存在必然的价值关系双向同构性。因此，教师思想政治工作与学生思想政治工作的价值本质决定了两者的整合发展方向，需要实现协同发展的同构性效应。教师思想政治工作与学生思想政治工作协同发展是落实立德树人根本任务的过程，也是建设社会主义现代化教育强国，实现中华民族伟大复兴中国梦的必然要求。其次，教师思想政治工作与学生思想政治工作价值同构的关键点。习近平总书记在北京大学师生座谈会上指出："教师思想政治状况具有很强的示范性。要坚持教育者先受教育，让教师更好担当起学生健康成长指导者和引路人的责任。"② 教师是落实立德树人根本任务的主要力量和基本依靠，学生思想政治工作的创新发展需

---

① 佚名.中共中央 国务院印发《关于新时代加强和改进思想政治工作的意见》[N].人民日报，2021-07-13(1).
② 习近平.在北京大学师生座谈会上的讲话[N].人民日报，2018-05-03(2).

要有高质量的教师思想政治工作作为前提和基础，教师思想政治工作的先导作用决定了它是高校思想政治工作高质量发展的首要环节和核心内容。教师思想政治状况是教师思想政治工作成效的样态表征，同时，教师思想政治状况也决定了学生思想政治工作的开展质量。教师思想政治状况成为教师思想政治工作和学生思想政治工作的价值关系双向同构的枢纽。因此，坚持教育者先受教育，切实加强教师思想政治工作，要高度重视教师思想政治素质，建设政治素质过硬的教师队伍是实现教师思想政治工作与学生思想政治工作整体性协同发展的关键所在。

2. 理论逻辑：教师思想政治工作与学生思想政治工作协同发展的客观规律性

习近平总书记指出："做好高校思想政治工作，要因事而化、因时而进、因势而新。要遵循思想政治工作规律，遵循教书育人规律，遵循学生成长规律，不断提高工作能力和水平。"[①]"三大规律"的论断揭示了新时代高校思想政治工作的本质，是新时代高校增强思想政治工作实效性的行动指南。教师思想政治工作与学生思想政治工作的均衡协同发展是"三大规律"在育人实践中的具体体现。首先，遵循思想政治工作规律就是要全面加强党对高校的领导，坚持社会主义办学方向，深刻把握思想政治工作鲜明的政治性要求以及意识形态属性，巩固马克思主义在意识形态领域的指导地位，坚持教育为人民服务、为中国共产党治国理政服务、为巩固和发展中国特色社会主义制度服务、为改革开放和社会主义现代化建设服务。[②] 坚持对教师和学生两大群体进行中国特色社会主义理论体系教育，理想信念、爱国主义、集体主义和社会主义核心价值观教育，推动教师思想政治工作与学生思想政治工作协同融合发展，构建教师与学生价值共同体，形成师生共育的工作格局。其次，遵循教书育人规律就是要坚持把立德树人作为教育教学的根本任务，深刻把握教书与育人以及德智体美劳之

---

① 张烁.习近平在全国高校思想政治工作会议上强调:把思想政治工作贯穿教育教学全过程 开创我国高等教育事业发展新局面[N].人民日报,2016-12-09(1).

② 张烁.习近平在全国高校思想政治工作会议上强调:把思想政治工作贯穿教育教学全过程 开创我国高等教育事业发展新局面[N].人民日报,2016-12-09(1).

间固有的、本质的必然联系。习近平总书记在全国高校思想政治工作会议上对广大教师提出"四个相统一"要求，其中第一条就是坚持教书和育人相统一，这就要求将价值塑造、知识传授和能力培养贯穿教育教学全领域、各环节。教师与学生是教书育人的主客体，教师传道授业解惑的过程也是教育主体与教育客体相互启发、共同提高的过程，从而构建教师与学生学习共同体，形成教学相长的良性循环。再次，遵循学生成长规律就是教育者要坚持以学生发展为本，坚持以促进学生的成长成才为工作落脚点，深刻把握学生心理特点及其成长发展的阶段性特征，满足青年学生成长发展的需求和期待，做到"围绕学生、关照学生、服务学生"①。当代大学生都是伴随着互联网长大的"网络原住民"，互联网成为影响学生成长发展的最大变量，学生的成长规律外延上具有典型的互联网时代特征。因此，教育管理者要遵循新时代学生成长发展规律，将信息技术与思想政治工作的传统优势深度融合，着力提升师生网络素养，创设全媒体思想政治工作载体，使互联网这个最大变量变成学生成长发展的最大增量，推动教师思想政治工作与学生思想政治工作线上线下均衡协同发展。

3. 实践逻辑：教师思想政治工作与学生思想政治工作协同发展的现实迫切性

综观改革开放以来高校思想政治工作发展历程，教师思想政治工作与学生思想政治工作呈现相互关联、相互作用的实践样态和发展特征，展现了整体性协调发展的演进趋势，但工作发展不平衡、实践过程不协调、测评体系不健全，严重影响了思想政治工作高质量发展。教师思想政治工作与学生思想政治工作均衡协同发展是对这些现实问题的积极响应，也是工作实践发展的必然。首先，工作发展不平衡。一是从管理部门职能发挥角度来看，党委教师工作部作为教师思想政治工作牵头抓总的统筹部门，机构设置上以合署办公为主，工作业务上难以聚焦主责主业，在与其他相关部门协同推进教师思想政治工作过程中统筹协调职能难以有效发挥。二是

---

① 张烁.习近平在全国高校思想政治工作会议上强调：把思想政治工作贯穿教育教学全过程 开创我国高等教育事业发展新局面[N].人民日报，2016-12-09(1).

从工作体系与工作机制上来看，对比学生思想政治工作"学生工作部—院系分管副书记—专兼职辅导员队伍"的管理体系，教师思想政治工作缺乏垂直工作体系、层层传导落实的工作机制，责任链条未形成闭环。三是从工作队伍建设上来看，教师思想政治工作缺乏专门、专业的工作队伍。目前，教师思想政治工作主要依靠二级党组织负责人带领兼职的教师党支部书记以及党员教师在教研室、课题组、项目组发挥教育引领作用，教师思想政治工作队伍的专业化发展任重而道远。四是从工作载体、抓手上来看，相较于学生思想政治工作"奖、惩、助、补、贷"，心理健康教育以及职业生涯教育等构成的教育管理服务体系，教师思想政治工作的载体创设、手段创新不够，缺乏工作抓手的有效整合，影响了教育的针对性、实效性，降低了思政工作感染力、吸引力。其次，实践过程不协调。高校思想政治工作是一个供需动态平衡系统，教师既是供给侧也是需求侧，学生是主要需求方。在供需双方平衡协调的实践过程中，一些现实存在的盲区、断点、堵点需要着力关注破解。一是供给侧与需求侧供需不协调。一方面，在"三全育人"工作实践中，不仅仅思政课教师、辅导员是育人的主体，专业教师、管理人员、科研人员、后勤服务人员等都负有育人的职责和使命，但在实际工作中，专业教师的课程育人能力、管理服务人员的管理育人能力等都有较大的提升空间。另一方面，在信息化时代，网络技术发展迅猛，学生成长发展多元化、需求个性化和多样化的客观情况也要求供给侧及时更新育人理念，持续提升育人能力，适应学生发展需求，不断提高育人工作成效。二是体系衔接不通畅。在初步构建"十大育人"体系的基础上，2020年教育部等部门颁布的《关于加快构建高校思想政治工作体系的意见》提出，通过"七大体系"建设加快构建高校思想政治工作体系，这是对"十大育人"体系的高度凝练、内涵扩充，有助于形成一个整合集成的工作体系。但在目前工作实践中，各个体系发展程度参差不齐，各个体系之间的衔接、协同也存在各行其是、各守一方的脱节现象；各个育人体系的牵头负责部门存在部门本位主义，导致育人资源整合不够、育人要素流通不畅，教师思想政治工作与学生思想政治工作的衔接有缝隙、不通畅，没有形成互促共融、协同发展的良性循环。最后，测评体系不健全。2012年中宣部、教育部印发了《全国大学生思想政治教育工作测评体系（试行）》，分为"党委政府版""高校版"两套指标对省（区、市）、高校两个层面学生思想政治工作开展了系统质量评价。各省（区、市）对高校、各高校对院系都组织开展了思想政治工作质量评价，但测评体系形式多样、指标不一。2020年中共中央、国务院印发了《深化新时代教育评价改革总体方案》，明确提出未来15年的改革目标、重点任务和组织实施等总体方案，要求各地区各部门结合实际认真贯彻落实。目前各省市和高校的思想政治工作测评体系仍更多聚焦学生思想政治工作，没有把学生思想政治工作与教师思想政治工作整合起来进行系统化设计。总体来看，思想政治工作测评指标体系亟待优化更新，以更好地适应教育发展趋势和时代发展要求。

（二）教师思政工作与学生思政工作协同发展的实践指向

推动教师思想政治工作与学生思想政治工作协同发展，必须在高校"三全育人"体系的顶层设计中整体谋划、统筹推进，一体化构建均衡发展的工作协同机制，整体性构建合力育人的思想政治教育平台，系统化构建科学合理的工作评价机制。

1. 一体化构建均衡发展的工作协同机制

思想政治工作的根本在于做人的工作，高校思想政治工作的关键在于做好教师与学生两大群体的思想政治工作。教师思想政治工作与学生思想政治工作具有内涵的统一性和目标的一致性，有着同向同行、共进互融的逻辑关系，两者必须均衡发展、协同联动，方能发挥相得益彰的整体效能。首先，强化教师思想政治工作的先行先导作用，推动思想政治工作双主体均衡发展。教师思想政治工作是凝心铸魂、立德树人的基础性工程，对高校思想政治工作体系的构建具有决定性作用。一是建立健全纵向贯通的垂直管理体系。从条线管理上来说，高校教师思想政治工作管理体系的有效运转需要省级教育主管单位设置专职部门、统筹制订工作规划，从而避免高校接收的上级指令出现重复、多头甚至相互抵触冲突现象。从高校内部管理来说，要进一步整合党委教师工作部的工作职能，破解党委教师工作部因"合署办公"的附属地位而不能聚焦主责主业、统筹职能难以有效发挥的工作局面；明确院系层面分管领导与工作职责，破解工作主体责任落实难的困境，从而建立纵向贯通、指令统一、运转高效的垂直管理体系。二是培育专业化教师思想政治工作队伍。高校教师是学生成长的引路人、灵魂的工程师。教师思想政治工作队伍做的是教师的思想政治工作，是引路人的"引路人"、工程师的"工程师"，这就对教师思想政治工作队伍提出了更高的要求。强化教师思想政治工作需要强有力的工作队伍，队伍的配备情况及其专业化水平是教师思想政治工作成败的关键。当前，高校从事教师思想政治工作的队伍主要是原有的学生思想政治工作队伍与党务工作队伍。由于教师思想政治工作的复杂性、艰巨性，能力不足、本领恐慌的问题时有发生。因此，要把教师思想政治工作队伍纳入学校人才队伍建设总体规划，进一步加强教师思想政治工作的力量配备，打造一支专兼结合、数量充足、素质优良的工作队伍。持续开展教师思想政治工作队伍业务能力培训，尤其是要在教师成长发展规律、师德师风建设规律以及教师思想政治工作方式方法等理论与实践方面开展系统化和专业化培训，全面提升队伍专业化水平。其次，建立健全统筹协调机制，推动教师思想政治工作与学生思想政治工作协同发展。教师思想政治工作与学生思想政治工作具有理论与实践上的内在统一性，应一并纳入高校思想政治工作体系的顶层设计中整体谋划、一体实施，推动两者融通衔接、协同发展。一是在学校层面，将教师思想政治工作与学生思想政治工作纳入统一决策协调机构，建立统筹推进、分工协作的工作机制，一体化进行工作规划、资源配置、工作部署，分条线开展任务落实。二是在职能部门层面，通过建立教师思想政治工作与学生思想政治工作联席会议制度等方式，定期总结交流工作经验、工作方法，研究解决工作过程中的实际问题，实现各部门之间"育师"与"育生"职能的对接联动。三是在二级院系层面，切实发挥院系党组织的战斗堡垒作用，通过建立教师党支部与学生党支部联建共建机制，促进教师与学生同学习、共成长，构建师生价值共同体、师生学习共同体。

2. 整体性构建合力育人的思想政治教育平台

在当前深入推进"三全育人"综合改革的背景下，构建全员全过程全方位育人格局，要求时时、事事、处处育人。因此，要整合所有育人要素、育人资源，整体性构建师生共育的资源平台。首先，在主渠道上，构建师生共享的理论学习资源平台。思想政治理论课是学生思想政治教育的主渠道，各种形式的教职工政治理论学习是教师思想政治教育的主渠道，两者虽然组织形式差异较大，但内容上具有高度统一性，根本在于在师生互动中共同学习马克思主义基本原理和党的创新理论，用习近平新时代中国特色社会主义思想铸魂育人。一是通过有效整合思想政治理论课教师、党校理论教育师资、理论宣讲团等思想政治教育专家资源，加强理论研究阐释宣传工作，建设理论学习智库，实现推动马克思主义理论创新与用马克思主义教育武装师生的有机统一。二是聚焦高校思想政治工作的时代特点和师生的现实需求，以"学习强国"、共产党员网等全国性平台为基础，开发培育具有时代特点、高校特色的优质思想政治教育类公众号，建立纵向到底、横向到边的全覆盖学习网络。三是以"青年马克思主义者培养工程"的深入实施为契机，整合日常教育教学中的理论学习载体、活动载体、宣讲载体、项目载体，形成常规性、常态化、制度化的理论学习体系，构建线上线下相结合的师生理论学习共享平台。其次，在主阵地上，构建师生共育的资源集成平台。在日常思想政治教育的主阵地中，要注重课内课外、校内校外各类育人要素的整合融通，全方位集成"十大育人"体系中蕴含的育人资源，构建师生共育的资源平台，形成师生互育、师生共育的合力和整体效应。一是在管理服务育人中，一方面，系统挖掘分布在组织、宣传、科研、教务、人事、后勤、国际交流等各部门的思想政治教育资源，破除本位主义，促进育人资源有效流通、整合使用。另一方面，全面梳理管理服务人员的岗位育人职责、育人范围，制定管理服务人员育人规范、工作指南，提升育人意识与能力，达到师生共育的目标成效。二是在教学体系运行中，其他各类课程与思想政治理论课要形成同向同行、同频共振的协同育人格局，需要所有教师充分挖掘课程中蕴含的思想政治教育元素，着力提高课程思政能力，切实承担起课程育人职责。课程中蕴含的育人元素既有学科特点，也有育人共通性，通过教学设计方案、典型教学案例、教改研究成果等优质育人资源的集成利用，构建课程育人资源库，切实提升教师的育德能力，提升课程育人效果。三是在人文关怀和心理疏导方面，遵循以人为本的理念，注重将思想政治工作与师生现实需求、实际生活相关联，切实落实对师生的人文关怀和心理疏导工作，促进师生全面发展。在原有大学生心理健康教育体系的基础上，引进校外专业机构或借助校外专家资源，共同搭建师生共用共享的心理健康教育平台，构建"政府—社会—高校"三位一体的人文关怀和心理疏导机制。

3. 系统化构建科学合理的工作评价机制

习近平总书记指出："要把立德树人的成效作为检验学校一切工作的根本标准。"① 发挥这一根本标准的指挥棒作用，需要对思想政治工作评价进行整体性谋划，系统化设计内容全面、指标合理、方法科学的质量评价体系，构建科学合理的评价机制，切实发挥评价的反馈、引导功能，从而全面提升思想政治工作的实效性。首先，在评价质量标准上，建立健全思想政治工作评价"国家—区域—高校"三级质量标准体系。以国家指标作为基本标准，各省（市、区）根据国家层面确立评价内容和指标，结合区域性优势细化创建特色化评价指标；各高校在执行区域质量标准的基础上，具体制订符合办学定位、富有校本特色的思想政治工作评价指标。其次，在评价指标内容上，要契合时代发展要求，对整体评价指标与分类评价指标进行合理设计，既要有引导教师潜心育人的评价，也要有促进学生全面发展的评价。将教师思想政治工作、学生思想政治工作、党的建设等育人职责列为各管理部门、各管理岗位、各环节主体的首要指标，进一步提升评价指标的合理性、全面性，发挥评价指标的工作导向作用。最后，在评价结果运用上，综合发挥以评促建的导向作用。一方面，将评价结果

---

① 习近平.在北京大学师生座谈会上的讲话[N].人民日报，2018-05-03(2).

纳入各级党委、政府主体责任情况监督检查和政治巡视巡察内容，纳入高校领导班子考核、各级领导干部述职评议内容，推进工作主体责任细化落实，建立责任追究机制。另一方面，建立评价结果的反馈、整改落实机制，促进各级责任主体聚焦薄弱环节和突出问题的研判分析，抓好整改落实，全面推进立德树人根本任务落实，全面构建思想政治工作体系。

第二章 坚持以文化人 养成立信学子诚信品格

> 不断巩固全党全国各族人民团结奋斗的共同思想基础，不断提升国家文化软实力和中华文化影响力，为全面建设社会主义现代化国家、全面推进中华民族伟大复兴提供坚强思想保证、强大精神力量、有利文化条件。
>
> ——习近平总书记关于宣传思想文化工作的重要指示

第一节 新时代高校以文化人的理念阐释

习近平总书记在党的二十大报告中明确指出,"推进文化自信自强,铸就社会主义文化新辉煌"①,为新时代新征程上社会主义文化强国建设进一步指明了前进方向。大学是人类文化发展到一定历史阶段的产物,也是人类文化得以传承创新的重要载体。大学与文化之间存在着固有的天然联系,本质上就是一个功能独特的文化组织,具有鲜明的文化属性。但是,文化的育人功能并不会自动实现,必须通过自己特殊的方式显现出来,概而言之,就是要以文化人。

一、新时代以文化人的核心内涵

(一) 新时代以文化人的概念缘起

习近平总书记在2014年主持中共中央政治局第十三次集体学习时首次使用"以文化人"一词,他指出,"对历史文化特别是先人传承下来的价值理念和道德规范,要坚持古为今用、推陈出新,有鉴别地加以对待,有扬弃地予以继承,努力用中华民族创造的一切精神财富来以文化人、以文育人"②。2016年习近平总书记在全国高校思想政治工作会议上的重要讲话中指出,"要更加注重以文化人以文育人,广泛开展文明校园创建,开展形式多样、健康向上、格调高雅的校园文化活动,广泛开展各类社会实践"③。"以文化人"概念的提出,进一步拓展了高校思想政治工作的路径和方法。那么,现代语境中"以文化人"概念有什么内涵呢?所谓以文化人,就是强调文化对人的教化作用,根本目的在于育人,重点是强调

---

① 习近平.高举中国特色社会主义伟大旗帜 为全面建设社会主义现代化国家而团结奋斗:在中国共产党第二十次全国代表大会上的报告[N].人民日报,2022-10-26(1).

② 习近平.把培育和弘扬社会主义核心价值观作为凝魂聚气强基固本的基础工程[N].人民日报,2014-02-25(2).

③ 张烁.习近平在全国高校思想政治工作会议上强调:把思想政治工作贯穿教育教学全过程 开创我国高等教育事业发展新局面[N].人民日报,2016-12-09(1).

"培养什么人、怎样培养人、为谁培养人"的问题，具体来讲，就是以文育人、以文化人和文以化人的统一，就是用文化的理念、文化的内容和文化的方法培育全面发展的人。

以文化人是当前思想政治工作中的重要课题。本节将从理论要义和实践表达两个维度阐发以文化人价值旨归、意义内涵和现实意义，并结合上海立信会计金融学院90多年办学实践进行探讨。上海立信会计金融学院以传承和创新中华优秀传统文化为己任，从情感共鸣到价值树立，再到行为矫正，以文化人的过程实现了社会主义核心价值观的内生与外展的统一，在教育观念、教育过程和环境建设等方面对高校思想政治工作提供了有益启示。

（二）新时代高校以文化人的理论要义

《易经》有云："观乎天文，以察时变；观乎人文，以化成天下。"这句话充分概括了以文化人的内涵，即以文化教育人，潜移默化影响人的举止，从而提升人的素养，促进人的发展和社会的和谐。运用以文化人，先要弄清楚用什么"文"和如何"化"这两个本质问题，只有正确地理解和把握"文"和"化"之间的辩证关系，才能发挥以文化人的功效。"文"是前提，用什么样的"文"来"化人"，决定着"化人"的性质和结果。马克思主义实践哲学将文化中的一切构成都看作人凭借着理性通过实践活动来实现，文化意义的世界彰显了人的价值。文化的化人功能反映了人与文化之间的相互作用，是以文化人活动能够展开的基础。因此，文化本质上是人化，并具有化人的功能，文化是人化与化人的统一。

当前，社会主义先进文化体现了新时代的精神，是能够促进人的全面发展的文化；社会主义先进文化离不开中华优秀传统文化的滋养，也需要优秀外来文化的补充。这是正确理解以文化人的重要前提。高校思想政治教育中以文化人中的"文"，必须是以中国特色社会主义文化和中华优秀传统文化为精神内核，以全人类优秀文化成果为重要内容的"文"。"化"是关键，正确的途径和方法决定了"化人"的效果。一方面，"教"与"化"是相辅相成的，文化的基本功能即在于教化，提倡一种文化实际上就是在倡导一种教育。另一方面，"化"是一种由微而著的渐变过程，强调的是人在潜移默化的状态中接受教育，并将其内化于思、外化于行。

（三）新时代高校以文化人的实践表达

党的二十大报告指出，"全面建设社会主义现代化国家，必须坚持中国特色社会主义文化发展道路，增强文化自信，围绕举旗帜、聚民心、育新人、兴文化、展形象建设社会主义文化强国"①。习近平总书记曾在不同场合多次发表关于"文化自信"的重要论述，强调"坚定文化自信，建设社会主义文化强国"的重要意义，并在全国高校思想政治工作会议上指出"要更加注重以文化人以文育人，广泛开展文明校园创建，开展形式多样、健康向上、格调高雅的校园文化活动，广泛开展各类社会实践"②。

文化兴国运兴，文化强民族强。没有高度的文化自信，没有文化的繁荣兴盛，就没有中华民族伟大复兴。在这个思想文化多元的时代，将以文化人传统中的思想精华和道德精髓进行创新性阐释和创造性发展，使之渗透到思想政治工作的各个方面，真正发挥引领方向、凝聚共识、动员力量的重要作用，这是当前及未来一个时期高校以文化人实践创新的核心内容。因此，以文化人的"化"是关键，要探寻务实有效的途径和方法，以学生喜闻乐见的方式，长久地、潜移默化地影响人、感染人、塑造人，将"化人"的实效转化为思想政治建设的内生力量，从而对思想政治工作质量和成效产生深远影响。

高校以文化人的主要目标之一就是要帮助青年学生在自己的文化生活中完成自我教育，即用人的生存方式教育人本身。为了实现这一目标，高校需要获得青年学生的认同，提升青年学生的兴趣，激活青年学生的内生动力。文化作为人在劳动生产实践中创造的生存方式，具有内在的强烈感召力。将青年学生的自我教育转化为思想政治教育的内生动力，就是要不断增强先进文化的感召力，引起青年学生的共鸣，使青年学生在吸引的基

---

① 习近平.高举中国特色社会主义伟大旗帜 为全面建设社会主义现代化国家而团结奋斗：在中国共产党第二十次全国代表大会上的报告[N].人民日报，2022-10-26(1).

② 习近平.把思想政治工作贯穿教育教学全过程 开创我国高等教育事业发展新局面[N].人民日报，2016-12-09(1).

础上接受，在接受的基础上认同，在认同的基础上内化，在内化的基础上践行。这就要求高校要善于运用思想政治教育的文化力量，一方面，科学把握青年学生的心理特点，寻找思想政治教育与优秀文化的契合点，在日常的校园文化活动中凸显这个契合点，产生共鸣；另一方面，在校园实践活动中对文化共鸣进行有效的价值引导，使青年学生在丰富的校园文化活动中接受教育，在感化和感悟中自觉审视自身的思想和行为，从而达到"化人"的效果。

二、新时代高校以文化人的价值意义

党的十八大以来，习近平总书记适应时代变化和形势发展要求，围绕什么是文化育人、为何要文化育人、如何文化育人等基本问题发表了一系列重要讲话，对文化育人的内涵、目标、资源、途径、方法、特点等多方面内容进行了深入阐释，提出了许多新思路、新观点、新方法，为新时代文化育人指明了方向。他特别强调，要更加注重以文化人、以文育人。高校承担着文化传承发展的重要使命，要把赓续中华核心价值的精神血脉作为重要使命。

（一）新时代高校以文化人的思想基础

新时代高校思想政治教育工作中的以文化人工作，既是一个理论问题，又是一个实践领域的问题。"文"是"化人"的基础，新时代思想政治教育工作中的以文化人强调以文化为基石，文化的繁荣和兴盛是其基本前提。如果没有繁荣兴盛的优秀文化，以文化人就会成为无源之水、无根之木；如果没有源源不断的先进文化，以文化人就会失去内生动力和外部驱动。

高校是传承、传播、创造先进文化的重要场所。高校思政教育作为培育大学生正确价值观、坚定大学生理想信念、提升大学生文化自信的主要阵地，承担着培育时代新人的永恒使命。新时代高校思想政治教育以社会主义先进文化凝聚育人力量，体现了时代的精神；社会主义先进文化离不开中华优秀传统文化的滋养，也需要优秀外来文化的补充。这两种文化的有机结合，充分彰显文化对大学生群体品行塑造的持久性与深刻性，引导广大青年群体牢固树立中国特色社会主义理想信念。

（二）新时代高校以文化人的教育价值

习近平总书记在庆祝中国共产党成立95周年大会上的讲话中指出："在5 000多年文明发展中孕育的中华优秀传统文化，在党和人民伟大斗争中孕育的革命文化和社会主义先进文化，积淀着中华民族最深层的精神追求，代表着中华民族独特的精神标识。"① 文化是一个国家、一个民族的灵魂，是根植于内心的修养。

中华优秀传统文化蕴含着丰富的道德理念、人文精神，发挥着凝聚人心、汇聚民力的强大力量。其中"老吾老以及人之老，幼吾幼以及人之幼"的仁爱精神，"君子和而不同"的和合文化，"天下兴亡，匹夫有责"的爱国情怀，"言必信，行必果"的诚信品质，"人生自古谁无死，留取丹心照汗青"的慷慨正气，"富贵不能淫，贫贱不能移，威武不能屈"的人格信仰，激励了一代代中国人。

中华优秀传统文化积淀着中华民族最深沉的精神追求，代表着中华民族独特的精神标识，是中华民族生生不息、发展壮大的丰厚滋养。高校必须充分认识文化的重要育人价值，让大学生充分学习中华优秀传统文化。广大青年学生从中华优秀传统文化中得到滋养，增强底气，提升文化自觉与坚定文化自信自强，成为社会主义事业的合格建设者与可靠接班人。

（三）新时代高校以文化人的现实意义

习近平总书记在党的二十大报告中强调，"社会主义核心价值观是凝聚人心、汇聚民力的强大力量"，必须"广泛践行社会主义核心价值观"②。社会主义核心价值观成为当代中国坚定文化自信、建设文化强国的价值引领，为以文化人的理念注入新内涵。从社会层面的价值取向和公民个人层面的价值准则来看，社会主义核心价值观之所以重要，就在于它实际上是在锻造中华民族的精神品格。因此，建设社会主义文化强国，高校要把培

---

① 习近平.在庆祝中国共产党成立95周年大会上的讲话[N].人民日报,2016-07-01(1).

② 习近平.高举中国特色社会主义伟大旗帜 为全面建设社会主义现代化国家而团结奋斗：在中国共产党第二十次全国代表大会上的报告[N].人民日报,2022-10-26(1).

育和践行社会主义核心价值观融入人才培养全过程，以此作为高校全面贯彻党的教育方针的出发点和落脚点。

高校要以培养担当民族复兴大任的时代新人为着眼点，强化教育引导、实践养成、制度保障，逐步实现把对文化价值理论的认知转换为大学生日常践行的个人道德规范和行为准则，抓住核心要素，重点发力。一要融入课堂教学主渠道。创新思想政治理论课教学方法和手段，建立完善的文化素质课程体系，加强专业教育的文化渗透，提升大学生对社会主义核心价值观的理论认同和情感认同。二要融入大学文化建设。高校应以社会主义核心价值观引领大学文化建设，形成独特的制度文化、学术文化、管理与服务文化和环境文化。三要融入校园日常生活。高校可通过校园价值文化品牌活动，使社会主义核心价值观在不知不觉间成为学生日常行为准则。四要融入社会实践。社会实践不仅可以增强大学生的体验和感悟，还可以提升其道德水平。五要融入师德师风建设。高校要充分发挥教师的示范引领作用，把培育和践行社会主义核心价值观与师德建设相结合，提高教师队伍的思想政治素质，在尊重教师、保障教师待遇的同时，实现教书与育人相结合、言传与身教相结合。

三、新时代高校以文化人的立信方案

立德树人是高校的根本任务。诚信是上海立信会计金融学院的立校之本，是立信文化的精髓和灵魂。1928年，被誉为"中国现代会计之父"的潘序伦先生怀着"实业救国""教育救国"的愿望，学成归国，他取《论语》中"民无信不立"之意，创立了"立信"品牌，凝练了"立信"校训，此后将其拓展为"信以立志，信以守身，信以处事，信以待人，毋忘立信，当必有成"的二十四字校训，要求立信人"诚实不欺、言行如一、有诺必践"，奠定了立信文化的基础。潘序伦始终坚守"诚信为本"的理念，创建了立信会计师事务所、立信会计学校、立信会计图书用品社"三位一体"的会计事业，使其成为培养中国会计人才的摇篮。2016年原上海立信会计学院和原上海金融学院合并。原上海金融学院强调以"诚信"和"责任"为主要内容的大学生职业素养的养成，着力培养学生诚实守信的

品格和强烈的责任心。诚信成为两校文化融合的精神纽带，也是立信金融人共同的价值遵循，奠定了新校的文化基石。

纵观90多年的办学历史，学校从校名、校训、校歌、校徽到大学精神、校园文化、校友文化，无不深刻地打上诚信的烙印。学校始终坚持以信立校、以信兴校、以信筑梦，努力探索并回答"什么是具有诚信品质的人，如何培养具有诚信品质的人，以及如何以诚信培养人"的理论和现实问题，不断推进诚信教育理论创新和实践创新，形成了"六环节、六目标"诚信教育体系。

（一）育人理念

高校作为社会道德高地，应充分发挥文化引领与道德示范作用。上海立信会计金融学院以社会主义核心价值观为引领，突显财经类院校的学科专业特色，充分利用学校的诚信办学经验与传统，根据大学生的成长发展规律，坚持"五个结合"（即环境建设与校园精神相结合、课堂内与课堂外相结合、理论与实践相结合、传统文化与现实发展相结合、有形要求与无形自觉相结合）的教育理念，将诚信价值引领贯穿教育教学全过程和各环节，形成了"六环节、六目标"诚信教育体系（图2-1）。从入学到就业、从课内到课外、从实践到网络，学校坚持同向同行，立体推进，在广大师生当中开展诚信文化传播、诚信品格教育活动，不断丰富诚信教育的内容，创新诚信教育的形式，承担文化传承与创新的大学使命，不断将社会主义核心价值观落细落小落实，为社会培养具有诚信品质的财经人才。

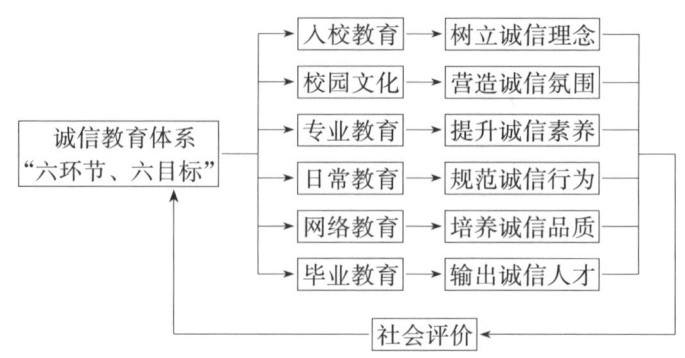

图2-1 "六环节、六目标"诚信教育体系

(二) 育人举措

1. 立足入校教育，树立诚信理念

理念是行动的先导，任何行为的变化都要从理念的变革开始。学校把诚信教育作为新生入校教育的第一课，引导学生树立诚信理念，为培养其诚信品行奠定良好基础。这一环节着重把握三个层次：一是做好诚信理念启蒙，使学生"知诚信"。通过高考招生中对不诚信行为的"一票否决制"，新生入学教育中对校史校训的专题讲解，以及观看校史纪录片，参观校史馆和诚信文化体验馆等活动，学生在第一时间感知诚信的重要性，自觉树立诚信意识。二是深化诚信内涵解读，使学生"懂诚信"。在理论层面，通过"大学第一课""新生研讨课"等专题教育，学生能够理解把握诚信的基本内涵；在实践层面，通过"诚信主题班会""诚信经验分享会"等系列迎新实践活动，让学生在理论和实践的互动中初探诚信的精神实质。三是开展诚信仪式教育，使学生"尊诚信"。形式是内容的载体，在新生入学时，学校组织学生签署大学生诚信承诺书、进行"大学生诚信宣誓"、开展"国旗下讲话"等仪式活动，彰显诚信文化的神圣性和崇高性，树立诚信理念。

2. 注重校园文化，营造诚信氛围

校园文化是滋养诚信意识的重要土壤，学校把诚信精神融入文化建设的每一环节，建设以诚信为基石的校园文化。一是优化校园环境，使诚信教育"看得见、摸得着"。学校先后落成的中国会计博物馆、潘序伦著作展示室等场馆，适于开展立体、形象的诚信现场教学；先后落成的金融广场、诚信广场、诚信柱，形成了诚信文化景观；校园内富有历史底蕴与内涵的河名、路名、桥名、楼宇名等，如序伦大道、昭信堂等，可以全方位展现、延续学校的历史、人文脉络，形成了诚信教育的鲜活素材和环境要素。二是丰富校园活动，使诚信教育"演得出、讲得好"。学校精心打造大师剧《潘序伦》，通过艺术表现形式，打造诚信文化品牌项目；通过设立"精神文明风尚奖"，培育模范代表，发挥典型示范作用；通过立信讲坛、明德讲堂、人文讲坛在观点碰撞、思想升华中为学生释疑解惑；举办

诚信辩论赛、诚信征文等校园活动，形成形式多样、内容活泼的系列主题教育活动。三是加强诚信实践，使诚信教育"入人心、伴人行"。学校抓住"网络诚信宣传日""信用记录关爱日"等契机和寒暑假时期，广泛开展特色鲜明的校内外诚信主题实践活动，组织开展诚信知识普及、诚信现状调研、诚信文化宣传，在服务社会中让每位学生成为诚信文化、诚信理念的传播者、实践者。

3. 聚焦专业教育，提升诚信素养

专业教育是提高学生诚信素养的主要渠道。学校着力将教书育人内涵落实于课堂教学和专业实践，充分挖掘课程中的德育因素、诚信元素。一是课程育人，课程在哪里，诚信教育就在哪里。坚持将诚信教育贯穿在各类课程建设中，构建了中国系列课程、综合素养课、专业课三位一体的诚信教育课程体系。信用中国是上海立信会计金融学院立足专业优势，服务诚信社会建设，实现以信筑梦而构建的中国系列课程。大学生诚信教育概论是面向大一新生开设的必修课，旨在凸显诚信基本素养的提升。会计史、中国财税史等专业选修课，金融伦理、财经职业道德等通识课程，财务舞弊案例等实践类课程，旨在发现显性或隐藏在专业课程中的诚信因子，发挥专业课程价值渗透作用。二是教材育人，把诚信铭刻在字里行间。近年来，学校依托立信会计出版社的专业力量，先后出版了《大学生诚信教育概论》《大学诚信文化教育论》《大学生诚信教育经典案例》《诚信故事100例》等著作，逐步形成诚信教育教材体系。三是专业实践，言传身教见诚信。学校依托立信会计师事务所等校企战略联盟和各类实践基地，开展专业实习见习、实训实操，让学生了解体验行业行规，通过行业导师言传身教对学生进行职业道德教育。

4. 把牢日常教育，规范诚信行为

诚信的种子要真正在师生心中生根发芽，需要日积月累，久久为功。学校在日常教育中始终坚持"三个结合"：一是把学生诚信与制度建设相结合，建立诚信制度体系。学校建立了从招生考试到毕业离校一体化的制度体系，将诚信融入管理服务。如在学生党员发展过程中，将个人诚信表现作为"底线"衡量依据,塑造政治诚信;在引导学生遵守学业规定,抵制考试作弊、学术造假行为中,规范学生学习诚信;在对学生日常行为习惯进行养成教育中,培养学生生活诚信意识;在对提供虚假信息获取助学贷款、助学金,无故不按时缴纳学费的学生进行批评教育中,增强学生经济诚信意识。二是将诚信行为与客观评价相结合,形成诚信档案评价系统。学校制定并出台了《诚信分评定实施办法》,开发了大学生诚信分评定系统,试点为毕业生出具大学生个人诚信报告,形成了诚信激励与失信惩戒机制。三是把学生对诚信的知与行相结合,创设多个诚信体验项目。学校注意引导学生在诚信教育中做到表里如一、知行合一,积极培育了一大批"使守信者受益、失信者受限"的诚信体验项目。多年来,学校坚持开展诚信考试承诺活动,启动了免监考诚信考场试点,培养了学生慎独精神;创设了学生发展银行等品牌项目,增强了学生的责任意识;开发了诚信伞、诚信书籍漂流等诚信服务项目,培育了诚信超市、互助集市等诚信消费项目,使诚信教育更具参与性和亲和力。

5. 加强网络教育,培养诚信品质

互联网是开展诚信教育的新平台。学校高度重视诚信教育与信息技术的融合发展,把网络思政的守土责任扛起来,把诚信的大旗立起来,实现线上线下诚信教育的互动。一是运用大数据思维动态把握大学生诚信品质的总体情况,助力推进诚信教育。加强校园网络安全管理,对在师生中或在社会上有一定影响力的微博、微信等新媒体账号管理情况进行报备,通过舆情、网络调研、大数据整理等途径,掌握大学生诚信品质的总体情况,为诚信教育总体实施提供有效性分析。二是运用大学生喜欢的表达方式提升诚信品质的价值认同,转变诚信教育输出模式。通过线上主题班会签到、线上失物招领、线上评优评奖资格审核等形式将传统集中、严肃的诚信教育与互联网思维相结合,将诚信品质融入大学生网络生活方式,在学习、生活的点滴中提升价值认同。三是开展符合大学生网上生活行为习惯的诚信品质教育活动,拓展诚信教育载体。学校在易班网上开设诚信教育专栏,针对有关诚信方面的规章制度、"诚信之星"等人物事迹、诚信教育案例大赛等主题活动展开宣传。同时，学校充分利用校园网、官方微博微信、小信鸽等"两微一端"平台开展诚信宣传，扩大诚信教育影响，传播学校诚信品牌。

6. 强化毕业教育，输出诚信人才

毕业教育是学生大学四年诚信教育的深化和最终环节。学校始终将"输送诚信人才"和"提升诚信品牌"作为自己的神圣使命，夯实毕业教育，加强跟踪反馈。一是以职业道德教育为切入点，夯实诚信就业基础。学校将"职业发展与职业道德"纳入必修课程体系，以"加强财经职业道德教育，引导学生诚信就业"为教学目标，对全校毕业学生开展教育，进一步夯实诚信就业的基础。二是以完善制度安排为中心点，培养诚信择业观。学校在就业信息网上开展毕业生问卷调查，了解毕业生对就业违约等现象的看法，通过有针对性的谈话，加强思想上的引导；严格规范学生的就业签约流程，通过诚信求职承诺书、毕业生就业推荐记录表、毕业生面试情况反馈表等，及时掌握学生在就业、面试中的诚信表现，严查"注水"简历，有效减少学生的就业违约率。三是以跟踪反馈为结合点，提升诚信品牌。学校定期开展企业走访、校企交流研讨会等活动，了解用人单位对学校诚信教育的评价。学校与社会机构合作，定期发布学校就业质量年度报告，跟踪反馈毕业生的社会需求和社会信誉度变化，在学校与社会之间实现良性互动，形成诚信教育合力。

"六环节、六目标"诚信教育体系先后荣获教育部高校校园文化建设优秀成果奖、上海大学生思想政治教育工作创新成果奖。"诚信文化校园行"活动荣获教育部高校校园文化建设优秀成果评选二等奖。《大学生诚信教育概论》荣获中国大学出版社图书奖优秀教材奖一等奖。

第二节　新时代高校以文化人的立信实践

大学精神和文化是大学发展的灵魂，是大学活力常在、青春永驻的不竭源泉。本节将以上海立信会计金融学院诚信文化育人工作实践为案例，探索大学生诚信品质的制度建设和行为内化方法，使社会主义核心价值观真正融入学生的学习生活和精神世界。

实践案例一　上好新生"德育第一课"

高校作为社会道德高地，应充分发挥文化引领与道德示范作用。大学阶段是学生生涯的黄金时期，同时也是学生树立正确人生观和科学价值观的重要阶段。学校以"抓住大学生入学教育的关键时期，引导大学生扣好人生第一粒扣子"为目标，开展以"诚信"为底色的新生入学教育，打造新生"德育第一课"。

一、"讲好诚信故事"：校领导领衔主讲信用中国、财经中国系列课程

学校中国系列课程信用中国和财经中国面向全体大一新生开设，由校领导领衔主讲。在信用中国课堂上，校党委书记通过品析潘序伦等老一辈的创校初心、回顾学校90多年的发展历程，阐释"以信立校"的初心与使命；以立信校训、诚信的传统文化、社会主义核心价值观的相互契合为轴线，阐明"以信立身"的时代要求；通过分析社会信用体系建设的发展现状和新时代对个人诚信的更高要求，展望"以信筑梦"的美好愿景；勉励大一新生要把讲信用和讲诚信内化为个人习惯，并外化为自觉行为，要珍惜人与人之间的相互信任，增强个人社会责任感，把诚信意识融入自己的血脉、思维、行为，要知行合一，坚守诚信。

二、"爱国心、爱校情、报国行"：军训教官做学生的爱国荣校的引路人

军训是大学的第一课的重要内容。为引导新生厚植爱国主义情怀，增

强爱国爱校情感，在新生入学教育中，学校每年都邀请承训部队的军官为新生讲授国防教育主题讲座。通过讲座，新生们不仅学习了国防安全方面的知识，提升了维护国家安全的责任意识，还增强了自身对于国家和民族的认同。"少年强则国强，少年智则国智，少年富则国富，少年独立则国独立，少年自由则国自由，少年进步则国进步。"通过精彩的讲座，同学们明白了自己作为青年学生的责任与担当。

三、"青春告白学校"：导生制彰显朋辈育人实效

在新生入学教育中，为贴近学生思想实际，学校让高年级的优秀学生作为导生，用身边人、身边事开展思想政治教育和诚信教育，充分发挥导生榜样示范的作用，营造争做榜样、追求卓越、典型示范和带动引领的良好校园氛围。各学院还邀请来自学术诚信、好人好事、社团组织、志愿服务、从军报国等各个方面的优秀学生代表作为主讲人，用亲身经历和感悟为新生全面讲解大学生活。这种"学生—学生"的教育模式，用身边人、身边事对新生进行思想教育，突破了传统说教式的教育方式，更易感染和激励新生，帮助其找准定位、树立目标、科学规划大学生活。

四、"想'00后'所想"：以学生喜闻乐见的形式创新诚信教育载体

学校立足"00后"大学生特点，从人才培养角度，将诚信教育贯穿入学教育始终。新生报到当天，诚信主题教育小屋将作为学校精心准备的迎新礼物首次与新生见面。校领导向新生赠送图书《诚信故事100例》并送上入校寄语；新生及家长集中聆听志愿者围绕校史校训讲述的立信小故事，浏览展板上学校诚信特色体系与品牌活动介绍，在诚信宣誓墙上自觉签下名字，将诚信基因融入血脉，将诚信二字烙刻在大学阶段的"第一粒扣子"上。开学典礼上，学校举行"诚信启航"仪式，校领导为新生代表佩戴校徽，全体新生为自己佩戴校徽；佩戴校徽的仪式寓意着新生们从此拥有了"立信人"的身份，承载着立信人的使命与荣光；优秀学生干部带领全体新生进行诚信宣誓，号召新生"知诚信、讲奋斗、勇担当"。以"诚信"为底色的新生入学教育通过主题教育、军事训练、仪式感染、朋

辈辅导等，充分发挥学校领导、思政教育工作者、校外专家及同辈的育人作用，开辟线上线下立体化的渠道，把诚信教育和思想政治教育融入新生入学教育全过程，使新生从入学伊始信仰诚信、践行诚信，实现知行合一，同向同行，立体推进，构建全程全员全方位的"三全育人"大格局，引导新生树立远大理想、热爱伟大祖国、勇于砥砺奋斗、练就过硬本领、锤炼品德修为、担当时代责任。

小结： 通过上好以诚信为主题的新生"德育第一课"，强化了大学生的诚信意识，提升了大学生的诚信素养，对大学生树立正确价值观，营造讲诚信、重诚信、守诚信的校园文化，乃至促进社会和谐都有重要的现实意义。作为社会主义事业的建设者和接班人，只有人人讲诚信，事事讲诚信，形成和谐的社会诚信关系，才能为构建社会主义和谐社会奠定坚实的基础。

实践案例二　新时代高校诚信文化育人论坛

诚信是社会主义核心价值观的基本内容。中共中央办公厅印发的《关于培育和践行社会主义核心价值观的意见》明确要求："以诚信建设为重点，加强社会公德、职业道德、家庭美德、个人品德教育，形成修身律己、崇德向善、礼让宽容的道德风尚。"诚信不仅是个人安身立命的基本准则，也是国家稳定的重要基础。上海立信会计金融学院始终坚持把立德树人作为根本任务，把思想政治工作贯穿教育教学全过程，实现全员、全过程、全方位育人。诚信文化育人就是践行社会主义核心价值观的落脚点之一。

全国高校诚信文化育人联盟（后更名为"新时代高校诚信文化育人论坛"）成立于2017年5月20日，由上海市教卫工作党委、上海市教委指导，中国高等教育学会高等财经教育分会、上海市学生德育发展中心、上海立信会计金融学院和多所高校共同发起，旨在推进高校诚信文化建设，共享育人资源，发挥育人合力，探讨思政育人之道，打造诚信文化高地，整合诚信文化教育资源，建立一个集科学研究、教育教学、文化传播为一体的高校诚信文化交流、协作、共享平台，扩大诚信教育的辐射面，推进高校诚信文化育人工作，将诚信教育延伸到教育创新的各层面。首届"高校培育和践行社会主义核心价值观工作推进会暨诚信文化育人学术研讨会"在上海立信会计金融学院松江校区举行。同时，学校组建的开放性学术机构"上海诚信文化研究中心"也在会上揭牌。联盟理事长由上海立信会计金融学院担任，截至2022年共有37家理事单位和成员单位，各单位积极承办联盟年会，至今已成功举办六届。

新时代高校诚信文化育人论坛在学术研究方面，积极探讨诚信文化、社会信用体系、信用制度等领域内的前沿、重大问题；在实践研究方面，着力探讨解决诚信文化建设、区域信用指数编制、征信评级、信用风险管理等领域的热点和难点问题。加强诚信文化和诚信教育的深入研究，探讨诚信文化建设等领域内的热点和难点问题，提升论坛品位。新时代高校诚信文化育人论坛研究课题自2021年3月启动，目的是通过发布科研课题的方式，组织联盟高校师生共同开展诚信教育领域的理论和实践研究，提高科研能力，促进诚信教育的深度发展。论坛每年批准立项15项研究课题，其中重点课题5项、一般课题10项，并且将结项材料汇编成册。研究课题紧跟时代步伐，进行跨学科、跨专业研究，取得了一定的成果，不但增进了联盟高校的相互沟通和进一步了解，打破了联盟各成员单位在诚信研究方面各自为政的局面，而且促进了诚信文化研究在高校的发展，进而辐射全社会，为建设信用社会贡献力量。

新时代高校诚信文化育人论坛致力于组织联盟单位师生共同开展诚信教育领域的理论和实践研究；汇集优质诚信教育课程资源，建设诚信教育经典案例资源库，开发高校诚信课程；举办诚信教育教学研讨活动，开展对联盟高校教师的教育培训等诚信建设项目，努力加强校际诚信建设的交流合作，探索诚信文化育人的新模式，推进诚信文化育人工作不断迈上新的台阶。论坛还积极探索诚信教育"大中小幼一体化"建设，2019年上海市澄衷高级中学和上海立信会计金融学院附属学校作为荣誉理事单位加入联盟，从课程、文化、活动、实践、管理、协作等方面实现拓展，落实教育初心和使命。

小结： 新时代高校诚信文化育人论坛已经成为诚信教育一面旗帜和促进高校诚信文化创新的风向标。论坛全面落实党的教育方针，培育和践行社会主义核心价值观，传承发展中华优秀传统文化，在诚信文化育人工作中发挥高校诚信价值观引领作用，培养高校教师敬业爱生、诚信为人的精神品质，提升大学生诚实守信的道德素养。

实践案例三 "立信品牌"诚信育人项目

高校校园文化品牌是大学的重要资源，更是一所学校弥足珍贵的文化遗产和宝贵的精神财富。近年来，上海立信会计金融学院不断扩大诚信教育品牌效应，不遗余力地推广诚信教育，推出一系列诚信文化实践项目。

一、"诚信货架"项目

上海立信会计金融学院于2017年5月启动"诚信货架"项目。"诚信货架"项目将诚信融入学生日常生活，以"无人监督、自助购买"为特色，以诚信率折射校园诚信文明程度，加强项目团队经营管理，创新监督管理办法，拓展项目经营内容，提升项目服务质量，切实宣扬诚信文化、践行诚信理念，在潜移默化中达到诚信教育的效果，成为较有影响力的文化品牌项目。经过数年的建设，"诚信货架"项目不断推陈出新，形成了以"诚信货架""诚信书架""诚信邮局"为核心"三位一体"的诚信文化体验区，创建了以"诚信货架"为经营对象的模拟股份公司——立鑫股份公司。学生成立实体公司推进"诚信货架"进宿舍，实现"诚信货架"体验从教学区向生活区延伸。"诚信货架"不仅增添了学校诚信实践教育的新内容，而且激发了学院师生围绕诚信进一步开展管理、服务、创新创业的积极性。"诚信货架"不仅是一个项目，它更像是学生们精心呵护与照顾的亲人、一个供学生课余休息时方便的停靠站。它将用星火之光温暖他人，将诚信的种子播撒校园。星火之光，照耀于世；诚信之树，根基永固！

二、诚信案例分析大赛

诚信案例分析大赛是上海立信会计金融学院传承和弘扬诚信文化的特色品牌项目。该项目始终秉持着诚信文化的初衷，通过案例分析、展示等环节，帮助学生了解诚信文化的内涵，传达诚信教育的理念，内化诚信表达行为，构建符合新时代特征和学生成长需求的诚信传播新方式。截至2023年，学校已连续举办了7届诚信案例分析大赛，大赛从最初的案例展示形式扩展到小品、原创歌曲、歌剧、视频、相声等丰富多样的展示形式。每届比赛均吸引了众多团队前来参加，起到了良好的教育引导作用。大赛通过案例分析、展示、表演等形式，不仅展现了大学生的风采，同时也通过诚信文化品牌打造，将诚信理念根植于学生心中。

三、"诚信伞"服务项目

2017年5月，上海立信会计金融学院发起"伞伞相传，诚信相伴"的"诚信伞"服务项目。诚信伞的设计富有便利性和文化性，将富有传统诚信文化观的元素融入伞的设计，围绕诚信认知、诚信情感、诚信行为三个主题做不同设计。诚信伞分为黄色伞、橙色伞和蓝色伞，并根据不同色系传达不同的诚信主题，黄色伞印制孔子的名言"人而无信，不知其可也"，橙色伞印制荀子的名言"君子养心，莫善于诚"，蓝色伞印制韩非子的名言"小信诚则大信立"。

诚信伞，既是一把在校园中传递着的爱心伞，也是一块大学生诚信的试金石。通过借伞、还伞这一行为，提升道德认知、唤起道德情感、矫正道德行为，让诚信回归生活，达到知行合一的教育效果，真正让广大学生树立诚信意识。2021年年底，学校筹划将"诚信伞"服务项目延伸到学生生活园区。

四、"诚信—金融"教育志愿者支教活动

"诚信—金融"教育课程是上海立信会计金融学院基于财经类院校专业特点和诚信文化特色特别开设的志愿者支教项目。"诚信—金融"教育课程的主要内容包括三个方面：一是介绍钱币基本知识，重点介绍了人民币的来源、线上支付和虚拟货币等内容。二是介绍获取金钱的方式，让同

学们分享了自己的零花钱从哪里来、爸爸妈妈的收入从哪里来等内容。三是介绍储蓄与投资的基本知识，通过习惯花费的示例，引导同学们填写习惯花费的情况，让同学们理解勤俭节约的重要性。同时，在课程中融入了诚信消费、诚信支付的内容，让学生在金融启蒙的过程中加深对诚信的认识、理解。在以后的生活学习中，乃至以后的消费理财中，很多学生都能做到恪守诺言、无虚假、不欺诈。学校30余名志愿者同学于11—12月份在民办天宇小学、民办桃苑小学进行了支教活动。

五、诚信文化长廊

上海立信会计金融学院建设诚信文化长廊，这是学校历史和文化积淀的展示，是诚信精神的高度凝结，是传承诚信文化、弘扬社会主义核心价值观、对学生进行诚信教育的重要载体。

诚信文化长廊共分为10个模块，包括诚信校史文化区、专业诚信文化展示区、诚信建设成果与教书育人心得展示区、诚信文创作品展示区、诚信实践区等集中展示和体验诚信精神的区域。诚信文化长廊的建设宗旨是推进社会主义核心价值观教育，弘扬立信精神，加强大学生诚信教育，打造校园诚信文化品牌、文化景观和文化地标，全方位展示上海立信会计金融学院诚信文化风貌。

诚信文化长廊位于上海立信会计金融学院上川路校区内，长约50米，宽7.5米，高5.8米，可作装饰的墙体有18块，立柱5根，占地约400平方米，整体装饰以软装为主，原有建筑结构未做任何改动。装饰设计内容主要包括：一篇序言、两个出入口牌匾和七大板块。这七大板块分别是领袖篇、先哲篇、名人题词篇、教育篇、景观篇、媒体篇及互动篇。它们展示了上海立信会计金融学院对诚信文化的理解、感悟与教育成果。

长廊的设计采用了新中式风格，色彩以中国红搭配中性的灰色系，让整个长廊在低调沉稳地叙述诚信价值观的同时，闪耀着些许激情与活力。长廊大量使用了圆形造型，这个灵感来源于中国古钱币及凸透镜。古钱币体现了上海立信会计金融学院从事金融教育、会计教育的属性，而凸透镜吸收、聚焦和放大的特性，广纳全球关于诚信的优良价值观，并把它们聚集于这个平台，放大呈现于全校师生面前。

诚信文化长廊对于"立信"二字进行了全新的诠释。中国自古对同学的称谓都习惯用"同窗"一词。设计师创造了中式窗格的格栅图案，这个图案就是由"立信"二字构成。整个长廊大量地采用了这种图案作为背景。

在长廊的中部，设计师还设计了一个供人拍照留念的互动装置——立信宣誓留影装置。宣誓仪式会给宣誓人带来承诺、责任的心灵感受，具有强烈的仪式感。宣誓活动往往需要时间、地点、人物、事件等多方因素的配合，因此设计师对这个由"立信"二字构成的装置进行了小小的改动，把立字的一点省略掉了，让拍照人自己成为那一点，从而构成"立信"二字。这种改动可以增添一些娱乐性，调动大学生参与宣誓的积极性，起到寓教于乐的效果。在装置中，"信"字的口正好处于圆形古钱币中间的方孔位置，而古钱币的造型只露出一半的大小，其实这些设计都是在告诫人们做人做事要有原则，话不能说得太满，说一半留一半，否则一旦达不成，有愧于"立信"二字。所以一个人一定要管好自己的"口"，有多大能耐说多大的话，这是作为一个"立信"之人永远不能改变的原则。

长廊开端的立柱用了6个3.6米高的感叹号来呈现我们国家6位领导人对我们的教诲。长廊中部的4根立柱采用了圆形螺旋上升的造型，这种造型的设计灵感来源于人类基因图谱DNA的排列方式。4根立柱上黄、棕、白、黑四种颜色的圆形代表我们地球村上居住的4种不同肤色的人种，每个立柱上搭配的蓝色圆形代表我们共住一个地球村。在这些上升的圆形上，记录了全人类关于诚信价值观的经典语录。这些朴实无华的言语给全人类社会带来了持续发展的动力。

小结： 上海立信会计金融学院结合自身特色，不断丰富创新活动形式，有效整合资源，多形式、多途径为学生提供了广阔的自我展示平台，形成了全方位、立体化的诚信教育体系。学校通过开展多层次、多元化的诚信文化教育活动，让大学生了解诚信、懂得诚信、践行诚信，培养学生感恩学校、回报社会的奉献意识，使诚实守信逐步成为广大学生自觉遵守的行为准则，有力推动了全社会信用制度的建设。

第三节　新时代高校以文化人的立信探索

一、"大思政"视角下诚信育人的探索与思考

诚信是社会主义核心价值观的基本要素和道德基础，是现代社会进步发展的凝聚力和软实力。中共中央、国务院发布的《关于加强和改进新形势下高校思想政治工作的意见》指出，"要培育和践行社会主义核心价值观，把社会主义核心价值观体现到教书育人全过程，引导师生树立正确的世界观、人生观、价值观"，"以诚信建设为重点，加强社会公德、职业道德、家庭美德、个人品德教育，提升师生道德素养"[1]。高校开展诚信教育是落实"立德树人"根本任务和培育践行社会主义核心价值观的内在要求，也是加强新时代大学生思想道德建设的重点内容。对财经专业大学生来说，诚信教育是其健康成长发展的必修课。诚信是财经行业的生命线，是财经人员的根本。近年来，随着对"大思政"研究的日益深入，"大思政"教育理念已渐入人心，为高校诚信教育提供了新的视角。以"大思政"理念观照诚信教育有助于开阔教育视野，拓展教育主体，丰富教育资源，创新教育模式，更好实现诚信育人的目标。

（一）系统、互动、泛在："大思政"理念的内涵

关于"大思政"理念的提出与演进，有的学者将其追溯到20世纪80年代在学校思政教育系统中使用的"三育人"概念——"教书育人""管理育人""服务育人"。此后又有"四育人"的提法，在"三育人"基础上增加"活动育人"或"环境育人"或"科研育人"。随着思想政治教育研究和实践探索的逐步深入，"思想育人""实践育人""文化育人""组织育人""网络育人"等概念也相继提出，由此衍生出"五育人""六育

---

[1] 中共中央,国务院.关于加强和改进新形势下高校思想政治工作的意见[N].人民日报,2017-2-28(1).

人""八育人"等提法。2016年12月,习近平总书记在全国高校思想政治工作会议上强调,要坚持把立德树人作为中心环节,把思想政治工作贯穿教育教学全过程,实现全过程育人、全方位育人。要形成党委统一领导、各部门各方面齐抓共管的工作格局。这将"大思政"工作格局的构建推向了一个新的高度。2017年教育部党组印发了《高校思想政治工作质量提升工程实施纲要》(教党〔2017〕62号),要求"充分发挥课程、科研、实践、文化、网络、心理、管理、服务、资助、组织等方面工作的育人功能,挖掘育人要素,完善育人机制,优化评价激励,强化实施保障,切实构建'十大'育人体系",进一步丰富了"大思政"的内容。① 2021年3月,习近平总书记指出,"'大思政课'我们要善用之,一定要跟现实结合起来"②。"大思政课"的提出,引领高校思想政治工作进入新阶段。2021年7月,中共中央、国务院印发的《关于新时代加强和改进思想政治工作的意见》明确指出,"要构建共同推进思想政治工作的大格局",并强调要"加强学校思想政治工作,加快构建学校思想政治工作体系"③。至此,"大思政"格局的概念与范畴正式确立。

也有学者从哲学基础、工作理念、方法论等方面为"大思政"教育观界定内涵,认为"'大思政'教育观是一种从全局上加强和改进思想政治教育的方法,它以马克思主义的'整体观'为哲学基础,以'以人为本'为工作理念,以全员育人、全过程育人、全方位育人为方法论,以期形成思想政治教育主体、客体、内容和环节的有机统一和整合,从而不断增强思想政治教育的吸引力、亲和力与感染力"④。类似的观点早在2012年就有学者提出,"大思政"教育模式的特征为人员参与的广泛性、时空利用的广延性、内容体系的针对性和开放性、平台利用的虚拟现实互补性。⑤

---

① 刘兴平.高校"大思政"格局的理论定位与实践建构[J].思想教育研究,2018(4):104-108.
② 杜尚泽."大思政课"我们要善用之[N].人民日报,2021-03-07(1).
③ 中共中央,国务院.关于新时代加强和改进思想政治工作的意见[EB/OL].(2021-07-12)[2023-11-01]. http://www.gov.cn/zhengce/2021/07/12/content_5624392.htm.
④ 张莉,胡芝."大思政"视域下高校思想政治教育协同创新研究[J].学校党建与思想教育,2018(22):30-32.
⑤ 储德峰.高校"大思政"教育模式的特征及理念[J].中国高等教育,2012(20):34-36.

还有的学者从"一体化育人"的角度阐释"大思政",强调其"全员参与、全要素融入、全过程贯穿、全方位覆盖、全系统联动、全体系支持"的特点。①

综合来看,笔者认为,"大思政"理念的核心内涵就在于对"大"的阐释。"大思政"所谓"大",一是在于其系统性,强调从全局的角度,通过顶层设计、统筹规划,使思政教育的主体、客体、内容、场域、资源、方法等各方面、各层次、各环节、各要素能够充分沟通合作,相互关联,有机耦合,产生整体性效应。二是在于其互动性,思政教育的各环节、各要素本身应该是开放动态的,能够紧随时代的变化,主动顺应新态势、新要求,实现持续更新。同时,通过建立一系列协同机制,促进各环节、各要素之间的动态交互,从而构建多层级、立体式、动态演进的育人体系。三是在于其泛在性,随着人工智能、大数据、云计算的应用与发展,新的学习理念也在不断演进,"泛在学习"就是任何人在任何地方、任何时刻都可以获取任何所需信息的学习方式。②借鉴"泛在学习"的概念,我们可以说,"大思政"之"大"也体现在其泛在性。教育主体的多元化、教育内容的丰富化、教育场域的立体化、时空利用的广延性、虚拟现实的互补性等都体现了"大思政"的泛在性特点,让思政教育无处不在、无时不有的全时空浸润。可以说,"大思政"包含了"泛在思政"的含义。

思政课是思想政治工作的主渠道、主阵地。深入理解"大思政"的内涵,还需厘清"大思政"与"大思政课"之间的辩证关系和内在逻辑。有学者对"大思政课"研究进行了回顾与总结,对"大思政课"的内涵的探讨同样聚焦于"大"的解读。有人强调"大视野""大格局",有人强调"大使命""大目标",重点都是胸怀"国之大者",聚焦国家战略需求;还有的研究则将"大"概括为视野开阔性、时空延展性、内容针对性、方法开放性,或课本内容和现实内容相结合、课堂场域和社会场域相结合、引

---

① 陈飞.高等师范院校"大思政"一体化育人的时代价值与实践向度[J].现代教育管理,2021(11):58-65.

② 顾明远,等.国际教育新理念[M].北京:教育科学出版社,2020:40.

领功能和内化功能相结合。① 以胸怀"国之大者",聚焦国家战略需求来阐释"大思政课"之"大"是"大思政课"的独特含义,"大思政"一般不限于如此聚焦思政教育主题的解读,但广义而言,"大思政"的具体实践也应当包括主题之"大";而"大思政课"所具有的视野开阔性、时空延展性、内容针对性、方法开放性等特征则与"大思政"理念高度一致。"大思政"格局的构建体现在思政课程、课程思政、日常思想政治教育同向同行,善用"大思政课"则是其中的重点和关键所在。

近年来,教育界对"大思政""大思政课"做了很多有益的探索与研究,主要聚焦在通过构建"大思政"格局推进各学科专业课程思政建设、将"大思政"理念融入学生日常思想政治教育、"大思政课"的价值意蕴及建设路径等。其中,有些研究对"大思政"背景下加强财务会计等财经专业课程思政建设、在高端会计人才培养中开展"大思政课"等进行了探讨,对于我们思考如何以"大思政"理念为引领,进一步提升财经专业大学生思想政治教育工作有效性,具有积极的借鉴意义。

(二)因应内外环境变化:财经专业诚信教育的五个观念转向

诚信教育是财经专业人才培养的重要内容,国内高校已探索实施诚信教育多年,积累了一系列教材、课题、论文、专著等相关研究成果。然而面临百年未有之大变局,如何结合新时代的新特点新任务,进一步挖掘诚信教育内涵,创新教育形式和方法,培养具有诚信品质的一流财经人才?"在当下供给侧结构性改革的背景下,高等财经教育需要进行教育供给侧的改革"②,因应内外环境的变化,以"大思政"理念引领财经专业诚信教育工作,从教育主体、教育内涵、教育维度、教育资源、教育方法等多方面寻求突破,构建诚信教育的大格局。

1. 从"独角戏"转向"合奏曲",突破诚信教育主体单一困局

既往的财经专业诚信教育往往是一所高校单打独斗,缺少校际、学校

---

① 阮博,朱颖."大思政课"研究:回顾与展望[J].思想政治课研究,2022(3):99-109.
② 卓志.高等财经人才培养改革探索:老龄化与终身教育的视角[J].上海立信会计金融学院学报,2017(6):14-24.

与企业、学校与社会之间的联动；在学校内部则往往由宣传部、学工部、辅导员等部门和人员承担全部任务，专业课教师更多关注财经业务知识的传授，对于诚信价值观教育融入较少，缺少全员育人的合力；在高等教育、中等教育、基础教育之间也缺乏诚信教育的贯通，青少年的财商教育一直未获得充分重视，大中小学无法形成一以贯之的财经诚信素养教育。

"大思政"理念为突破这种诚信教育主体单一的困局提供了思路。"大思政"的系统性要求财经专业诚信教育整合各方力量，形成有机融合的多方合力；同时，参与诚信教育的多方力量也需要各安其位、各司其职，形成多层级的闭环反馈回路。这就意味着诚信教育应当从"独角戏"转向"合奏曲"，打破高校内部、高校之间、高校与企业之间、高校与社会之间、高校与中小学之间的隔绝状态，实现教育主体的多元化，形成诚信教育的系统化合力。财经专业的实践性和应用性较强，更需要与社会实践相融合，整合社会力量培育诚信财经人才，从而辐射社会大众，建设信用中国。

2. 从"小个体"转向"大时代"，突破诚信教育内涵窄化困局

既往的财经专业诚信教育重点关注学生个体在校园学习生活中的诚信认知与诚信养成，对于如何紧扣时代脉搏，贯通"小我"与"大我"，在培养学生胸怀大局、坚定信仰，将个人诚信与和谐社会构建、与祖国命运融为一体方面着力不多。

如前文所述，学者在解读"大思政课"时往往将其"大"阐释为胸怀"国之大者"，强调思政课教育主题要聚焦"大视野""大格局""大使命""大目标"，这也应当是"大思政"理念落实到具体实践中的应有之义。因此，"大思政"理念要求不断拓展财经专业诚信教育的内涵，从"小个体"转向"大时代"，既要注重学生个人诚信素养的提升，还要围绕培养新时代优秀财务管理人才的目标，加强财经职业诚信伦理道德教育，更要从大处着眼，聚焦中国经济高质量发展的大问题，融入中国经济"双循环"的新发展格局，使诚信教育的内涵与价值得到升华。

3. 从"单向度"转向"多场域"，突破诚信教育维度单一困局

既往的财经专业诚信教育主要是活动式教育，热闹有余，理性思悟不足，缺乏深刻认知思辨、情感体验和意志锻造，不仅忽略了诚信教育应是"知、情、意、行"的有机统一，更忽视了课堂教学主渠道以及社会实践体验和网络阵地在诚信教育中的作用。

"大思政"理念的泛在性意味着诚信教育要朝着任何人、任何地方、任何时刻、任何信息的目标努力，使得诚信教育也成为泛在的，从而适应智能时代的泛在学习场景。面对大数据、云计算、区块链等新技术的挑战，智能财经是未来的大趋势，财经专业的诚信教育同样要融合新技术、新场景，因此，"大思政"理念要求丰富拓展财经专业诚信教育的场景与渠道，从"单向度"转向"多场域"，打造立体式"多维课堂"诚信教育新模式。

4. 从"单薄型"转向"广博型"，突破诚信教育资源薄弱困局

一方面，既往的财经专业诚信教育资源单一薄弱，对理论资源、现实资源、历史资源以及社会各领域的资源挖掘利用不足，教育缺乏生动性与吸引力。另一方面，既往的财经专业诚信教育资源因为技术原因往往滞后于时代，案例鲜活性、时代性不足，在理论阐释和话语表述上存在不同程度的枯燥、单调、僵化现象，无法激发学生的兴趣，教育效果不佳。

"大思政"理念的互动性意味着财经专业诚信教育资源是动态更新的，其泛在性意味着诚信教育资源的可获得性。因此，"大思政"理念要求关注社会、经济、文化发展动态，通过互联网、多媒体等各种渠道，充分挖掘与财经行业息息相关的诚信教育资源，尤其要注重挖掘数字经济蓬勃发展所催生的新经济、新业态、新模式中的诚信资源，不断引入具有时代特色、切合经济现实和社会现实的教育内容，同时在党史、新中国史、改革开放史、社会主义发展史、校史等领域深入挖潜，从"单薄型"转向"广博型"，构建财经诚信教育资源库。

5. 从"同质化"转向"显个性"，突破诚信教育方法趋同困局

既往的财经专业诚信教育存在"千校一面"的现象，各高校的教育方式方法大同小异，缺乏立足各校实际的个性和特色。即使结合学校的办学特色，很多学校的特色课程、特色项目、特色资源也往往"特"在同一个方向，或者特色不"特"，成了流于表面形式的"特"。

"大思政"理念的泛在性意味着任何学生可以获取诚信教育的任何信息（资源）。也就是说，诚信教育要朝着针对每一个学生"私人定制"教育方式的理想目标迈进。即使囿于条件限制，暂时难以实现每个学生的"私人定制"，诚信教育应当先针对不同专业的学生设计不同的教育方法与手段。因此，诚信教育的方式方法创新应立足学校的办学特色和学科专业特点，对财经专业诚信教育而言，则应充分结合经管类学科特点，在课程设置、校内外实习实训、各类校园文化实践活动中有机融入诚信价值观，构建富含鲜明财经元素的诚信教育课程体系，从"同质化"转向"显个性"，突破诚信教育方法趋同的困局。

（三）加强"大思政"顶层设计：财经专业诚信教育的路径创新

在以"大思政"理念引领诚信教育观念转向的基础上，推进财经专业诚信教育应加强顶层设计，系统谋划，统筹协调学校各部门、各单位、各院系联动开展诚信教育，探索路径创新，拓展教育的广度与深度。

1. 开放办学，实现教育主体的多元化

"大思政"理念凸显思想政治教育的开放性和协同互动性，这就要求学校开门办教育，与家庭、社会形成多元教育主体合力，共同推动财经专业诚信教育的开展。财经专业与经济、社会发展关系密切，财经专业教育本身就需要引入政府、企业、行业等多方力量。财经专业诚信教育应抓住这一有利之势自然融入，整合各方资源形成合力，促进专业教育与诚信教育的互融互促。在学校内，党政领导、思政课教师、专业课教师、辅导员、管理干部等也都应纳入诚信教育体系，实现全员育人。

具体而言，在诚信教育实践中，第一，校领导要带头走上思政课讲台、带头宣讲学校的诚信文化传统，勉励广大学生植爱国情、存强国志、践报国行。第二，思政课教师要在教学中积极融入诚信价值观教育，撰写诚信教育教学案例和教研论文，组织相关主题的思政公开课展示观摩活动，打造融入诚信文化、体现财经元素的思政课品牌课程。第三，组建由思政课教师、辅导员、行政管理干部等构成的诚信教育教学团队，研讨设置诚信教育教学专题，开展诚信系列教育活动。第四，所有财经专业课程的教学大纲均设置诚信品质培养目标，使全体专业课教师成为诚信教育的主体。以诚信教育为主题定期组织思政课教师与财经专业课教师跨学科集体备课，例如，研讨如何将马克思主义政治经济学中的信用经济理论融入课程教学，如何引导学生深入学习认识马克思、恩格斯的经济诚信思想等。第五，大力邀请校外行业精英、道德楷模、知名校友、专家学者、企业高管等走进课堂，结合技术创新、市场开拓、文化交流、社会治理、行业发展等各方面的亲身经历，讲述新时代诚信建设对全面深化改革的重要性，讲述新时代诚信在中国特色社会主义建设中的科学内涵和价值意蕴。

2. 主题融入，实现教育内容的丰富化

"大思政"理念要求思想政治教育的育人内容应实现理论与实践、中国与世界、学校与社会、历史与现实、小我和大我的贯通。因此，财经专业诚信教育也应紧扣时代主题，关注中国经济发展的重大理论与现实问题，融入时代精神与国家战略，将诚信的内涵扩大到民族、国家、世界层面，引导学生深刻认识财经专业知识与政治认同、家国情怀、职业伦理道德之间的关系，彰显新时代青年的使命与担当。

具体而言，在诚信教育实践中，第一，立足大学生的健康成长，可围绕"大学生学习诚信与学术道德建设""大学生经济诚信与职业道德建设""大学生网络诚信与网络伦理建设"等主题开展诚信教育专题教学。第二，应特别关注诚信教育的时代性，与时代发展保持同频共振，将习近平新时代中国特色社会主义思想融入诚信教育，着重讲授习近平关于诚信的重要论述。第三，注重以党史和抗疫两门大课为抓手。一是将百年党史融入财经专业诚信教育，如开展"中国共产党人的经济诚信思想""中国共产党政治诚信的历史考察""中国共产党人的诚信家风"等专题授课。二是将"抗疫精神"融入诚信教育，如围绕"诚实守信，在这场战'疫'中为何如此珍贵和迫切？""中国诚信抗疫体现出的大国担当"等话题，组织学生开展讨论，引导学生深刻认识诚信对自己、他人、社会和国家的重要意义。青年学生既要做到个人道德修养层面的小我诚信，又要站在大时代，展现大视野,忠诚于祖国和人民,树立高远志向,肩负起国家和民族的希望。

3. 多维联动,实现教育场域的立体化

"大思政"理念要求思想政治教育的育人场域应打破课堂局限,实现课内课外、校内校外、线上线下的有机结合。财经专业诚信教育场域的立体化是"大思政"泛在性的表现之一,无论课内课外、校内校外、线上线下,诚信教育的场景、内容、体验都触手可及。

具体而言,在诚信教育实践中,第一,抓好第一课堂教学主渠道,在财经专业课中融入诚信育人课程思政模块,如在中级财务会计课程教学中,一方面要教授学生财务会计的基本理念和基本理论,以及现行准则规范,另一方面要通过融入最新的准则应用实务案例,培养学生在复杂经济环境下运用现行准则规范的职业判断能力,使其深刻理解会计职业道德的重要性,树立诚实守信、坚持准则的职业道德观。第二,将校园文化视为第二课堂,建设以诚信为主题的文化景观,开展诚信辩论赛、诚信征文、诚信案例分析大赛等系列文化活动。第三,将实践体验视为第三课堂,依托校企战略联盟和银行、会计师事务所等各类实践基地,组织学生开展专业实习实训,让学生了解体验财经行业行规,通过行业导师言传身教对学生进行职业道德教育。学校可积极培育诚信体验项目,如诚信考试、诚信伞、诚信书籍漂流、无人超市等;抓住重大活动、重要节日等契机和寒暑假,组织学生结合财经专业特点广泛开展诚信主题实践活动,如"诚信文化宣传万里行"、征信知识进乡村、百姓金融、诚信现状调研等。第四,将网络阵地视为第四课堂,建设易班网"诚信空间"栏目,结合"网络诚信宣传日",通过"两微一端"平台开展诚信人物事迹宣传、诚信教育案例大赛等。此外,还可以结合财经专业特点,组织学生开展防范网络金融诈骗的课题研究,探索设计信用分析小程序等。学校应积极开发大学生诚信分评定系统、大学生诚信档案系统等。

4. 共建共享,实现教育资源的鲜活化

"大思政"理念要求思想政治教育深入挖掘理论资源、现实资源、历

史资源、社会资源等多种类型的教育资源。因此，为了保持财经专业诚信教育的活力，使诚信教育更加生动有效，亟须构建丰厚、优质的多维度诚信教育资源库。

具体而言，在诚信教育实践中，第一，充分挖掘校史上的诚信资源和红色资源，挖掘老一辈财经人的诚信、奋斗故事，通过打造大师剧、设置专题展等途径，生动传递诚信精神。以上海立信会计金融学院为例，学校通过梳理校史，挖掘出潘序伦守信聘请马寅初任教、潘序伦诚信查账等多个诚信案例故事，为开展财经大学生诚信教育提供了生动资源。第二，高校之间加强合作。比如，上海立信会计金融学院在全国财经类院校间，发起成立了新时代高校诚信文化育人论坛，定期召开年会整合财经高校诚信教育资源，建立集科学研究、教育教学、文化传播为一体的诚信文化交流、协作、共享平台。论坛定期发布诚信文化研究课题，培育了"财经类高校微信公众平台诚信教育功能开发机制研究——基于碳账户运作理念""新时代财经类本科高校加强诚信文化建设路径研究"等多个研究项目，推进全国各财经院校专家学者共同探索诚信育人之道。第三，充分发挥与地方政府的合作关系。比如，学校与税务局、工商局、社会信用中心等机构合作，建立诚信教育基地，定期组织学生开展现场学习，从而了解税务及更多领域诚信建设正反案例，既有助于提升学生运用专业知识分析具体问题的能力，更有助于引导大学生深刻了解纳税等领域的信用建设，进一步强化信用意识。第四，与中小学加强联系，将诚信教育作为推进大中小德育一体化建设的着力点。学校以诚信教育为主题，联合开展大中小思政课教师集体备课，遴选师资为中小学开展诚信主题宣讲，共同编写中小学诚信教育读本等。比如，学校充分发挥财经学科优势，组织力量编写适合中小学生阅读的财商与诚信教育读本。第五，与爱国主义教育基地、德育基地开展共建活动，夯实学生三观教育。第六，深入挖掘专业课案例库资源，在财经专业案例库的基础上建立诚信教育案例库，拓展财经专业诚信教育资源。

5. 立足学科，实现教育方法的特色化

"大思政"理念要求思想政治教育创新教育方法，增强吸引力、亲和力与感染力，使其入脑入心入行。财经专业诚信教育需要结合学校优势学科、专业特点、办学特色，搭建特色平台，创新教育模式。

具体而言，在诚信教育实践中，第一，应构建财经元素鲜明的诚信教育课程体系。以上海立信会计金融学院为例，学校打造了"思政课+校本特色必修课+经济伦理课+课程思政"的诚信教育课程体系：开设信用中国、财经中国思政选修课和"诚信教育"校本必修课；推出财务舞弊案例、财经伦理、金融机构信用管理等40余门专业伦理拓展课程；全面推进课程思政，要求所有课程植入诚信元素，将诚信育人内涵融入全校2 000余门课程的教学目标设计、教学活动组织、课程作业、实训实践等全过程。第二，结合经管类学科专业背景，创建学生自治诚信教育组织。比如，上海立信会计金融学院建立了"学生发展银行"，依托校内各类学生奖、助学金项目，通过"信贷"的方式进行整体业务运作，以"成长币"为币值，以"点"为计算单位，将学生获得的国家励志奖学金、国家助学金"贷"给学生，通过"一点成长币对应一元人民币"的奖助学金形式，要求学生客户在规定时期内设计并执行个性化"偿贷"方案。① 学生在"银行"提供的六大核心素养发展板块中选择个人"偿贷科目"，通过完成科目中的活动、成长体验等形式换取"成长币"。在服务"银行客户"过程中，学生"行员"们也收获行业业务与职业道德的沉浸式体验。

（四）"大思政"理念落细落实：财经专业诚信教育的难点思考

"大思政"理念为财经专业诚信教育提供了新理念、新思路，然而在理念付诸实践的过程中还存在各种各样需要注意的细节与难点，需要在传承与变革中不断摸索与总结。

1. 激励机制：如何调动专业课教师的诚信育人积极性

在供给侧结构性改革背景下，高等财经教育需要进行教育供给侧改革，其中最重要的就是发挥人力资本的作用，用创新驱动改革发展精神和态度。"大思政"理念对全员育人提出了更高的要求，专业课教师在专业课教学中应主动融入诚信教育元素。在财经专业人才培养实践过程中，要

---

① 佚名.上海金融学院学生发展银行简介[J].学校党建与思想教育，2016(10)：97.

实现专业课融入诚信教育元素全覆盖有较大难度。专业课教师会提出一系列实际困难，如难以挖掘诚信元素、不能生搬硬套"一刀切"、增加备课工作量、打乱教学计划等。如何设计激励机制，调动专业课教师参与诚信育人的积极性，学校需要从顶层设计入手，建立与完善相应的考核评价制度、薪酬分配制度及教育培训制度等。在此方面，上海立信会计金融学院牵头承担了上海高校课程思政改革攻关任务《经济学学科门类课程思政教学指导意见》，对高校经济学类课程思政建设具有一定的参考借鉴意义。

2. 长效机制：如何实现学校与社会各方的常态化诚信教育合作

各高校之间以及高校与地方政府、企事业单位、中小学之间开展合作，因为彼此的运作管理机制有所不同，各方需要做大量的前期协调筹备工作，进而限制了彼此合作的频次。财经专业与企业合作还面临营利性企业获益不明显、积极性不高等问题。如何进一步打破界限，实现深度融合，形成长效机制，实现学校与社会各方的常态化诚信教育合作，是落实"大思政"理念需要着力思考的问题。

3. 教育评价：如何有效评价诚信教育的实际效果

立德树人是高等教育的根本任务。财经专业诚信教育的目标是引导学生树立诚信观念，培养具有诚信品质的财经人才。财经专业学生在毕业后的工作中面临种种经济利益诱惑，如何评估财经专业学生在接受诚信教育后是否达到教育目标、在何种程度达到目标、在接受诚信教育前后的实际变化等显得尤为重要，这关系到诚信教育实际成效的评价，关系到立德树人任务落实情况的评价，需要在实践过程中持续探索完善。

二、"三全育人"视域下诚信育人的探索与思考

教育是民族振兴、社会进步的基石，是提高国民素质、促进人的全面发展的根本途径，教育兴国、教育立国、教育强国，既是国家意志，也是人民期待。党的十八大报告提出，"把立德树人作为教育的根本任务，培养德智体美全面发展的社会主义建设者和接班人"；党的十九大报告明确指出，"要全面贯彻党的教育方针，落实立德树人根本任务"；习近平总书

记在全国教育大会上深刻阐述新时代教育完成好立德树人根本任务的要求，明确指出"培养什么人，是教育的首要问题"。

国无德不兴，人无德不立。习近平总书记一贯高度重视培养社会主义建设者和接班人，把立德树人作为教育的中心环节。习近平总书记有关教育的系列重要论述特别强调教育的初心和使命，充分体现了党中央对教育的高度重视与战略定位。教育是国之大计、党之大计。

高校作为人才培养的重要教育场所，在落实立德树人根本任务过程中，必须解决好"培养什么人、怎样培养人、为谁培养人"的根本问题。为此，学校应整合优势资源，推进教育教学改革，不断提升立德树人工作实效性，为培养德智体美劳全面发展的社会主义建设者与接班人作出新的更大贡献。

（一）问题的提出

1. 诚信教育与大学生的未来使命

大学生是国家未来建设者与接班人，是民族的希望、国家的未来。目前在校大学生主体为"00后"，当代大学生作为实现国家第二个百年奋斗目标和中国梦的缔造者，承担着民族复兴、国家富强的重大使命。

古语有云，"民无信不立"，"人而无信，不知其可"，"言不信者行不果"。诚信作为基本的道德规范与人格素养，是一个人的立身之基，是高校大学生思想政治教育中至关重要的教育教学内容。大学生的诚信素养及其水平，对国家及个人发展具有直接、深远而持久的影响。因此，诚信教育在新时代大学生思想政治教育中的作用与地位显得尤其突出。

2. 大学生失信的影响因素及失信表现

近年来，受社会环境对大学生带来的诸多负面影响，家庭对学生有意识、持续性的诚信引导的缺失，学校在诚信教育中工作力度不足，大学生对自身诚信品格素养的塑造与提升的认知不够等多方面因素的影响，在校大学生中失信行为、诚信缺失的现象依然较为常见，某些大学生甚至在某个领域出现严重信用危机的情况也时有发生。比如，作业抄袭、考试作弊、虚假请假信息、以家庭经济收入虚假信息骗取助学贷款（助学金）、求职简历信息失实、毕业论文抄袭（弄虚作假）、就业中的单方面毁约、网络欺骗等失信现象与问题层出不穷。大学生在诚信方面出现的各类失信问题，一方面给其自身带来一定的信用负面效应，另一方面因大学生失信而产生的后续问题给学校、家庭、社会都带来较大的负面影响。

3. 加强大学生诚信教育的现实意义

立德树人是高校的根本任务。育人为本，德育为先，德育的最基本内容之一是诚信品质的培养；高校基础德育中很重要的一个方面是对大学生开展诚信教育。2017年教育部颁布了新修订的《普通高等学校学生管理规定》（教育部令第41号），其中明确提出，"加强对学生思想品德考核，强调恪守学术道德，开展诚信教育，建立对失信行为的约束和惩戒机制"。

上海立信会计金融学院是一所会计、金融特色鲜明的财经类院校。学校恪守"立信"校训，践行"立诚明德、经世致用"的大学精神，秉持"诚信、实用、开放"的办学理念，彰显"诚信为本、学验并重"的办学特色。在积极推进立德树人的根本任务中，荣获首批上海课程思政教育教学改革"整体试点校"。基于此，在我校深入推进"三全育人"综合教育改革过程中，如何立足"立信"校训的深刻内涵与外延，进一步深化"三全育人"教育理念，整合学校教育资源，打造诚信教育特色与品牌，也是当前大学生思想政治教育工作面临的现实性课题。

基于当前高校思想政治工作新形势及面临的新问题、新需要、新期待，大学生诚信教育备受关注和瞩目。如何有效开展大学生诚信教育，提升工作成效，是当前高校大学生思想政治教育工作所面临的重大课题和难题。为此，开展"三全育人"视域下大学生诚信教育一体化育人机制的探索和研究，具有一定的现实意义。

（二）"三全育人"的内涵与内在逻辑

立德树人是教育的根本任务，育人是高校各项工作的核心与灵魂。在新时代高等教育的新形势下，面对"00后"新人，夯实诚信教育，强化"立德树人育新人"，提升大学生思想政治教育工作的实效性，是高校当前亟待有效解决的现实性问题。

"三全育人"既是加强和改进新形势下高校大学生思想政治教育工作的工作理念和基本原则，同时也是加强和改进新形势下高校大学生思想政治教育工作的工作目标与实现路径。

2018年教育部制定出台《"三全育人"综合改革试点工作建设要求和管理办法（试行）》，其中提出，以习近平新时代中国特色社会主义思想为指导，坚持和加强党对高校的全面领导，紧紧围绕立德树人根本任务，充分发挥中国特色社会主义教育的育人优势……一体化构建内容完善、标准健全、运行科学、保障有力、成效显著的高校思想政治工作体系，使思想政治工作体系贯通学科体系、教学体系、教材体系、管理体系，形成全员全过程全方位育人格局。

《"三全育人"综合改革试点工作建设要求和管理办法（试行）》为新时代高等教育背景下高校进一步加强和改进大学生思想政治教育工作提供了方向指引与工作思路。

1. "三全育人"的内涵

细细梳理可以发现，"三全育人"并不是一个全新的教育理念，而是随着我国经济社会发展到新阶段，面对经济一体化、信息技术的新发展、世界全球化的深入推进，结合受教育主体成长背景与身心特点、思维方式等方面发生的变化发展而逐步形成的。"三全育人"的内涵在不断发展、丰富、完善，以不断适应社会发展新形势对德育实效性的新期待。"三全育人"是传统德育向新的德育理念、德育模式不断发展和转变过程中逐渐丰富与完善起来的。

"三全育人"即全员育人、全过程育人、全方位育人。"三全育人"既是一种教育理念，也是一个全面、系统、动态发展的育人指导思想、原则、德育体系。它旨在从"全员""全过程""全方位"三个方面来充分调动德育各方面的潜在力量，开展"横向到底＋纵向到边"的立体化德育要素的相互整合，齐抓共管、共同协作，建构一个德育立体结构和德育思想体系，形成强大德育合力，提升德育实效性。

2. "三全育人"的内在逻辑

全员育人强调的是育人主体"人"的因素,即在育人过程中,从教育主体来说,学校育人环境中的每位教职员工都应有育人意识和育人责任,应立足自身岗位职责积极主动发挥育人的作用和功能,并且相互配合,心往一处想、劲往一处使,形成育人合力,有效提升学校思想政治教育工作实效。全员育人在"三全育人"中发挥着主导作用。

全过程育人强调的是育人的"时间"要素,即强调德育的持续性与阶段性,研究学生进校到毕业不同阶段的特点及其身心发展规律,以及大学生在各个阶段所面临的实际问题。教育者既要注重学生从基础教育到高等教育的衔接,又要注重大学生身心发展特点与规律,有针对性地设计大学生思想政治教育内容、方法和载体,做到育人和育才的有机统一。正如习近平总书记在高校思政工作会议上所言,高校思想政治教育工作要因事而化、因时而进、因势而新。要遵循思想政治工作规律,遵循教书育人规律,遵循学生成长发展规律,不断提高工作能力和水平。

全方位育人强调的是育人的"空间"要素,即围绕"以学生为本,促进学生全面发展",充分利用育人场所、环境、要素、环节等各种教育资源,将显性德育与隐性德育有机结合,借助各种教育方式方法,将思想政治教育融入大学生生活及学习的各个领域与环节,融入课程、科研、实践、文化、网络、心理、管理、服务、资助、组织等高校育人各大体系,促进大学生的思想道德素养提升及人格塑造,促进大学生全面发展。

"三全育人"既是一种指导高校思想政治教育工作的教育理念和指导原则,同时也是一个具有整体性、全面性、系统化、交叉合作、动态发展的思想体系。

全员育人注重强调育人主体的全员性,其核心要素是"人";全过程育人注重强调育人过程的持续性、阶段性,其核心要素是"时间";全方位育人注重强调的是育人环境的融入,育人对象发展的全面性、整体性,其核心要素是"空间"。从这个意义上讲,在高校大学生思想政治教育工作中,全员育人、全过程育人和全方位育人三者在高校这个社会有机系统中可谓你中有我、我中有你，是一种协同共生的关系。因此，在高校这个社会有机系统内，大学生思想政治教育工作，不仅仅是思想政治理论课教师、专职思想政治辅导员（班主任）的工作。与此同时，大学生思想政治教育工作不能局限于大一、大二阶段的思想政治理论课主要课程，而是贯穿大学生从入校到毕业，思想政治教育工作从基础教育到高等教育的衔接还要结合大学生思想及身心特点、成长发展规律等各个方面，积极开展针对性的思想政治教育工作。大学生思想政治教育不仅仅是思想政治理论课堂、主题班会、主题团日的事情，而是要融入学校育人工作，促进显性德育与隐性德育的有机融合，挖掘育人资源，共同形成育人合力。

3. "三全育人"背景下诚信教育研究现状分析

"三全育人"作为高校思想政治教育工作中的一种教育理念和指导原则、育人目标，其内涵在不断丰富、完善、发展，彰显出"三全育人"旨在努力破解传统德育模式下德育有效性与实效性的难题。为提升立德树人的有效性与实效性，"三全育人"重在强调高校要充分实现"人""时间""空间"三者的立体化整合，立足岗位职责、学生发展阶段特点、育人环境等现实，切实做到在育人工作上的协同一致、同向同行、同频共振，形成高校"大思政"的格局。

笔者以"三全育人"为关键词进行全面检索，从"三全育人"概念的提出到"三全育人"内涵与外延不断丰富和完善的发展沿革中，对"三全育人"的教育理念内涵、"三全育人"三要素之间的内在逻辑、"三全育人"与育人目标的关系等有了更加深刻的认识与理解。

在此基础上，笔者以"三全育人"（协同育人）+"诚信教育"作为关键词（主题、篇名等）进行检索，得到的相关文献资料数量较少。近年来运用"三全育人""协同育人"理念开展大学生诚信教育的研究主要有以下几种情况：

第一，在大学生诚信教育中，融入"三全育人"理念，研究聚焦从"三全育人"视角开展大学生诚信教育的重要性和意义。

第二，"三全育人"背景下在单一领域开展大学生诚信教育的研究。

如从文化育人的角度,研究如何有针对性地塑造诚信文化,将诚信文化融入大学生思想政治教育工作;从课程育人的角度,研究如何借助课堂教学内容,寻找和挖掘诚信教育元素,提升大学生诚信教育水平;等等。

第三,对大学生失信的各种表现及其影响因素进行经验性分析,借助协同育人的工作理念和思路,旨在通过建立多元主体共同参与的协同模式,搭建"高校—学生—家庭—社会"多方面协同参与的协同教育模式。

第四,关于"三全育人"视域下大学生考试诚信教育对策的研究。目前,有些对策还停留在经验操作层面,未能与信息技术、大数据等进行有机结合,要加强对诚信教育的动态化信息、数据等内容的整合和利用。

新时代背景下运用"三全育人"的教育理念对大学生诚信教育的研究还处在不断探索和深入的阶段,笔者发现当前相关研究中还存在一定不足:

第一,"三全育人"的教育理念未能与大数据等信息技术进行互联互通。

第二,当前的相关研究未能充分挖掘"三全育人"的内涵及其内在逻辑联系。

第三,在当前的相关研究中,"三全育人"教育理念在高校大学生思想政治教育工作中的"整体性、系统化、全面性"的特点与现实需求未能得以充分体现。

第四,在当前的相关研究中,"三全育人"教育理念在高校大学生思想政治教育工作中的"持续化、动态化"的特点挖掘不够:一方面未能更好地体现"全过程育人"的"时间"核心要素;另一方面未能体现受教育主体"00后"大学生的认知、身心、行为、个性、成长等特点。

4. 构建"三全育人"视域下大学生诚信教育一体化育人机制的策略与思考

就"诚信"的内涵来看,"诚"侧重个体对真实、守诺、信任等内在品质的接纳与认可;"信"则侧重外在行为的一致、真实、履约、践行等。

"培养什么人,是高校的首要问题。"诚信是中华民族的传统美德之一。作为基本的道德规范与人格素养，诚信是一个人的立身之基，是高校大学生思想政治教育中至关重要且具有根基性作用的教育教学内容。大学生诚信教育的成效及大学生诚信素养对高校校风、教风、学风、作风等都会有"牵一发而动全身"的深远的联动效应。

基于对"三全育人"教育理念的发展历程、深刻内涵、各要素间的内在逻辑联系的深入解读和认知，以及对近年来相关文献研究资料的综合全面分析，笔者就构建"三全育人"视域下大学生诚信教育一体化育人机制提出如下策略与思考。

（1）提升师生对"三全育人"教育理念的认知。首先，高校是一个社会有机系统。高校作为人才培养的主阵地，由诸多育人要素所构成，其中教职工、学生是育人工作的主体要素，在育人过程中发挥着重要的主观能动作用。在深入推进"三全育人"综合改革，提升育人成效的过程中，高校要引导教职工、学生充分认识到每个人都是这个社会有机系统的一部分，其自身诚信行为、敬业精神、服务精神等表现，都将是这个系统里影响他人或被影响的因素，都将直接影响这个系统的潜在运行。为达成这个系统的共同育人目标，人人都是"诚信"的发射源，同时也是接受"诚信"的接收源，共同维护和发力，助力学校这个育人有机系统的良性循环与螺旋上升。其次，"全员育人"的核心要素是"人"，强调"全员"。在学校这个社会有机系统里，每个教职员工都被称为"教师"。但按照该系统内育人岗位的职责划分，教师群体可以细分为专任教师、管理人员、专职辅导员、后勤服务人员等。根据"三全育人"的教育理念、内涵，专任教师、管理人员、专职辅导员、后勤服务人员等教师都是"全员"中的一员。在育人的各个环节中，"一个都不能少"，没有局外人，"全员"都是学校这个社会有机系统之链条上的一环，从而强化每位教师在大学生诚信教育过程中的"人人参与、人人有责"的主动性、积极性和责任感。在"育人"这件事上，每位教师在自己的工作"点"上都要言行一致、知行合一，同时要与其他教师在育人链条的不同"点"上有效衔接。最后，"三全育人"的核心是"育人"。教育的根本任务是立德树人。"德"之基础为诚信。在育人过程中，教育者把青年大学生培养成为社会主义核心价值观的坚定信仰者、积极传播者和模范践行者。教师在课程、科研、实践、文化、网络、心理、管理、服务、资助、组织等高校育人各大体系中，其实是一个"用生命影响生命，用灵魂唤醒灵魂"，是一个用心和知识进行文化传承与创新、传递爱与诚信的重要角色。广大教师要以德立身、以德立学、以德施教，做党和人民满意的好教师，这本身就是以言传身教的方式向学生开展最好的诚信教育。

（2）构建"三全育人"视域下大学生诚信教育的互联互通的信息系统。当前高校中受教育主体为"00后"大学生。该群体是伴随着信息技术飞速发展而成长起来的，其认知、身心、行为、个性等特点与以往大学生不同，诚信教育方面也应有相匹配的教育方式。构建"三全育人"视域下大学生诚信教育的互联互通的信息系统，即随时网罗学生从大一到大四在校期间各个阶段、各个环节的诚信信息与数据，在教育主体与受教育对象之间，随时可以通过个人的权限进入该信息系统，记录、查看、了解学生的诚信轨迹图。教师结合各自岗位职责，对照分析学生的诚信轨迹图，采取有针对性的教育引导和干预介入。第一，在此构建的"三全育人"视域下大学生诚信教育的互联互通的信息系统中，每位学生的诚信分数基数是100分，其诚信分数随着不同育人体系中加分、扣分而出现分数的动态变化。第二，该信息系统设置有课程、科研、实践、文化、网络、心理、管理、服务、资助、组织等育人体系模块。教师作为育人主体，根据学生具体表现，随时在信息系统里录入诚信信息。学生的信息系统客户端，可以及时收到诚信分数的变化信息，也可以在一周内进行"权益维护"。第三，该系统覆盖高校内课程、科研、实践、文化、网络、心理、管理、服务、资助、组织等育人体系。这些体系中相应岗位的教师都分别拥有根据学生现实表现进行诚信分数的记录，前提是有确凿的事实依据，经得起学生后期的"权益维护"的检验。第四，对照高校内课程、科研、实践、文化、网络、心理、管理、服务、资助、组织等育人体系中的具体岗位职责，设定聚焦诚信教育的师生诚信表现观测点。每个观测点上设定不同等级的分数，并予以公布。

（3）"三全育人"视域下发挥大学生诚信教育的互联互通的信息系统的作用。第一，将该信息系统中的诚信记录情况纳入学生每学期的综合评价、评奖评优的思想品德表现的评定、学生党员发展及转正等。第二，将该信息系统中的诚信记录情况与各类择优推荐的机会相挂钩。第三，将该信息系统中的诚信记录情况定期与学生家长进行沟通，积极获取来自学生家庭的"育人"支持，促进"三全育人"中"全"的进一步延展。第四，"三全育人"视域下大学生诚信教育的互联互通的信息系统的构建，主要是让"十育人"体系中教育主体的教师从不同角度及时监测学生诚信品质与诚信行为的动态发展轨迹，以便于及时进行介入。《高校思想政治工作质量提升工程实施纲要》指出，着力构建一体化育人体系，打通育人"最后一公里"。"一体化育人"，就是要全面统筹办学治校各领域、教育教学各环节、人才培养各方面的育人资源和育人力量，从各个层面构建一体化育人工作体系，实现各项育人工作的协同协作、同向同行、互联互通。

综上所述，借用"生命河流"的理论假说，如果把学生大一至大四的在校四年喻为人生的一段河流，河流中河水的水量大小、河道的宽窄、河堤坚实与否、河流的走向等被喻为大学生自身诚信素养与水平的高低，那么高校这个社会有机系统中的课程、科研、实践、文化、网络、心理、管理、服务、资助、组织等"十育人"体系，即其"支流"，发挥着"守好一段渠"的作用。每条"支流"都对"干流"具有支持作用，所有"支流"的合力将决定着"干流"的流量与最终走向。可以说，构建"三全育人"视域下大学生诚信教育一体化育人机制，其意义符合"生命河流"理论假说，即通过激活"十育人"体系中每一种育人体系的活力与能量，协同育人，形成育人合力，提升立德树人实效，助推人才培养目标的有效达成。

三、中华优秀传统文化融入诚信育人的探索与思考

习近平总书记在全国高校思想政治工作会议上曾强调，高校思想政治

工作关系到高校培养什么样的人、如何培养人以及为谁培养人这个根本问题。要坚持把立德树人作为中心环节，把思想政治工作贯穿教育教学全过程，实现全过程育人、全方位育人。中国特色社会主义进入新时代，大学生作为新时代思想最活跃的群体之一，思想政治工作更要提高有效性、针对性。习近平总书记在全国教育大会上也曾指出，"教育是民族振兴、社会进步的重要基石，对实现中华民族伟大复兴具有决定性意义"，而高等教育是提高国民素质、推动社会创新进步的重要环节。

中华优秀传统文化具有丰富的文化特征和多样的表现形式，深厚的文化积淀同样具有意义深远的育人功能。中华优秀传统文化是中华民族的根和魂，是中国特色社会主义植根的文化沃土。探索中华优秀传统文化融入高校思想政治教育的方式方法，不仅有利于大学生群体树立文化自信，也能为新时代高校思想政治教育的有效推进和渗透浸润提供新思路。

（一）中华优秀传统文化融入高校思想政治教育的重要性

中华优秀传统文化是中华民族的突出优势，是我们在世界文化激荡中站稳脚跟的根基。实现中华民族伟大复兴，必须结合新时代条件下传承和弘扬中华优秀传统文化。新时代如何有效传承和发扬中华优秀传统文化是一个重要的时代命题。

思想政治教育一直是我们党的重要法宝，习近平总书记为我们指明了中国教育的发展方向——坚持社会主义办学方向，扎实办好中国特色社会主义高校，走中国自己的高等教育发展道路。面对复杂多变的形势，思想政治教育在高校办学中将发挥重要作用。高校大学生思想政治教育的创新性发展和多样化形式转变，对高校思想政治工作提出了更高要求。

中华优秀传统文化与高校思想政治教育的融合为我们提供了新思路。首先，将中华优秀传统文化融入高校思想政治教育，为中华优秀传统文化的弘扬提供了沃土，有利于大学生群体筑牢文化自信的心理基石。其次，将中华优秀传统文化融入高校思想政治教育，有利于大学生在接受中华优秀传统文化熏陶的同时，形成正确的政治认同，使高校切实成为培养社会主义事业建设者和接班人的坚强阵地。同时，思想政治教育的根本指向是立德树人，与中华优秀传统文化弘扬的高尚道德情操不谋而合，拥有共通的取向，思想政治教育与中华优秀传统文化在宏观意识和微观方式上的融合将实现共赢共通的良好效果。

（二）新时代中华优秀传统文化融入高校思想政治教育面临的挑战

随着世界全球化、信息化、多极化和文化多样性的持续推进，无论主动或被动地处于这样的大环境下，均面临着在复杂环境下取得更大竞争优势的问题。中华优秀传统文化融入高校思想政治教育具有重要意义，但如何落地实现、做好创造性转化和创新性发展，使之与现实文化、思想政治教育工作相融相通，仍然面临着来自内部和外部的众多挑战。

其一，外部文化的冲击使青年大学生对中华优秀传统文化的接受意识淡化。网络的发展在带来巨大信息量的同时，也为青年打开了接触多样文化的窗口。在繁杂的文化交汇下，外部文化的快消类特征很容易满足大学生的信息获取快感，而很多中华优秀传统文化因其深厚的积淀往往需要较长的时间才能够展现其特质。

其二，大学生群体对新时代思想政治教育的话语逻辑提出了更高要求，中华优秀传统文化的融入需要适应其发展要求。① 高校思想政治工作要提高实效性，应当注重采用青年能够接受的话语方式。现阶段高校思想政治教育工作的开展呈现整体向好的态势，但中华优秀传统文化的浸润，难免使大学生有老生常谈、不接地气之感，存在吸引力不强、形式固化、说教等现实性问题，这表现出传统思想政治教育与新时代青年在话语体系和形态方面的矛盾冲突。

（三）中华优秀传统文化融入高校思想政治教育的路径探索

习近平总书记强调，传承和弘扬中华优秀传统文化要重点做好创造性转化和创新性发展，要按照时代特点和要求，对较为陈旧的表现形式加以改造，赋予新的时代内涵和现代表达形式，激活其生命力，也要按照新时代的要求对中华优秀传统文化的内涵加以补充和完善，同时做好高校思想

---

① 孙晓琳，庞立生.思想政治教育话语逻辑的内涵本质、发展趋向与优化路径[J].思想理论教育，2019(1):67-71.

政治工作也要因事而化、因时而进、因势而新，遵循教育规律。将中华优秀传统文化融入高校思想政治教育需要国家、社会、高校及教师、学生共同努力，与意识培育、校园文化建设等工作紧密相连。

其一，推动传统文化类的课程思政建设。课堂是大学生在校接受教育的关键场所，传统文化类课程是中华优秀传统文化的重要载体，全面加强传统文化类课程中思想政治理论的渗透和浸润，充分体现当代马克思主义的最新理论成果，加强教材建设、课程建设、教师队伍建设，将课程思政真正融入传统文化课堂，结合新时代要求，创新传统文化表现形式，使传统文化类课程与思想政治理论课程同向同行。同时利用好第二课堂建设，如学生组织、学生社团等多种形式，通过加大专业指导教师投入和组织成员中优秀党员学生的带动示范作用，使中华优秀传统文化在学生的课余生活中发光发亮，同时实现思想政治教育的有力渗透。

其二，转换中华优秀传统文化融入思想政治教育的话语体系。随着"00后"开始走进大学校园，新时代学生具有很多新的特点，能够适应他们的话语体系将更有利于走进他们心里，从而更好地推进高校思想政治教育工作。想要提高青年大学生对习近平新时代中国特色社会主义思想的认同感，同时推进中华优秀传统文化的渗透感，需要用动情的语言表达触动他们的内心情感，切实增强具有时代特色并汲取自中华优秀传统文化的社会主义核心价值观对大学生群体的思想引领作用，坚持中国共产党的领导，自觉将中华优秀传统文化与马克思主义的世界观和方法论相结合，形成具有时代特征的青年大学生话语体系。例如，习近平总书记在各种讲话中常引经据典，展现中国风格，起到了极好的示范作用，并将经典赋予新的时代意义，引起广泛的社会反响。

其三，以具有特色的校园文化建设促进中华优秀传统文化在高校思想政治教育中发挥作用。校园文化建设所提供的专业活动、赛事平台、互动内涵等是大学生在校成长的重要沃土，对大学生道德准则、理想信念、价值判断等具有重要影响力。以学校为主体，举办如中国诗词大会这样的创新传统类校园文化活动，将有利于寓教于乐，将思想政治教育实现有效渗透。以上海立信会计金融学院会计学院连续多年举办的诚信案例分析展示大赛为例,该赛事以"诚信"为主题,结合"立信"校训和学校提出的"六环节、六目标"诚信育人体系,在校园弘扬社会主义核心价值观方面起到很好的正面促进作用,每年吸引众多学生参与。学校可通过展现传统文化中的诚信故事,古为今用,结合马克思主义最新理论实现思想政治教育的良好传播。

通过中华优秀传统文化融入思想政治教育,创新方式方法,在弘扬传统美德、培养良好素质的同时拓宽思想政治教育思路,引导大学生树立正确的人生观和价值观。

第三章 坚持评价改革 锻造立信学子意志品质

> 要深化教育体制改革,健全立德树人落实机制,扭转不科学的教育评价导向,坚决克服唯分数、唯升学、唯文凭、唯论文、唯帽子的顽瘴痼疾,从根本上解决教育评价指挥棒问题。
>
> ——习近平总书记在全国教育大会上的重要讲话

第一节　新时代深化高等教育评价改革的理念阐释

教育评价是树立正确办学导向的指挥棒，也是提高现代教育治理能力的关键点，事关教育发展的根本方向。2020年10月，党中央、国务院印发《深化新时代教育评价改革总体方案》，首次比较完整地提出"四个评价"，即"改进结果评价，强化过程评价，探索增值评价，健全综合评价"，着力破除"五唯"（唯分数、唯升学、唯文凭、唯论文、唯帽子）的顽瘴痼疾，建立科学的、符合时代要求的教育评价制度和机制。评价改革以落实立德树人根本任务为导向，立足"五类主体"，对教育评价提出了系统化的改革目标、要求与任务，为推进新时代教育评价改革指明了方向和道路。新时代呼唤高等教育评价现代化，高等教育评价现代化是迈向中国式高等教育现代化的时代诉求、推进高等教育治理体系和治理能力现代化的必然要求以及破解高等教育评价顽瘴痼疾的实践追求。推进新时代教育评价改革，是撬动学生工作的有力杠杆，是推动高等教育高质量发展的风向标，是高校实现立德树人根本任务的重要抓手。要坚持科学有效，改进结果评价，强化过程评价，探索增值评价，健全综合评价，充分利用信息技术，提高教育评价的科学性、专业性、客观性；要坚持统筹兼顾，针对不同主体和不同学段、不同类型教育特点，分类设计、稳步推进，增强改革的系统性、整体性、协同性；要坚持中国特色，扎根中国、融通中外，立足时代、面向未来，坚定不移走中国特色社会主义教育发展道路。

一、新时代深化高等教育评价改革的内涵要义

高等教育评价是对高等教育质量和效果的判断和评价，是高等教育质量保障的重要手段，也是高等教育改革和发展的重要推动力。新时代深化高等教育评价改革，是贯彻落实习近平总书记关于教育的重要论述和全国

教育大会精神的重要举措，是推进高等教育内涵式发展、培养担当民族复兴大任的时代新人、建设教育强国的必然要求。深化高等教育评价改革的内涵要义，主要包括以下几个方面：

第一，坚持立德树人为根本标准。立德树人是教育的根本任务，也是高等教育评价的根本标准。深化高等教育评价改革，要坚持以社会主义核心价值观为引领，以培养社会主义建设者和接班人为目标，以学生全面发展为本，以思想政治教育为统领，以教育教学质量为核心，以服务国家战略需求为导向，以社会满意度为评价结果，以促进高等教育改革创新为评价目的，以提高高等教育质量和水平为评价动力，构建符合我国国情、体现世界水平的高等教育评价体系，引导高等教育正确发展方向，确保高等教育质量和效益。

第二，坚持分类评价为基本原则。分类评价是高等教育评价的基本原则，也是高等教育评价改革的基本路径。深化高等教育评价改革，要坚持分类指导、分类管理、分类评价，充分尊重不同类型、不同层次、不同学科、不同专业的高等教育的特点和规律，科学确定评价目标、内容、标准、方法、结果等，避免一刀切、简单化、单一化的评价方式，避免以论文、奖项、帽子等数量指标评价学术水平，避免以升学率、就业率等单一指标评价人才培养，避免以经费、项目、专利等外部指标评价科研创新，避免以排名、声誉、影响力等相对指标评价学校水平，推动高等教育多样化、特色化、创新化发展，促进高等教育优质均衡发展。

第三，坚持多元评价为重要手段。多元评价是高等教育评价的重要手段，也是高等教育评价改革的重要内容。深化高等教育评价改革，要坚持多元主体、多元对象、多元内容、多元标准、多元方法、多元结果的评价理念，充分发挥国家、社会、行业、学校、教师、学生、用人单位等多元主体的评价作用，全面覆盖本科教育、研究生教育、继续教育、网络教育等多元对象的评价范围，综合考察教育教学、科学研究、社会服务、文化传承创新等多元内容的评价内容，结合不同类型、层次、学科、专业的评价标准，运用自评、互评、专家评、第三方评等多元方法的评价方式，形成内部评价、外部评价、国内评价、国际评价等多元结果的评价结果,实现高等教育评价的全面性、客观性、公正性、有效性。

第四,坚持发展评价为根本目的。发展评价是高等教育评价的根本目的,也是高等教育评价改革的根本动力。深化高等教育评价改革,要坚持以发展为先、以评促建、以评促改、以评促管、以评促学、以评促教的发展评价理念,把评价作为高等教育改革创新的推动力,把评价作为高等教育质量提升的保障力,把评价作为高等教育管理优化的服务力,把评价作为高等教育学习深化的激励力,把评价作为高等教育教学改进的反馈力,把评价作为高等教育发展规律探索的探索力,实现高等教育评价的动态性、发展性、创新性。

二、新时代深化高等教育评价改革的价值意蕴

在新时代背景下,我国高等教育的发展路向从跟随式现代化转向中国式现代化,发展重点从有质量发展迈向高质量发展,发展方式从短视、片面和功利化转向创新、协调、绿色、开放、共享,为了更好发挥"以评促建""以评促改""以评促发展"的系统功能,推进高等教育评价的现代化势在必行。深化高等教育评价改革是迈向中国式高等教育现代化的时代诉求,是高等教育治理体系和治理能力现代化的必然要求,是破解高等教育评价顽瘴痼疾的实践追求。

深化高等教育评价改革是迈向中国式高等教育现代化的时代诉求。高等教育是国家和民族的重要战略资源,是培养高素质人才、推动科技创新、服务社会发展的重要基地。在新时代,面对国际竞争和国内需求的双重挑战,我国高等教育必须坚持中国特色、世界一流的办学目标,走内涵式发展道路,提高教育质量和水平,为实现中华民族伟大复兴的中国梦提供强大的智力支持和人才保障。而教育评价是教育发展的指挥棒,是教育质量的重要保障。深化高等教育评价改革,就是要构建符合中国实际、具有世界水平的高等教育评价体系,引导高校科学定位、办出特色和水平,促进高校分类发展、差异化竞争、协同创新,激发高校活力和创造力,推

动高校培养德智体美劳全面发展的社会主义建设者和接班人，为建设教育强国、办好人民满意的教育作出贡献。

深化高等教育评价改革是高等教育治理体系和治理能力现代化的必然要求。高等教育治理体系和治理能力是高等教育发展的重要保障，是高等教育现代化的重要内容。在新时代，要适应高等教育规模化、多样化、开放化的发展趋势，要坚持党对高等教育的全面领导，要加快推进高等教育法治化、信息化、国际化，要完善高等教育的立法、规划、监管、评价等制度，要增强高等教育的自主性、创新性、服务性，要建立高效的决策机制、协调机制、激励机制、约束机制，要提高高等教育的适应性、协调性、效率性、公平性。而教育评价是高等教育治理的重要手段，是高等教育治理的重要内容。深化高等教育评价改革，就是要完善高等教育评价的法规、标准、指标、方法、程序等，要建立多元、开放、动态的评价体系，要实现评价的科学化、专业化、客观化，要发挥评价的导向、激励、检查、监督、诊断、选拔、管理等系统功能，要形成评价的多主体、多层次、多渠道、多方式的格局，要促进评价的结果运用和反馈改进，要推动高等教育治理体系和治理能力现代化。

深化高等教育评价改革是破解高等教育评价顽瘴痼疾的实践追求。长期以来，我国高等教育评价存在着一些不科学、不合理、不规范的现象，如重结果轻过程、重数量轻质量、重科研轻教学、重论文轻成果、重排名轻贡献等，导致了高校的片面办学、功利化倾向、同质化现象、应试化风气等问题，影响了高等教育的质量和效益，损害了高等教育的公信力和社会声誉。深化高等教育评价改革，就是要破除传统的管理主义思想和科学主义范式的束缚，要破除"唯分数、唯升学、唯文凭、唯论文、唯帽子"的不科学评价导向，要破除单一化、简单化、工具化、功利化、过度量化等评价弊端，要破除以统一的量化指标体系去评价所有高校的做法，要破除对国际大学排名的盲目追捧和对国内高校排名的无序竞争，要破除对高校的一刀切管理和对教师的简单考核，要破除对学生的应试教育和对社会的信息不透明，要破除对高等教育评价的形式主义和官僚主义，要破除对高等教育评价的惯性思维和保守观念，要以改革的精神和勇气，推动高等教育评价的系统性、整体性、协同性改革，为高等教育发展提供科学的评价指挥棒，为高等教育创新提供有力的评价支撑，为高等教育现代化提供有效的评价保障。

可以说，深化教育评价改革是新时代教育事业发展的必然选择，是实现教育现代化、建设教育强国、培养高素质人才的必然要求，是提高国家核心竞争力、促进社会公平正义、增强文化自信和民族自豪感的必然途径。我们要以习近平新时代中国特色社会主义思想为指导，坚持立德树人根本任务，全面推进教育评价改革，提高教育质量和水平，为实现中华民族伟大复兴的中国梦贡献教育力量。

三、新时代深化高等教育评价改革的立信方案

为了适应新时代国家战略和经济社会发展需要，满足学生全面发展的培养需要，上海立信会计金融学院积极响应中央和教育部关于深化新时代教育评价改革的总体方案和相关文件精神，以提高教育质量为核心，以推进教育现代化为目标，以促进教育国际化为途径，全面推进教育评价改革，围绕以下方面进行了探索。

——改革党委教育工作评价，推进科学履行职责。学校完善党对教育工作全面领导的体制机制，一是认真落实领导责任，建立健全党委统一领导、党政齐抓共管、部门各负其责的教育领导体制，履行好把方向、管大局、作决策、保落实的职责，把思想政治工作作为学校各项工作的生命线紧紧抓在手上，贯穿学校教育管理全过程，牢固树立科学的教育发展理念，坚决克服短视行为、功利化倾向。二是完善定期研究工作机制，建立健全党政负责同志深入一线调研、为师生上思政课、联系基层和年终述职工作等制度。

——改革学校评价，推进落实立德树人根本任务。学校坚持把立德树人成效作为根本标准，一是将落实党的全面领导、坚持正确办学方向、加强和改进学校党的建设以及党建带团建、做好思想政治工作和意识形态工

作、依法治校办学、维护安全稳定作为评价领导及管理人员的重要内容。二是健全学校内部质量保障制度，坚决克服重智育轻德育、重分数轻素质等片面办学行为，促进学生身心健康、全面发展。学校持续改进评价内容，一是改进本科教育教学评估，突出思想政治教育、教授为本科生上课、生师比、生均课程门数、优势特色专业、学位论文（毕业设计）指导、学生管理与服务、学生参加社会实践、毕业生发展、用人单位满意度等。二是改进学科评估，强化人才培养中心地位，淡化论文收录数、引用率、奖项数等数量指标，突出学科特色、质量和贡献，纠正片面以学术头衔评价学术水平的做法，教师成果严格按署名单位认定、不随人走。三是探索建立应用型本科评价标准，突出培养相应专业能力和实践应用能力。四是改进经费使用绩效评价，加大对教育教学、基础研究的支持力度。五是改进国际交流合作评价，促进提升校际交流、来华留学、合作办学、海外人才引进等工作质量。六是探索开展服务全民终身学习情况评价，促进学习型社会建设。

——改革教师评价，推进践行教书育人使命。学校坚持把师德师风作为第一标准，一是坚决克服重科研轻教学、重教书轻育人等现象，把师德表现作为教师资格定期注册、业绩考核、职称评聘、评优奖励首要要求，强化教师思想政治素质考察，推动师德师风建设常态化、长效化。二是健全教师荣誉制度，发挥典型示范引领作用。三是全面落实新时代高校教师职业行为准则，建立师德失范行为通报警示制度。四是对出现严重师德师风问题的教师，探索实施教育全行业禁入制度。学校突出教育教学实绩，一是把认真履行教育教学职责作为评价教师的基本要求，引导教师上好每一节课、关爱每一个学生。二是健全"双师型"教师认定、聘用、考核等评价标准，突出实践技能水平和专业教学能力。三是规范教师聘用和职称评聘条件设置。四是把参与教研活动，编写教材、案例，指导学生毕业设计、就业、创新创业、社会实践、社团活动、竞赛展演等计入教师工作量。五是落实教授上课制度，明确教授承担本（专）科生教学最低课时要求，确保教学质量，对未达到要求的教授给予年度或聘期考核不合格处理。六是支持建设高质量教学研究类学术期刊，鼓励学报向教学研究倾斜。七是完善教材质量监控和评价机制，实施教材建设国家奖励制度，每四年评选一次，对作出突出贡献的教师按规定进行表彰奖励。八是完善国家教学成果奖评选制度，优化获奖种类和入选名额分配。学校强化一线学生工作，一是明确领导干部和教师参与学生工作的具体要求。二是明确学校领导班子成员年度述职要把上思政课、联系学生情况作为重要内容。三是完善学校党政管理干部选拔任用机制，原则上应有思政课教师、辅导员或班主任等学生工作经历。四是明确青年教师晋升高一级职称，至少须有一年担任辅导员、班主任等学生工作经历。学校改进教师科研评价，一是突出质量导向，重点评价学术贡献、社会贡献以及支撑人才培养情况，不将论文数、项目数、课题经费等科研量化指标与绩效工资分配、奖励挂钩。二是根据不同学科、不同岗位特点，坚持分类评价，推行代表性成果评价，探索长周期评价，完善同行专家评议机制，注重个人评价与团队评价相结合。三是探索国防科技等特殊领域教师科研专门评价办法。对取得重大理论创新成果、前沿技术突破、解决重大难题、在经济社会发展中作出重大贡献的，申报高级职称时论文可不作限制性要求。学校推进人才称号回归学术性、荣誉性，一是切实精简人才"帽子"，优化整合各类人才计划。二是明确不得把人才称号作为承担科研项目、职称评聘、评优评奖、学位点申报的限制性条件，有关申报书不得设置填写人才称号栏目。三是依据实际贡献合理确定人才薪酬，明确不得将人才称号与物质利益简单挂钩。

——改革学生评价，促进德智体美劳全面发展。学校树立科学成才观念，坚持以德为先、能力为重、全面发展，坚持面向人人、因材施教、知行合一，坚决改变用分数给学生贴标签的做法，创新德智体美劳过程性评价办法，完善综合素质评价体系，切实引导学生坚定理想信念、厚植爱国主义情怀、加强品德修养、增长知识见识、培养奋斗精神、增强综合素质。学校完善德育评价，一是根据学生不同阶段身心特点，科学设计各级各类教育德育目标要求，引导学生养成良好思想道德、心理素质和行为习惯，传承红色基因，增强"四个自信"，立志听党话、跟党走，立志扎根人民、奉献国家。二是通过信息化等手段，探索学生、家长、教师以及社区等参与评价的有效方式，客观记录学生品行日常表现和突出表现，特别是践行社会主义核心价值观情况，将其作为学生综合素质评价的重要内容。学校强化体育评价，一是建立日常参与、体质监测和专项运动技能测试相结合的考查机制，将达到国家学生体质健康标准要求作为教育教学考核的重要内容，引导学生养成良好锻炼习惯和健康生活方式，锤炼坚强意志，培养合作精神。二是加强大学生体育评价，探索在高等教育所有阶段开设体育课程。学校改进美育评价，将公共艺术课程与艺术实践纳入人才培养方案，实行学分制管理，学生修满规定学分方能毕业。学校加强劳动教育评价，一是实施大学生劳动教育指导纲要，明确不同学段、不同年级劳动教育的目标要求，引导学生崇尚劳动、尊重劳动。二是探索建立劳动清单制度，明确学生参加劳动的具体内容和要求，让学生在实践中养成劳动习惯，学会劳动。三是加强过程性评价，将参与劳动教育课程学习和实践情况纳入学生综合素质档案。学校严格学业标准，一是完善各级各类学生学业要求，严把出口关。二是完善过程性考核与结果性考核有机结合的学业考评制度，加强课堂参与和课堂纪律考查，引导学生树立良好学风。三是探索学士学位论文（毕业设计）抽检试点工作，完善硕士学位论文抽检工作，严肃处理各类学术不端行为。四是完善实习（实训）考核办法，确保学生足额、真实参加实习（实训）。学校深化考试招生制度改革，一是通过自主招生稳步推进高考改革，构建引导学生德智体美劳全面发展的考试内容体系，改变相对固化的试题形式，增强试题开放性，减少死记硬背和"机械刷题"现象。明确不得通过设置奖金等方式违规争抢生源。二是加快完善高中学生综合素质档案建设和使用办法，逐步转变简单以考试成绩为唯一标准的招生模式。三是深化研究生考试招生改革，加强科研创新能力和实践能力考查。四是探索建立学分银行制度，推动多种形式学习成果的认定、积累和转换，实现不同类型教育、学历与非学历教育、校内与校外教育之间互通衔接，畅通终身学习和人才成长渠道。

——改革用人评价，共同营造教育发展良好环境。学校树立正确用人导向，扭转"唯名校""唯学历"的用人导向，建立以品德和能力为导向、以岗位需求为目标的人才使用机制，改变人才"高消费"状况，形成不拘一格降人才的良好局面。学校促进人岗相适，一是按照岗位需求合理制定招考条件、确定学历层次，在招聘公告和实际操作中不把毕业院校、国（境）外学习经历、学习方式作为限制性条件。二是明确职业学校毕业生在落户、就业、参加机关企事业单位招聘、职称评聘、职务职级晋升等方面，与普通学校毕业生同等对待。三是科学合理确定岗位职责，坚持以岗定薪、按劳取酬、优劳优酬，建立重实绩、重贡献的激励机制。

第二节 新时代深化高等教育评价改革的立信实践

高校教育评价是高等教育质量保障的重要手段，也是高校自主发展的重要支撑。新时代我国高等教育面临着从大规模向高质量转变的历史性任务，需要深化教育评价改革，构建符合高等教育规律和特点的评价体系，激发高校内生动力，促进高校创新发展。本节将具体介绍上海立信会计金融学院在深化教育评价改革方面的实践探索。

实践案例一 "学生发展银行"：在增值评价中激发学生发展的内生动力

中共中央、国务院印发的《深化新时代教育评价改革总体方案》（以下简称《总体方案》）提出要"改进结果评价，强化过程评价，探索增值评价，健全综合评价"。纵观当前高校学生综合评价制度实施情况，受传统教育评价"唯分数""唯论文"等顽瘴痼疾影响，评价目标偏离、理念缺失、方法单一等仍是共性问题，难以回应学生的"增值"诉求，无法彰显学生的发展与进步，教育评价的激励与导向功能发挥不足。上海立信会计金融学院积极克服"五唯"痼疾，以增值评价为视角，将过程性、实践性教育评价标准纳入学生资助育人体系和学生奖学金综合评价体系，将学校自2013年创立的资助育人品牌项目"学生发展银行"作为教育评价载体，从促进学生综合评价专业化、客观化和科学化发展三方面入手，建立了极具财经金融类高校特色、客观健全的学生综合评价平台。

一、凸显教育评价理念，助力学生全面发展

《总体方案》对如何改革学生评价，促进德智体美劳全面发展作了总体部署。为积极响应党中央深化教育评价改革的号召，全国各地高校在抓紧完善传统德育评价、学业评价机制的同时，围绕如何强化体育评价、改

进美育评价和加强劳动教育评价开展了大量实践探索，制定了一系列落实五育并举的育人实施方案并逐步建立与之配套的评价机制。在"破旧立新"过程中，如何破除评价主体和对象的思维固化、扭转非科学倾向、确保价值引领与评价导向的一致性成为亟待解决的首要问题。

上海立信会计金融学院紧紧围绕培养社会主义建设者和接班人这一目标来设计和推进评价改革，将"助力学生全面发展"的教育评价理念贯穿改革全过程，从根本上破除评价主体和对象的思维固化，扭转诸如"重智育轻德育""重数量轻质量""重结果轻过程"等非科学倾向，学校在传统评价体系外依托"学生发展银行"项目建设，开发了以增值评价为视角的学生综合评价平台。"学生发展银行"以商业银行运营模式由客户经理为学生客户量身定制个人发展计划，并为客户定期存储个人"成长币"，即在五育方面的发展增量，"银行"后台通过大数据进行客户发展数据分析，并为客户本人和其他评价主体提供用以衡量学生全面发展水平的成长报表。在"学生发展银行"，评价标准由"学生发展成果"转变为"学生发展水平"，尊重差异、强调过程，激发了全体学生的发展动能；评价内容中的"五育"以发展模块形式居同等重要的地位，智育水平将不再是衡量学生的唯一标准；运用后台数据库，评价主体既可以从学生发展总体水平又可以从任一观测角度评价学生的发展能力。这些转变使助力学生全面发展的评价理念不再是空话。

二、重塑教育评价标准，回应学生发展诉求

评价体系设计的关键在于制定标准，但如何科学制定衡量标准始终是个存在争议的问题：非量化的评价标准容易滋生运行中的腐败，过分注重量化的评估则容易导致急功近利。在现实评价中，评价标准为彰显公正公平，往往设置"分数""论文"等具有共性的量化指标，对于发展起点靠前、适应能力较强的学生能够起到正向激励作用；但在兼顾学生差异上却差强人意，对因特殊原因（如家庭经济原因、区域教育资源分配因素）发展起点靠后的学生不仅未能实现正向激励，反而因较高的评比门槛削减了这部分学生的发展动能。在"学生发展银行"，学生可以在"明码标价"

的实践板块中挑选符合个人发展旨趣的项目，包括"学业发展与科技创新""社会工作与社团活动""文化艺术与身心发展""思想政治与道德修养""社会实践与志愿服务""资格证书与职业发展"等。学生每完成一项与板块要求相符的学习任务、社会实践或实训模拟，就可以通过柜面认定得到相应的"成长币"。对于某一阶段未能按期实施个人计划、及时存储"成长币"到"银行"的客户，客户经理将通过"催收"提醒其关注自我发展。因此，在"学生发展银行"，评价标准既可以是以学生"成长币"累积量为衡量标准的学生发展总体水平；又可以是以聚焦某一阶段或某一板块学生"成长币"增速为衡量标准的学生发展个性水平，为"五类主体"包括学生进行自我成长观测提供有力支撑。但无论选取哪种评价标准，衡量学生的依据始终落位于"增值"，真正实现了学生"用自己的尺子量自己的发展"，回应了差异化学生的多元化发展诉求。

三、发挥教育评价功能，激发学生发展内生动力

在传统评价过程中，通过加强对评价结果的运用，发挥评价的导向作用。在教育评价领域，传统评价结果的运用，如基础教育阶段以"分数"衡量能力来决定"升学"，进入高校后以"分数"衡量能力来决定"分班"等，使学生智育发展与德育以及其他"三育"的发展水平处在长期不均衡的状态，在评价导向上具有一定的负面作用。近年来，为扭转错误导向，高校积极推动大学生年度人物巡讲活动等在奖金、升学等评价中的运用，通过加大宣传和选树典型等方式发挥正面引领作用。但与学生个体休戚相关的"升学""学历"等相比，往往被视作学生个人发展"附加值"的"评优"活动若需付诸太多努力，则其导向功能将因功利思想而受到限制，难以激发学生发展的内生动力。在"学生发展银行"，评价结果的运用不仅限于"评优"，更是个人发展能力的真实记录和有力佐证。一方面，自主选择、自我认同的发展路径能够激发学生客户快速适应和长期发展的持久动能，帮助学生在动态发展的过程中进行自我调整，最终绘就成一条稳定的、成熟的发展路线；另一方面，学生客户在逐步完成以未来发展目标为蓝图制订的发展计划时，本身也会激发其源源不断的发展动力。

小结：项目以增值评价为视角，将过程性、实践性教育评价标准纳入学生资助育人体系和学生奖学金综合评价体系，将商业银行运营模式引入教育评价，通过客户经理为学生客户量身定制个人发展计划并为客户定期存储个人"成长币"，激发学生的发展内生动力。项目具有三方面的主要特点和优势：一是凸显教育评价理念，助力学生全面发展；二是重塑教育评价标准，回应学生发展诉求；三是发挥教育评价功能，激发学生发展内生动力。可以说，"学生发展银行"是一种极具财经特色、客观健全的学生综合评价平台，为教育评价改革提供了有益借鉴。

实践案例二 "一站式"学生社区综合育人的理论与实践探索

【理论设计】 "一站式"学生社区是课堂外育人的重要场所，是培养时代新人的创新场域。高校要把握好"一站式"学生社区建设的政治方向，持续加强党建引领，通过构建螺旋上升的深化共识机制、育人力量与育人资源的下沉机制、物理空间与社会空间的耦合机制、"以学生为中心"的服务创新机制等一系列"组合拳"的方式，重点解决"一站式"学生社区建设中存在的共识不足、合力不强、功能不全等现实性问题突出问题，推动"一站式"学生社区实现高质量发展。①

一、通过宣传引导与成效展示，构建螺旋上升的深化共识机制

"一站式"学生社区是高校学生党建的前沿阵地、"三全育人"的实践园地、平安校园的样板高地，具有丰富的育人价值与功能。高校领导层面应深化对"一站式"学生社区价值与功能的认识，充分利用各种时机、场合做好宣传引导，形成有利于推进"一站式"学生社区建设的良好氛围。同时做好"一站式"学生社区的阶段性育人成果总结，通过多种方式、多

---

① 王军华.高校"一站式"学生社区建设的内生价值、现实挑战与突破进路[J].思想理论教育，2022(10)：108-111.

种渠道充分展示"一站式"学生社区的育人建设成效。在"一站式"学生社区建设的问题上，受认知水平、管理模式等主客观因素的影响，共识的达成不可能一蹴而就，需要通过宣传舆论引导、育人成效展示等方式，久久为功、共同发力。只有这样，才能不断构筑起螺旋上升的深化共识机制，从而为"一站式"学生社区的建设提供深层次的内驱动力。

二、通过创新制度机制建设，构建育人力量与育人资源等的下沉机制

"一站式"学生社区建设的关键在于将育人力量与育人资源等有效下沉到学生社区，下沉到学生中间。要建立相关部门的联席会议机制，定期研究"一站式"学生社区建设中的重要问题，统筹协调、解决工作推进中协调联动、效力衔接等问题。专业教师是下沉学生社区的重要育人力量，高校应健全完善专业教师下沉学生社区的实质性激励制度机制，以"激励"驱动下沉，在相应的职称评聘、年度考核中设置一定比重，让专业教师在下沉学生社区中收获"获得感"，从而逐步扭转专业教师"重科研、轻育人"的观念。例如，浙江大学成立了数理化等公共基础课程教学研究中心，组织教师进驻社区常态化答疑，建立起"导师沙龙""学业加油站"等线下学生成长平台，推动两院院士、名师大家与学生面对面提供核心课程学习指导。

三、通过优化空间设计改造，构建物理空间与社会空间的耦合机制

在"一站式"学生社区的建设中，物理空间的建设无疑是重要一环，它是社区育人功能的现实载体。在物理空间的建设中，首先在空间形态上要符合新时代大学生的审美观念，大到学生社区的整体设计风格，小到研学室、交流室内的桌椅风格和布局形态都要符合大学生的审美观念。厦门大学在"一站式"学生社区建设中，依据当代大学生的发展需求和审美观，打造出一批社区学习共享空间、创客空间，成为校园学生热捧的"网红空间"。此外，在"一站式"学生社区的空间设计上应突出物理空间与社会空间的耦合，将大学生的生活、服务、交流等需求有效嵌入社区，满

足大学生日益多样化的需求，变成有效集合居住、生活、日常社会交往互动等功能的生活共同体，从而增强学生对于社区的归属感和认同感。

四、通过数字化赋能，构建"以学生为中心"的服务创新机制

大数据、云计算、物联网等行业先进数字化技术的广泛应用，特别是教育数字化转型的深入发展，为在数字化时代的高校学生社区构建起"以学生为中心"的服务创新机制提供了契机与可能。思想是行动的先导，理念是实践的指南。作为"一站式"学生社区建设的重要推动者的领导干部，特别是校级领导干部，先要在思想理念层面树立好数字化思维，推动运用数字化思维及技术在"一站式"学生社区建设中全方位赋能党建引领、队伍入驻、学生参与、条件保障等。在实践层面，要在充分调研学生需求和科学规划设计的基础上，加大对社区设施设备的数字化投入，同时对传统的设施设备实施智能化提升，打造"数字化社区"。坚持"一网通管""一网通办"的理念，打破各部门主体之间的行政壁垒，为社区学生提供更好的服务。在"一站式"学生社区数字化建设的实践案例中，西安交通大学建立了学生工作管理信息系统，依托"一卡通"可以有效实现对所有学生、全部课堂、各个环节数据实时记录，动态开展精准画像、学情分析、就业指导；南昌大学开发了"数字家园"学生信息平台，推进数据赋能，动态分析心理健康状况，研发资助AI机器人，实现人员定位、健康打卡、奖助评优等60余项功能。通过传统设施智化提升和打造"数字化社区"，构建以"学生为中心"的服务创新机制，可以为社区内的学生提供更优质、便捷的服务，更好满足当代学生对校园美好生活的需求。

【实践探索】 在理论设计的指引下，学校不断强化"以学生为中心"的办学治校理念，贯彻习近平总书记关于教育的重要论述，落实全国高校党建工作会议精神，进一步提升围绕学生、关照学生、服务学生的工作质量，在学生社区逐步探索形成"一站式"学生社区综合管理模式，构筑学生党建前沿阵地，建设"三全育人"实践园地，打造智慧服务创新基地，争创平安校园样板高地。"一站式"学生社区强调隐性教育与显性教育的

结合，注重通过融入经常、渗入日常的办法，强化对大学生的思想引领与价值塑造，从而不断提高学生的政治觉悟、思想水平、道德品质和文化素养，把学生培养成为德才兼备、全面发展的人才。上海立信会计金融学院坚持从党建引领、管理协同、队伍进驻、服务下沉、文化浸润、自我治理六个方面入手，践行"一线规则"，将高校育人力量和资源整体下沉到学生社区，用最温暖的关爱陪伴学生健康成长。

上海立信会计金融学院"一站式"学生社区综合育人工作的具体举措如下：

（1）完善制度体系，强化队伍建设。2023年1月6日，"全国高校思想政治工作网"正式为上海立信会计金融学院开通了"一站式"学生社区综合管理模式建设工作云平台育人号账号，标志着上海立信会计金融学院正式入选教育部"一站式"学生社区综合管理模式建设自主试点高校；4月19日，在学校党委领导下，学校成功建立由校领导牵头，相关职能部门参与的"一站式"学生社区综合管理模式建设工作领导小组，统筹推进全校"一站式"学生社区综合管理模式建设；设立学生园区管理办公室，挂靠党委学生工作部，并搭建联席会议平台，牵头协调各相关职能部门和二级学院，组建工作队伍，并推进落实"一站式"学生社区综合管理模式建设举措，实现管理协同；出台《上海立信会计金融学院"一站式"学生社区综合管理模式建设指导意见》等文件，形成1+X制度体系，强化统筹协调、组织推进、管理监督，实现事务性管理与大学生思想政治教育的高度融合。

（2）整合社区资源，发挥集成效应。上海立信会计金融学院围绕落实"一站式"学生社区综合育人工作，在完善制度建设的基础上，推进"一站式"学生社区建设向纵深开展。一是不断优化拓展共享空间，学校在上川路校区增设两个共享空间，在文翔路校区"学生之家"增设"读书角"，强化了共享空间"学生之家"的舒适性、功能性、完整性；二是结合"立信"特色，将党建引领同思政教育、安全教育、心理健康教育、就业指导、征兵动员、劳育美育、文化建设等各类学生活动有机结合，依托"立信生活园区"公众号,丰富主题教育宣传载体;三是大兴调研之风,贴近学生生活,推动校院领导、思政力量、管理力量、服务力量等深入下沉、走进入驻学生社区,贴近学生生活,提升"一站式"学生社区综合育人效果。

(3) 挖掘实践资源,检验工作成效。"一站式"学生社区综合管理模式建设工作开展以来,学校认真学习贯彻党的二十大精神,坚持立德树人,服务学生成长,共组织开展各类学生活动124余次,覆盖学生超过11 578人次,"立信生活园区"公众号发布推文169篇,累计阅读量达205 979人次,并编撰工作月报3期。学生园区在党群服务、思政教育、学生工作、安全教育等方面都取得实质性进展,学校"一站式"学生社区综合管理模式建设工作呈现向上向前的良好态势,各项育人工作和文化活动为学生综合素质提升提供了丰富的平台,实现素质教育深入学生社区,贴近学生生活。

小结:"一站式"学生社区是高校课堂教学之外的重要育人阵地,是培养时代新人的创新场域,它通过将各种育人力量常态化沉入学生中间,打通育人的"最后一公里",具有丰富的价值内涵。从目前高校推进"一站式"学生社区建设的整体实际情况看,共识不足、合力不强、功能不全等问题较为突出且具有普遍性,如何有效集聚育人资源,将领导力量、管理力量、思政力量、服务力量等沉入学生中间,始终是现在与未来"一站式"学生社区建设的关键核心问题。这一核心问题的解决需要高校在党的全面领导"一竿子到底"、队伍入驻"一条龙服务"、学生参与"一揽子提效"、保障支持"一盘棋统筹"等关键环节上下功夫,只有这样,才能真正将"一站式"学生社区建设成为坚持党的全面领导的重要载体、践行"一线规则"的最好抓手、培养时代新人的创新场域。

实践案例三 深化教育评价改革的制度探索

高校制度性文件是指高校为规范教育教学管理,保障教育质量和效果,促进教育改革创新,制定的具有一定权威性和约束力的规章制度、规范性文件、指导意见等。上海立信会计金融学院以深化教育改革创新为目标，对人才培养方案、教学质量标准、教师职称制度、学分管理制度等制度性文件进行了修订和完善。

一、人才培养方案

人才培养方案是高校根据国家和社会对人才的需求，结合自身办学特色和优势，确定的培养目标、培养要求、培养模式、课程设置、教学安排等内容的文件。人才培养方案是指导高校教育教学活动的基本依据，也是评价人才培养质量的重要标准。深化教育改革创新要求高校不断完善和调整人才培养方案，以适应经济社会发展和学生个性化发展的需要。上海立信会计金融学院坚持以习近平新时代中国特色社会主义思想为指导，全面贯彻党的教育方针，坚持社会主义办学方向，坚持立德树人的根本任务，坚持"以学生发展为中心"，全面推进新文科建设，凸显学校"国际知名、国内有重要影响、特色鲜明的高水平应用型财经大学"的办学定位，"诚信、实用、开放"的办学理念和"诚信为本、学验并重"的办学特色，构建具有立信特色的高水平应用型人才培养体系，全面提升本科人才培养质量，培养担当民族复兴大任的时代新人，培养德智体美劳全面发展的社会主义建设者和接班人。

二、教学质量标准

教学质量标准是高校为保证和提高教学质量，规定的教学目标、教学内容、教学方法、教学过程、教学评价等方面的具体要求和指标。教学质量标准是衡量高校教学水平和效果的重要依据，也是促进高校教师提升专业素养和教学能力的重要手段。深化教育改革创新要求高校不断提升和更新教学质量标准，以适应国家和社会对人才的更高要求。

在提升教学质量方面，上海立信会计金融学院以专业认证推进一流本科专业高质量发展。学校积极推动专业认证工作，进一步推进一流本科专业体系建设，持续提升本科人才培养质量，以专业认证促进专业高质量内涵发展，以国际认证提高学校国际化建设水平。学校整体规划，分步实施，出台《上海立信会计金融学院本科专业认证（评估）管理办法》。在

"十四五"时期，学校分三批次全覆盖完成校内专业认证。学校开启本科卓越财经人才培养的书院制探索。学校于2018年成立"序伦书院"，探索"书院制"卓越创新财经人才培养模式：第一，优化选拔机制。从全校已录取且秋季高考成绩排名在各省（自治区、直辖市）前10%的经管类本科新生中遴选生源，面向经管类优秀本科生进行选拔和等额增补。第二，协同培养人才。构建"2+2"两阶段专业教育、书院四年一贯制学生管理的人才培养模式，以个性化、多元化成长需求自主选择经管类专业，完成相应专业课与实验实践课学习。第三，全过程选聘德才兼备的校内优质师资、海内外知名学者和业界精英为书院学生授课或担任荣誉导师，连续延聘德克萨斯农工大学、印第安纳大学、纽约城市大学教授开展系列课程，荣誉导师全程跟踪培养。第四，夯实基层党建工作基础，创新学生社区党建工作思路，凝聚校内外优质党建育人资源。经过多年的持续建设，书院学生培养成效突出，荣获全国大学生英语竞赛、全国大学生数学竞赛、全国高等院校数学能力挑战赛决赛、"挑战杯"上海市大学生创业计划竞赛等各类高水平荣誉奖项60余项，大学英语四级考试首次通过率为100%，600分以上高分段与平均分均位居学校首位，出版学生科研论文集1部。2022届首批54名毕业生考研录取14人，赴境外知名高校读研5人，攻读研究生比例位居学校首位；5人签约国际知名会计师事务所，20余人被国内知名会计师事务所与金融机构录用。

三、教师职称制度

教师职称制度是高校为激励和评价教师工作业绩，规定的教师职称设置、评审条件、评审程序、评审结果等内容的文件。教师职称制度是保障和激发高校教师队伍建设的重要制度，也是促进高校教师专业发展和终身学习的重要机制。深化教育改革创新要求高校不断改革和完善教师职称制度，以适应高等教育现代化和国际化的需要。

上海立信会计金融学院为深入贯彻落实中共中央、国务院《深化新时代教育评价改革总体方案》（中发〔2020〕19号），科技部《关于破除科技评价中"唯论文"不良导向的若干措施（试行）》（国科发监〔2020〕

37号），上海市教育委员会《上海市深化新时代教育评价改革实施方案》（沪委发〔2021〕4号），中共上海市教育卫生工作委员会、上海市教育委员会《加强上海高校新型智库建设的指导意见》（沪教委科〔2013〕80号）等文件精神，进一步深化学校学术成果评价改革，完善学术成果鉴定标准体系，鼓励学校师生多出高质量、高水平学术成果，扩大国内外学术影响力，大力提升科研创新能力和综合竞争力，支撑学科发展，服务国家重大需求。结合学校实际情况印发《上海立信会计金融学院学术成果认定办法（非学术期刊论文类）》的通知，发挥考核"指挥棒"作用，亮出改革创新的实招，创新教师职称评价改革，全面提升教师综合素养。

四、学分制管理制度

学分制管理制度是高校为实施以学分作为衡量学生学习质量和数量，为学生提供更多选择余地的教学制度，该文件规定了学分设置、课程选修、成绩考核、毕业授予等内容。学分制管理制度是保障和提升学生自主学习能力和素质培养效果的重要制度，也是促进高校课程建设和课堂改革的重要手段。深化教育改革创新要求高校不断完善和优化学分制管理制度，以适应个性化、多元化、终身化的人才培养需求。

上海立信会计金融学院制定《上海立信会计金融学院创新创业实践学分认定办法》，规定"凡就读于学校的本科生，在校学习期间须完成所修读专业本科培养方案中创新创业实践课程2个学分"，鼓励和支持广大学生积极参加创新创业实践活动，增强本科生创新精神、创业意识和创新创业能力，提高本科生综合素质。学校进一步深化对外交流与合作，探索国际视野下学习成果认定的保障机制，加强出国（境）学生的教学管理，规范课程修读、学分认定等程序，制定《上海立信会计金融学院学生国（境）外交流学习课程与学分认定管理办法》。

小结： 上海立信会计金融学院以深化教育改革创新为目标，对人才培养方案、教学质量标准、教师职称制度、学分制管理制度等制度性文件进行了修订和完善，体现了以下几个方面的特点：一是紧跟国家和社会对人才的需求，结合自身办学特色和优势，科学确定培养目标和要求，突出立德树人的根本任务，培养高水平应用型财经人才。二是注重提升教学质量和水平，推进专业认证和一流本科专业建设，探索书院制卓越创新财经人才培养模式，开展多样化的国际交流与合作，拓宽学生的国际视野，提升竞争力。三是强化教师队伍建设和专业发展，深化学术成果评价改革，破除"唯论文"不良导向，鼓励多出高质量、高水平的学术成果，创新教师职称评价机制，全面提升教师综合素养。四是促进学生自主学习和创新创业能力的培养，实施创新创业实践课程，规范国（境）外交流学习课程与学分认定，构建服务全民终身学习的教育体系。以上制度设计既符合国家关于深化教育改革创新的总体方案，又体现了上海立信会计金融学院的办学理念和特色，为推进高等教育现代化和国际化做出了有益探索。

第三节 新时代深化高等教育评价改革的立信探索

一、新时代深化教育评价改革遵循的原则

(一) 落实立德树人，培根铸魂

高校立身之本在于立德树人。立德树人是开展学生工作的根本任务，是新时代高校思想政治工作的本质要求和价值诉求，也是教育质量观的价值基础与核心。一段时间里，由于教育评价的功利化导向，"唯分数、唯升学、唯文凭、唯论文、唯帽子"倾向有所抬头，忽视学生全面性发展需求现象有所蔓延。这与培养德智体美劳全面发展的目标相背离。开展学生工作首要是转变工作理念，深化以立德树人为核心的教育质量观，明确学校教育质量和学生教育成效的考评标准必须是一个包含多维度指标的系统体系，不可把教育简单等同于智育，不可把考试分数作为衡量教育质量的唯一标准，而要将学生学业情况、实践能力、毕业生发展、用人单位满意度等因素纳入评价体系。同时，要坚持将立德树人作为教育评价的主旨与灵魂，并将其融入思想道德、文化知识、社会实践等教育各环节，覆盖学生全员，贯穿学生培养全过程，落实在教学体系、学生工作体系等全方位，真正确保培根铸魂。

(二) 强化思想引领，守正创新

思想政治工作是学校各项工作的生命线。做好高校学生思想政治工作，必须牢记为党育人、为国育才的使命，全面贯彻党的教育方针，解决好"培养什么人、怎样培养人、为谁培养人"这个根本问题。在尊重思想政治工作规律的基础上，应当坚持守正创新，主动调整、适应教育评价改革，充分把握新形势、瞄准新问题、运用新技术、推进新举措，将爱国主义教育融入其中，切实提升思想政治工作的实效性。同时，把握新时代新要求以及学生身心发展的动态特点，坚持聚焦对学生的思想价值引导，在

良师益友式相处中引导学生对新思想真学、真懂、真信、真用，切实增强高校思想政治工作的亲和力和感召力，不断增强大学生对主流意识形态的认同感。

（三）聚焦五育并举，踵事增华

《总体方案》提出了"改革学生评价，促进德智体美劳全面发展"的要求。要坚持以德为先、能力为重、全面发展，坚持面向人人、因材施教、知行合一，坚决改变用分数给学生贴标签的做法，创新德智体美劳过程性评价办法，完善综合素质评价体系，切实引导学生坚定理想信念、厚植爱国主义情怀、加强品德修养、增长知识见识、培养奋斗精神、增强综合素质。各级党委和政府不应下达升学指标或以升学率考核教育部门、学校和教师，不应将升学率与学校工程项目、经费分配、评优评先等挂钩，不应通过任何形式以中高考成绩为标准奖励教师和学生，也不应公布、宣传、炒作中高考"状元"和升学率。新形势下，要认真实施《大中小学劳动教育指导纲要（试行）》，明确不同学段、不同年级劳动教育的目标要求，引导学生崇尚劳动、尊重劳动。可进一步探索建立劳动清单制度，明确学生参加劳动的具体内容和要求，让学生在实践中学会劳动、学会勤俭。要探索建立学生综合素质档案制度，制定"学分银行""诚信学分"等新评价政策；创新过程性评价制度，形成学生"电子成长档案"和"学生成长图谱"等新评价办法。在此基础上，可进一步完善学习全过程纵向评价与德智体美劳全要素横向评价有机结合的综合评价体系，做好定性与定量评价。

（四）坚持以生为本，启智润心

要改变以教育者为中心、以管理为本位的评价模式，明确学生的主体地位，增强围绕学生、关爱学生、服务学生的能力，形成专业化、规范化、人性化的学生工作运行体系。为此，有必要把师德表现作为教师资格定期注册、业绩考核、职称评聘、评优奖励的首要要求，强化教师思想政治素质考察，推动师德师风建设常态化、长效化。高校领导班子成员在年度述职中，应把上思政课、联系学生情况作为重要内容。同时，完善学校党政管理干部选拔任用机制，学校党政管理干部原则上应有思政课教师、辅导员或班主任等学生工作经历。高校青年教师晋升高一级职称，至少要有一年担任辅导员、班主任等学生工作经历。此外，要认真落实教授上课制度。比如，明确教授承担本（专）科生教学最低课时要求，确保教学质量，对未达到要求的给予年度或聘期考核不合格处理。

二、新时代深化教育评价改革的高校探索——基于劳动教育的视角

《总体方案》提出了改进结果评价，强化过程评价，探索增值评价，健全综合评价。纵观当前高校学生综合评价实施情况，改革举措与成果日渐凸显，但受传统教育评价"唯分数""唯论文"等"五唯"顽瘴痼疾影响，目标偏离、方法单一等仍是教育评价激励与导向功能发挥不足的共性问题。

（一）深化新时代大学生教育评价改革的逻辑理路和推进路线

破解教育评价改革这一难题，对于全面贯彻党的教育方针、加快推进教育现代化、建设教育强国、办好人民满意的教育具有重大意义。针对改革存在的诸多困境，应由转变改革理念入手，对深化改革的逻辑理路和推进路线作深入探讨。

1. 在改革理念上：要坚持立德树人，注重破立结合，树立正确导向

教育是一项复杂的社会系统工程，先进的理念、科学的制度、规范的管理都不能脱离和超越评价这一"指挥棒"。《总体方案》的出台旨在进一步优化"指挥棒"功能，解决教育改革的"卡脖子"难题。高校作为深化改革的践行者，应当将习近平总书记关于教育的重要论述作为逻辑遵循，在改革中引导青年人明确如何践行理想观、学习观、价值观、创新观、笃行观；在改革中回答好"培养什么人、怎样培养人、为谁培养人"等问题；在改革中紧紧围绕立德树人根本任务，树立破立结合的思维和长期斗争的心态，坚持优化一部分、改进一部分，逐步形成评价闭环，确保在破除"五唯"顽瘴痼疾的同时建立起科学的、符合时代要求的教育评价制度和机制，在推动这场变革的根本方向上站稳立场。

2. 在改革实施中：要围绕改革框架，加强顶层设计，完善体系构建

《总体方案》确定了五类评价主体，提出了改进结果评价，强化过程评价，探索增值评价，健全综合评价四个评价维度，明确了深化教育评价改革基本框架。围绕改革框架，应从加强顶层设计入手，完善评价体系构建。一是要强化评价体系构建的整体设计。推动改革、构建体系绝非易事，既要"大刀阔斧"又要"润物无声"，改革要获得实效，必须坚持从宏观到微观，从量化到质性，从综合评价到单一评价，实现上下联动、齐心一致，以统一标准构建科学、合理的评价体系。二是要充分发挥学生的主体作用。深入探索新时代赋予"五育"的创新内涵，把握新时代大学生成长成才的特点和需求，将两者有机融合起来，让学生用自己认同的尺子来量自己，使学生成为考核评价的主导者、推动者、维护者和受益者。三是要以教育评价改革驱动高校育人供给侧结构性改革。高校和教育工作者在习惯性运用绩效工具、目标任务等管理工具的同时必须意识到，要避免育人趋向功利性和结果导向，确保评价服务于立德树人根本任务。因此，开展评价的重点应更多地放在以评价改革驱动高校育人供给侧结构性改革，在丰富"德育"内涵，创新"智育"形式，拓展"体育、美育、劳育"育人资源、载体，改进评价方法的过程中，为学生实现五育并举全面发展提供更多可能。四是要加强教育评价改革各要素间的联动。营造和创设良好的沟通交流环境和平台，让教育评价体系的设计者、评价政策的制定者能够经常性地和具体实施者"共聚一堂"，帮助实施者了解顶层设计的背景和考虑，帮助决策者倾听政策实施过程中的情况和建议，从而促进各环节育人要素联动、提升育人主体的积极性，自觉投身于深化教育评价改革。

3. 在改革推进时：要强调尊重现实，注重稳中有进，突出改革实效

深化学生教育评价改革非朝夕之功，聚焦当前高校改革实践，稳步推进改革需重点处理好几对关系。一是要处理好统一标准和尊重个体之间的关系。在现阶段，要设计一把可以精准丈量学生发展的尺子存在较大难度。尊重个体应着重体现在解决好"面向人人"的问题。与其为每个学生量身定做一个发展点而犯愁，不如从整体入手，在评价体系设计中让人人都看到个人发展的可能性，在评价标准设置中让人人都能看到成为优秀的可能性，在评价实施过程中让人人都能以展示者、参与者，乃至以观众、啦啦队的身份投入其中。二是要处理好整体渐进和单兵突进之间的关系。破除"五唯"、实现五育并举，早在个体价值观形成的印记时期、模仿时期就应该反复强化。但以社会影响和家庭教育为主的整体价值观的转变和重塑往往过程缓慢，并非一朝一夕能改变。这就要求高校在学生发展的"拔节孕穗期"给予精心的引导和栽培。自学生入校起就有的放矢地引导学生树立正确的成才观，以培养发展兴趣提升就业价码，以感恩回馈代替唯利是图，把好建设者和接班人培养的"出口关"。三是要处理好资源配置和结果运用之间的关系。评价结果的运用是最重要的环节之一，但当前评价实施部门对育人资源的把握程度往往是有限的，评价结果主要以"奖金""荣誉"等"增量"形式呈现，对学生升学、就业、发展等"生命线"触及不多。因此，将部分影响学生发展的重要资源配置给评价实施部门，加大评价主体对人才未来走向的"发言权"，加强五类评价主体的联动，对评价闭环的形成具有重要意义。

（二）深化新时代大学生教育评价改革的实施路径——基于劳动教育的视角

1. 明确评价目标：新时代劳动教育的价值意蕴

2018年9月，习近平总书记在全国教育大会上强调，"培养德智体美劳全面发展的社会主义建设者和接班人"[①]，"要在学生中弘扬劳动精神，教育引导学生崇尚劳动、尊重劳动……长大后能够辛勤劳动、诚实劳动、创造性劳动"[②]，对新时代劳动教育精神实质和目标内涵作了高度凝练与本质概括。可以由"一种精神""两种态度""三种行为""四种观念"对新时代劳动教育的思想内涵与实践要义进行理解。其中，"一种精神"是指劳动精神，即做好对中国传统劳动观、马克思主义经典作家关于劳动的相

---

① 习近平.坚持中国特色社会主义教育发展道路 培养德智体美劳全面发展的社会主义建设者和接班人[N].人民日报，2018-09-11(1).

② 习近平.坚持中国特色社会主义教育发展道路 培养德智体美劳全面发展的社会主义建设者和接班人[N].人民日报，2018-09-11(1).

关著述、党和国家领导人关于劳动价值观等的学习继承和创新发展;"两种态度"是指崇尚劳动、尊重劳动,即引导学生树立对待劳动的正确态度;"三种行为"是指辛勤劳动、诚实劳动、创造性劳动,即运用好新时代劳动的行为范式;"四种观念"是指劳动最光荣、劳动最崇高、劳动最伟大、劳动最美丽,即在实施教育的过程中始终秉承基本价值观念。习近平总书记关于劳动教育的重要论述是高校正确理解劳动教育精神内涵和实施劳动教育评价改革的基本遵循。

2. 凸显评价理念:新时代劳动教育的育人导向

为构建德智体美劳全面培养的教育体系,2020年中共中央、国务院印发了《关于全面加强新时代大中小劳动教育的意见》(以下简称《意见》),明确了新时代加强劳动教育的新要求。《意见》提到了一次创新、一次创造性、二次创业,还有四个"新",即新知识、新技术、新工艺、新方法应用,从中可以总结出新要求内在的育人导向:第一,新时代的大学生劳动教育完全不同于传统意义上认识的劳动教育,它具有鲜明的时代特征;第二,新时代的大学生劳动教育明显有别于中小学生的劳动教育,教育的主要方面应该是生产劳动和服务性劳动,而不是日常生活劳动。由此,从育人导向出发新时代大学生劳动教育应当着重做好以下两个方面内容:一方面要明确教育重点,强化马克思主义劳动观教育,注重围绕创新创业,围绕国家、社会和行业发展需要,结合学科专业开展生产劳动和服务性劳动,磨炼意志,培育大学生正确劳动价值观和良好劳动品质;另一方面要顺应时代背景,将开展劳动教育与新产业、新业态、新技术相呼应,与云计算、物联网、大数据、人工智能等新技术相衔接,鼓励学生开展创造性劳动,培育学生创造性劳动能力。

3. 完善评价内容:新时代劳动教育的整体设计

完备的内容体系是设置科学评价标准和实施评价的前提和基础。按照《意见》要求,各高校可结合校本特色和育人资源,一体打造"劳动+"规定动作和特色模块(资源)的劳动"育人+评价"体系。实施路径如下:一是以"劳动+设计",紧扣各级关于做好劳动教育的总体部署和具体要求，做好劳动教育一体化建设顶层设计。制定具有校本特色的《劳动教育体系建设实施方案》，根据实施方案修订人才培养方案，将劳动教育融入人才培养和人才评价全过程。二是以"劳动＋特色"，打造"劳动＋"规定动作和特色模块（资源）的一体化育人体系。围绕高校人才培育目标和育人特色，打造"专业＋劳动"教育特色课程；紧扣高校特色育人模式，将特色教育与劳动教育深度融合，开设劳动教育理论通识课，探究式、创新性实践必修课，引导学生形成专业特色鲜明的劳动意识。三是以"劳动＋行业"，紧扣高校人才培养目标，依托行业，打造劳动实践教育特色平台。深化产教融合，改进劳动教育方式，依托校企合作优势，结合职业教育和就业工作，积极搭建校企合作学生实习实践平台，构建动脑思考与动手操作有机结合的教育体系，全面提升学生专业劳动能力与素养，培养学生敬业、奋斗、奉献的劳动精神。四是以"劳动＋就业创业"，打造彰显时代特征的创新创业劳动教育高地。要适应科技发展和产业变革，结合学科和专业一体推进大学生创新创业培训和科技竞赛高地建设，鼓励学生创造性地解决实际问题，提升就业创业能力。五是以"劳动＋X"，立足三全育人综合改革成果优势，拓宽劳动教育途径。通过整合"三圈"和"十育人"的力量，实现劳动教育多样化，形成协同育人格局。

4. 重塑评价标准：新时代劳动教育的检验方法

推进评价改革，核心要义在于助力学生全面发展。为从根本上破除评价主体和对象的思维固化，扭转"重智育轻德育""重数量轻质量""重结果轻过程"等非科学倾向，设置科学合理的评价标准尤为重要。应将是否"尊重差异、强调过程，激发全体学生的发展动能"作为设计原则，以增值评价为视角，围绕劳动教育内容设计学生综合评价标准。具体而言，要尊重每个学生对于发展个人劳动能力、技能的意愿，真实把握学生具备劳动能力、技能的初始水平，在标准设置中实现由"学生发展成果"向"学生发展水平"的转变，确保劳动教育在综合评价体系中与其他"四育"居同等重要的地位，对学生评价尤其是学生评优发挥积极有效作用，使助力学生全面发展的评价理念不再是空话。

三、新时代深化教育评价改革的高校探索——以招生就业联动机制构建为例

当前,我国高等教育实现了由精英化教育向大众化教育的转型。本书以上海立信会计金融学院为例,研判社会形势及人才需求情况,进一步厘清招生与就业之间的关系,积极探索构建招生就业的良性联动机制,以实现协同发展。

高等教育的首要任务是培养社会需要的人才,招生是人才的"入口",让学生进入高校接受适合的教育,实现"学有所教";就业是人才的"出口",让学生走上社会找到适合的岗位,实现"劳有所职",这是高等教育当仁不让的使命。① 自 20 世纪末以来,我国高校持续扩招,高等教育实现了由精英化向大众化的转型。近年来,随着高等教育适龄人口数量的减少,高校生源危机凸显。作为一所地方性的应用型财经高校,学校面临的生源竞争压力也将越来越大,随之衍生出的学生素质问题、人才培养问题及就业问题,都将成为学校面临的巨大挑战。

(一)应用型高校招生、就业工作的形势与现状

应用型高校的招生、就业工作互为受益体,招生工作的目标是为学校提供充足的优质生源,就业工作的使命则是实现每位毕业生的顺利就业、充分就业和满意就业。两者密切相关,影响深远。生源质量是毕业生就业水平的起跑线,而毕业生的就业质量则是高考报名的风向标。目前,大部分应用型高校都非常重视招生与就业工作,将两者纳入"一把手"工程,从各方面确保工作的顺利有序开展。

1. 高考报名人数逐年下降,生源大战愈演愈烈

1999 年高校实行扩招,我国的高校毛入学率达到 25%,实现了高等教育的大众化。但是,自 2008 年高考报名人数达到峰值以来,逐年下降,部分高校甚至出现了招生困难的窘境。再加上出国留学、直接就业等其他放

---

① 李准,宋亮,张万峰.普通高校招生就业联动机制构建策略研究[J].黑龙江高教研究,2015(1):144-146.

弃高考的因素，高校的生源大战愈演愈烈。作为一所地方性的应用型财经高校，学校在生源竞争中处于相对劣势的地位。因此，学校需要进一步提升竞争力，不能就招生论招生，而应放眼全局，找到服务地方经济、适应社会需要和学生利益的结合点，有针对性地培养人才，并在培养过程中加强与地方社会需要的深层对接。

2. 毕业生人数逐年递增，就业形势依然严峻

伴随着入学率的提升，毕业生的总量也屡创新高，2019年高校毕业生达到834万，再次创下新高。与此同时，用人单位的招聘要求不断提升，越来越多的企业对应聘者的外语、计算机水平等提出要求，越来越多的企业采用专业笔试、心理测试等手段作为人才筛选的重要环节。而目前高校中所存在的专业设置与社会需求的结构性错位、人才培养和经济社会发展的结构性矛盾、毕业生缺乏正确的择业观和职业发展导向等问题，更加剧了高校毕业生的就业困难。首先是高校专业与社会需求的结构性错位。1949年，我国高校引进苏联的专业教育模式，开始了真正意义上的"专业"教育。此后，我国高校的专业设置一直在进行着调整和改革。然而，大部分应用型高校仍然存在着专业与社会需求结构错位的现象，主要表现在专业结构无法跟上社会的变化发展，按社会需求主动调整专业设置的有效机制尚未形成，专业设置划分过细，适应市场能力较差，专业设置存在一定的滞后性等。其次是人才培养和经济社会发展的结构性矛盾。学校的办学定位未能与地方市场的需求相匹配，难以适应市场要求。再次是毕业生缺乏正确的择业观和职业发展导向，对自己的专业发展和职业定位缺乏正确的认识，脱离地方社会的实际需求。

3. 招生、就业工作条块分离

受传统的计划经济模式的影响，目前仍有不少应用型高校在招生与就业之间存在着条块分离的现象[①]。比如，招生部门只负责新生录取，很少考虑专业与学生的职业兴趣是否契合，很少考虑培养过程中教学资源调配

---

① 李准，宋亮，张万峰．普通高校招生就业联动机制构建策略研究[J]．黑龙江高教研究，2015（1）：144-146．

是否合理以及未来的就业前景；就业部门简单地以提高就业率为目标，没有考虑毕业生的专业吻合度及就业的持续效应等。这种条块分离的现象使日益变化的社会需求难以迅速反映到招生环节、课程建设、专业设置中，使高校的人才培养失去了适应性。

（二）应用型高校构建招生就业联动机制的必要性和可行性

面对生源减少、竞争激烈的招生压力，以及毕业生人数增加、就业难度加大的就业困境，应用型高校需要正视招生、就业工作唇齿相依、荣损相关的依存关系，从战略的高度加以重视，以学生为本，从社会需求出发，解决招生、就业工作中的各种瓶颈和短板，实现两者的相互催化与共赢。招生与就业两者之间有着显著的协同效应，将两者有效结合，构建联动互促的发展机制既必要也可行。对服务于地方经济的应用型高校而言，其重要性更是不言而喻。高校可构建招生就业联动机制，突出招生与就业的联合与协作，以社会对人才的内在需求为对象，消除招生、就业的割裂状态，进一步整合资源，形成合力，促进高校协调、持续发展，更好地发挥应用型高校的社会服务作用。

1. 构建招生就业联动机制的必要性

一是人才培养的内在动力要求。招生、培养、就业是高校的重要支撑。做好招生与就业工作，培养社会需要的复合型、实用型人才，是高等教育人才培养工作的内在诉求。通过招生与就业的结构契合，实现双向联动，相互影响、相互促进，以社会需求为原点，以市场需求为外在动力，调整招生和就业的规范与行为，符合人才培养的内因要求，从而形成招生、就业的良性循环。

二是社会需求的客观要求。目前，教育部已经明确提出了高校招生必须与就业率挂钩，这一要求提升了就业工作的战略高度，也迎合了社会对人才多元性需求的趋势。教育部在高校的布局规划上，将区域就业需求、经济结构、地缘发展作为重要的参考依据，这将更好地实现人才培养与市场需求的协调，实现高等教育对国家建设的服务功能。同时，面对社会对高素质人才的渴求，高校能否有效地为社会输送高素质、高技能的专业化人才，既是时代赋予高校教育工作者的神圣使命，更是对高校的招生、就业工作所提出的不断探索、研究的客观要求。

2. 构建招生就业联动机制的可行性

在应用型高校中，构建招生就业联动机制具备丰厚的实践土壤和充足的理论依据。① 目前，每个应用型高校都有着完整的招生、就业工作制度，并设置有专门的职能管理部门。建立招生、就业工作的联动管理模式，可以在各校现有的工作机制基础上，实现"在经度上垂直管理，在纬度上交叉互动"，增加招生、就业工作的统一性、联系性、特色性和融合性。以上海立信会计金融学院为例，作为一所应用型财经高校，学校高度重视招生和就业工作，在新一轮机构设置调整中，成立了招生与就业办公室，将本校的招生、就业工作归口于同一个职能部门，同时在本校的招生工作领导小组中加入了就业工作职能部门的负责人，而毕业生就业工作领导小组中也将招生部门的负责人列在其中。在进行每年的招生咨询和招生宣传时，学校都会将各专业的就业状况、就业特点融入其中；在进行每年的就业质量分析时，也会将各专业的生源分布、培养特点融入其中。

（三）应用型高校构建招生就业联动机制的思路与策略

1. 应用型高校构建招生就业联动机制的思路

应用型高校在构建招生就业联动机制时，旨在改变社会需求与招生专业、人才培养和学生就业等原有的各自为政的分裂状态，把握经济社会发展对人才需求的内部关联性，以需求为导向，以就业状况为落脚点，促进有机结合、协同发展。

招生就业联动模式的构建主要有以下三个层面：第一，招生专业对社会需求的双向互动关系。在市场经济中，学生的就业状况可以反映各专业的社会影响和认知度，反映该专业的社会需求和人才饱和状况。高校可以通过行业部门、用人单位的调研，以及参照近几年各专业的就业统计状况，折射出各专业人才的社会需求状况，围绕社会需求的状况不断调整本

---

① 王保林，孙志强，刘文涛.简论高校招生就业联动机制的构建[J].学校党建与思想教育，2012(2)：63-64.

校的专业设置、招生计划，充分体现这一层面的双向互动关系。第二，人才培养对社会需求的双向互动关系。① 高校通过校企合作的方式，引入用人单位参与高校人才培养的全过程，促进人才培养和社会需求的有效对接，解决人才培养和经济社会发展的结构性矛盾。第三，学生就业对社会需求的双向反馈关系。在市场经济中，引导学生根据社会需求状况，调整和改变自身的就业预期和择业观念，有效缓解学生就业与社会需求之间的矛盾。

2. 应用型高校构建招生就业联动机制的策略

一是构建招生信息反馈制度。每年在招生工作结束后，由高校招生部门对当年招生情况的有关数据进行整理、统计和分析，总结出各专业的报考率、报到率、录取最高分、录取最低分及平均分等信息，形成相关的分析报告。同时，可以根据每年数据的变化状况进行进一步的分析与细化，如各专业每年报考率、报到率、录取分数、招生计划完成情况的变化情况，以及影响这些结果变化的主要因素分析等。

二是构建就业信息跟踪反馈制度。每年年底，由高校就业工作部门对当年的毕业生和用人单位进行调查走访，将就业竞争力、就业特色与优势、就业质量、校友评价、基本工作能力、核心课程有效性、求职分析等作为调研的主要指标，并结合当年各专业的签约率、升学率、就业率、就业薪资等统计数据，分析总结用人单位和毕业学生对专业需求、人才培养模式、人才培养质量、课程设置等方面的意见，形成报告，为招生结构、数量、专业及人才培养环节的调整提供参考依据。

三是落实人才培养与招生就业互动制度。各高校根据招生信息反馈和就业跟踪反馈情况，结合本校的实际情况，形成对专业设置、招生计划、培养模式、课程体系、实践等环节的调整和改进建议。

---

① 吕慈仙，郑孟状.服务型教育体系下高校招生就业联动模式的构建[J].教育发展研究，2011（23）：52-56.

第四章

坚持五育并举 助推立信学子素质提升

育人的根本在于立德。全面贯彻党的教育方针，落实立德树人根本任务，培养德智体美劳全面发展的社会主义建设者和接班人。坚持以人民为中心发展教育，加快建设高质量教育体系，发展素质教育，促进教育公平。

——习近平总书记在党的二十大报告中提出

第一节　新时代高校五育并举的理念阐释

新中国成立以来，我国高等教育由精英教育逐步发展为大众化教育。在新中国成立初期，我国为大力发展社会生产力，引入苏联高等教育模式，进行了大规模改革，大学着重培养国家建设所急需的专业化人才，教育教学注重专业培养，为当时的新中国建设输送了急需岗位人才，但人文素养培养有所忽视。至改革开放后，国民经济发展日趋活跃和对外交流日益增强，社会所需人才的类别也越来越多样化，且随着人口出生率的不断提升，我国高等教育逐步扩大招生规模，精英教育逐步转变为大众化教育。面对这一重大转变，专业化、精英化的传统教育思维不能适应时代所需，发展素质教育的呼声日益高涨。我国高等教育发展素质教育，就是强调人的全面发展，培养能够符合社会发展多样化需求的专业人才，在大学推行通识教育便是在这一背景下引入的。而随着中国经济的高速发展、国际关系的日趋复杂，对于人才培养的政治素质和道德品质要求日益提升，立德树人作为教育根本任务被一再强调与明确，高等学府发展素质教育，将立德树人作为核心正是应有之义；致力于培养德智体美劳全面发展的社会主义建设者和接班人，强调五育并举、发展素质教育就是在培养专业能力基础上，落实"为党育人、为国育才"的具体举措。

一、新时代五育并举、发展素质教育的核心内涵

（一）新时代五育并举、发展素质教育的根本指针

自1985年邓小平同志在改革开放后第一次全国教育工作会议上提出"我们国家，国力的强弱，经济发展后劲的大小，越来越取决于劳动者的素质，取决于知识分子的数量和质量"① 这一论述后，中国就开始了素质教育的实践探索。党的十八大以来，以习近平同志为核心的党中央高度重

---

① 邓小平.邓小平文选:第3卷[M].北京:人民出版社,1993:274.

视素质教育。习近平总书记在关于教育的重要论述和对青少年成长成才的勉励寄语中,对素质教育有着明确的表述与要求。

习近平总书记高度重视素质教育,有两个主要落脚点。

一是提升全民素质。2015年习近平总书记在庆祝"五一"国际劳动节的讲话中指出:"在前进道路上,我们要始终高度重视提高劳动者素质,培养宏大的高素质劳动者大军。劳动者素质对一个国家、一个民族发展至关重要。劳动者的知识和才能积累越多,创造能力就越大。提高包括广大劳动者在内的全民族文明素质,是民族发展的长远大计。面对日趋激烈的国际竞争,一个国家发展能否抢占先机、赢得主动,越来越取决于国民素质特别是广大劳动者素质。"① 2016年4月,习近平总书记在知识分子、劳动模范、青年代表座谈会上又再次强调:"素质是立身之基,技能是立业之本。广大劳动群众要勤于学习,学文化、学科学、学技能、学各方面知识,不断提高综合素质,练就过硬本领。"② 而通过发展素质教育可以在逐步提升全民素质上发挥作用。

二是铸就时代新人。针对青少年要成为什么样的人,习近平总书记有着许多论述。2013年他在庆"六一"国际儿童节的讲话中提出,少年儿童从小就要"立志向、有梦想,爱学习、爱劳动、爱祖国,德智体美全面发展,长大后做对祖国建设有用的人才"③。2014年他在北京市海淀区民族小学考察时寄语广大少年儿童要有志气、勤学习、爱劳动、爱锻炼、有爱心,在学习践行社会主义核心价值观方面能够"记住要求、心有榜样、从小做起、接受帮助"④。2014年、2018年他两次到北京大学考察,向广大青年提出了"勤学、修德、明辨、笃实"以及"爱国、励志、求真、力行"的成才要求。2021年4月,习近平总书记在清华大学考察时勉励广大青年,要实学实干、脚踏实地、埋头苦干、孜孜不倦、如饥似渴,在攀登知识高峰中

---

① 习近平.在庆祝"五一"国际劳动节暨表彰全国劳动模范和先进工作者大会上的讲话[N].人民日报,2015-04-29(2).
② 习近平.在知识分子、劳动模范、青年代表座谈会上的讲话[N].人民日报,2016-04-30(2).
③ 习近平.让孩子们成长得更好[N].人民日报,2013-05-31(1).
④ 习近平.让社会主义核心价值观种子在少年儿童心中生根发芽[N].人民日报,2013-05-31(1).

追求卓越，在肩负时代重任时行胜于言，在真刀真枪的实干中成就一番事业。在庆祝中国共产主义青年团成立100周年大会上的讲话中，习近平总书记提出"团结带领广大团员青年成长为有理想、敢担当、能吃苦、肯奋斗的新时代好青年"①，这就是发展素质教育需要着重培养的时代新人要求。

习近平总书记始终关心教育事业，对发展素质教育的要求紧跟时代发展。

2013年习近平总书记在主持中共中央政治局第九次集体学习时就指出："要深化教育改革，推进素质教育，创新教育方法，提高人才培养质量，努力形成有利于创新人才成长的育人环境。"他将推进素质教育作为深化教育改革的重要内容，并对创新人才培养作出明确指示。2016年习近平总书记在北京市八一学校看望师生时提出："素质教育是教育的核心，教育要注重以人为本、因材施教，注重学用相长、知行合一，着力培养学生的创新精神和实践能力，促进学生德智体美全面发展。"②他明确了素质教育在教育工作中的地位、路径、作用和目的。在这次考察中，他还强调："基础教育是立德树人的事业，要旗帜鲜明加强思想政治教育、品德教育，加强社会主义核心价值观教育，引导学生自尊自信自立自强。基础教育是提高民族素质的奠基工程，要遵循青少年成长特点和规律，扎实做好基础的文章。基础教育要树立强烈的人才观，大力推进素质教育，鼓励学校办出特色，鼓励教师教出风格。"③习近平总书记着重强调了教育是为了立德树人，也点明了素质教育要以立德树人为核心。在党的十九大报告中，习近平总书记提出"要全面贯彻党的教育方针，落实立德树人根本任务，发展素质教育，推进教育公平，培养德智体美全面发展的社会主义建设者和接班人"④，

---

① 习近平.在庆祝中国共产主义青年团成立100周年大会上的讲话[N].人民日报,2022-05-11(2).

② 习近平.全面贯彻落实党的教育方针 努力把我国基础教育越办越好[N].人民日报,2016-09-10(1).

③ 习近平.全面贯彻落实党的教育方针 努力把我国基础教育越办越好[N].人民日报,2016-09-10(1).

④ 习近平.决胜全面建成小康社会 夺取新时代中国特色社会主义伟大胜利：在中国共产党第十九次全国代表大会上的报告[N].人民日报,2017-10-18(1).

将发展素质教育上升为我国教育改革发展的指导思想内容。

在2018年全国教育大会上，习近平总书记对教育作出全面论述，强调"教育是国之大计、党之大计"，明确提出教育对提高人民综合素质、促进人的全面发展、增强中华民族创新创造活力、实现中华民族伟大复兴具有决定性意义，特别强调新时代教育工作要在坚定理想信念、厚植爱国主义情怀、加强品德修养、增长知识见识、培养奋斗精神、增强综合素质等六个方面下功夫，提出树立健康第一的教育理念、提高学生审美和人文素养、弘扬劳动精神等要求，着重强调教育要"为党育人、为国育才"。在这次大会上，习近平总书记进一步丰富了素质教育内容，将原先的"德智体美"四育发展为"德智体美劳"五育。他指出："要在学生中弘扬劳动精神，教育引导学生崇尚劳动、尊重劳动，懂得劳动最光荣、劳动最崇高、劳动最伟大、劳动最美丽的道理，长大后能够辛勤劳动、诚实劳动、创造性劳动。"① 至此，劳动教育开启与"德智体美"四育的融合发展，共同为培养社会主义建设者和接班人服务，新时代素质教育迈入"德智体美劳"五育并举的新发展阶段。

在党的二十大报告中，习近平总书记又进一步提出"育人的根本在于立德。全面贯彻党的教育方针，落实立德树人根本任务，培养德智体美劳全面发展的社会主义建设者和接班人。坚持以人民为中心发展教育，加快建设高质量教育体系，发展素质教育，促进教育公平"②。他不仅再次强调了教育的立德树人根本任务，而且将发展素质教育作为建设高质量教育体系的重要内容。发展素质教育已成为新时代人才培养的重要命题。

（二）新时代五育并举、发展素质教育的实践指向

发展素质教育起步于提升民族素质的社会发展需求。20世纪80年代出台的《中共中央关于教育体制改革的决定》《中华人民共和国义务教育法》《中共中央关于社会主义精神文明建设指导方针的决议》以及党的十

---

① 习近平.坚持中国特色社会主义教育发展道路 培养德智体美劳全面发展的社会主义建设者和接班人[N].人民日报,2018-09-11(1).

② 习近平.高举中国特色社会主义伟大旗帜 为全面建设社会主义现代化国家而团结奋斗：在中国共产党第二十次全国代表大会上的报告[N].人民日报,2022-10-26(1).

三大报告都把"提高民族素质"作为教育的根本任务,为素质教育的提出做好铺垫。

1993年,中共中央、国务院颁布《中国教育改革和发展纲要》(以下简称《纲要》)。《纲要》明确提出,中小学要由应试教育转向全面提高国民素质的轨道,面向全体学生,全面提高学生的思想道德、文化科学、劳动技能和身体心理素质,促进学生生动活泼的发展。这是中共中央发布文件首次对实施素质教育作出要求。1994年,中共中央、国务院召开第二次全国教育工作会议,提出基础教育必须从应试教育转到素质教育的轨道上来,表明当时倡导素质教育的一个重要作用是抑制应试教育,改变教育的功利主义。

1997年10月,原国家教委发布了《关于当前积极推进中小学实施素质教育的若干意见》,第一次以文件的形式对素质教育的宗旨、目的、要求和特征等进行了全面界定。

1999年6月,中共中央、国务院颁布了《关于深化教育改革全面推进素质教育的决定》,并于当月召开以素质教育为主题的第三次全国教育工作会议,向全国发出全面推进素质教育的动员令,素质教育开始普及化,这是我国推动素质教育发展的重要节点。

之后,我国从多方面加快发展素质教育布局。在课程建设方面,2001年6月,教育部发布《基础教育课程改革纲要(试行)》,强调"大力推进基础教育课程改革,调整和改革基础教育的课程体系、结构、内容,构建符合素质教育要求的新的基础教育课程体系";2017年《普通高中新课程方案》颁布实施,开启了围绕落实《中国学生发展核心素养》的新一轮课程改革。在考试招生制度发挥引导作用方面,2014年9月,国务院发布《关于深化考试招生制度改革的实施意见》;2014年12月,教育部发布《关于加强和改进普通高中学生综合素质评价的意见》,将对学生的综合素质评价分为五个方面:思想品德、学业水平、身心健康、艺术素养、社会实践;2016年9月,教育部印发《关于进一步推进高中阶段学校考试招生制度改革的指导意见》,高考、中考开始全面改革,旨在为充分落实素质教育发挥导向性作用。2019年《中共中央 国务院关于深化教育教学改革全面提高义务教育质量的意见》《国务院办公厅关于新时代推进普通高中育人方式改革的指导意见》发布，围绕促进基础教育高质量发展，全面部署启动了中小学育人方式变革，着重突出素质教育在教育高质量发展中的地位与作用。

经过探索发展，素质教育的目标、任务、基本内涵越来越清晰。2010年中共中央、国务院颁布《国家中长期教育改革和发展规划纲要（2010—2020年）》，明确坚持以人为本、全面实施素质教育是教育改革发展的战略主题，指出素质教育的核心是"解决好培养什么人、怎样培养人的重大问题"；2014年《教育部关于全面深化课程改革落实立德树人根本任务的意见》发布，要求"研究制定学生发展核心素养体系和学业质量标准。要根据学生的成长规律和社会对人才的需求，把对学生德智体美全面发展的总体要求和社会主义核心价值观的有关内容具体化、细化，深入回答'培养什么人、怎样培养人'的问题"；2016年《中国学生发展核心素养》发布，明确了素质教育应着重培养学生什么样的素质。

2020年3月，《中共中央 国务院关于全面加强新时代大中小学劳动教育的意见》颁布；2020年10月，中共中央办公厅、国务院办公厅印发了《关于全面加强和改进新时代学校体育工作的意见》和《关于全面加强和改进新时代学校美育工作的意见》。这一系列文件的出台，会同2004年中共中央、国务院先后出台的《关于进一步加强和改进未成年人思想道德建设的若干意见》和《关于进一步加强和改进大学生思想政治教育的意见》，以及课程建设的相关文件，形成了对五育并举的有力支撑，加快推进素质教育的全面深化落实。

2020年10月，中共中央、国务院印发《深化新时代教育评价改革总体方案》；2021年3月，教育部等六部门印发《义务教育质量评价指南》。这两个文件明确通过教育评价机制来确立发展素质教育的导向，引导全党全社会树立科学的教育发展观、人才成长观、选人用人观，推动构建服务全民终身学习的教育体系，努力培养担当民族复兴大任的时代新人，培养德智体美劳全面发展的社会主义建设者和接班人，发展素质教育作为基本国策，已形成了多层次的保障机制。

二、新时代五育并举、发展素质教育的价值意蕴

（一）发展素质教育与中国传统教育理念一脉相承

中国古代先秦时期，以传授"六艺"为教育主要内容，包括礼、乐、射、御、书、数，学习内容较为广泛，强调人的综合素质提升，与当前的素质教育要求相近。至汉武帝时独尊儒术，儒家成为正统，其教育理念主导了之后中国封建社会教育发展，尤其重视培养人的伦理道德修养，这与素质教育强调"立德树人，以德为先"是一脉相承的。《大学》提出："古之欲明明德于天下者，先治其国。欲治其国者，先齐其家。欲齐其家者，先修其身。"它把修身放在齐家、治国、平天下之前，而修身就是培养个人的伦理道德修养，强调只有以个体的德行为基础，才能使家庭和睦，才能在治理国家中施展才干，才能实现自己的理想抱负。而发展素质教育也是以思想道德修养为灵魂，将中国传统教育以德为先与培养新时代高素质人才的要求相统一。

（二）发展素质教育是马克思主义哲学的具体实践

马克思主义哲学中"人的全面发展"理论与发展素质教育有着密切联系。马克思关于"人的全面发展"论述主要包含两层含义：一是从微观层面，他提出"人以一种全面的方式，就是说，作为一个完整的人，占有自己的全面的本质"，也就是作为人的个体而言，在智力、品德、能力、情感等各方面素质得到全面发展；二是从宏观层面，他提出"使我们一切天赋得到充分的发挥"，也就是社会发展水平能够支持人的全面发展，满足人的生物性和社会性的一切需求、一切能力的全面发展，这也是马克思对人类社会未来的向往。而发展素质教育就是马克思主义"人的全面发展"理论的具体实践，中国通过五育并举发展素质教育的理念引导各级各类学校在教育教学中更注重学生的德智体美劳全面发展，从宏观上为提升公民素质创造条件，公民个体通过教育评价体系的转变，更加注重个人品德与

综合素质提升，实现自我的全面发展，所以发展素质教育与"人的全面发展"理论是内在统一的。

三、新时代五育并举、发展素质教育的立信方案

学校党委围绕立德树人"六大战略"，五育并举，加快推进大学生理想信念教育，深入构建和不断完善实践育人新模式，融合学校诚信文化与中华民族传统文化，培育和践行社会主义核心价值观，塑造学生健全的人格、体魄，向善和高尚的人品，引导学生用智慧和能力服务国家、民族和人民，成为德智体美劳全面发展的社会主义建设者和接班人。

（一）以"六大战略"总体设计形成立德树人"合围之势"

学校牢牢把握立德树人根本任务，站在顶层设计的高度对立德树人工作进行整体规划，将五育并举落到实处。学校制定《全面落实立德树人根本任务实施纲要》，明确实施"六大战略"，集中力量打好二十项攻坚战的系统化推进安排；坚持把立德树人的成效作为检验学校一切工作的根本标准，以"构建全员全过程全方位思政育人大格局"为主线，健全"三全育人"评价体系；围绕立德树人，出台涉及课程思政改革、师德师风建设、师资队伍建设等系列制度，构建立体式、全方位的制度体系；探索建立以育人为导向的党组织述职评议、部门考核、领导干部考核、教师考核激励新机制，改革学生综合素质评价；坚持问题导向，充分发挥党建研究会、思政研究会的作用，结合加强和改进领导干部深入基层联系师生工作，进一步形成研究新课题、解决新问题的常态化调研机制；聚焦强化基础、突出重点、建立规范、落实责任四个关键环节构建闭环机制；制定立德树人"六大战略"二十项攻坚战任务路线图，强化目标导向，理清工作思路，明确每项攻坚战牵头校领导和牵头部门，细化工作举措、时间表、路线图，分年度形成每项攻坚战的工作台账，层层压实责任，切实把党员干部、师生员工的思想和行动统一到培养德智体美劳全面发展的社会主义建设者和接班人、办好人民满意教育的使命任务上来，在全校范围内营造"处处育人、人人育人"的浓厚氛围，确保立德树人真正形成常态长效的

"合围之势"。

(二) 构建实践育人共同体

学校通过建章立制、强化管理,推进素质教育(表4-1),培养服务青年的支柱力量,进一步加强学校艺术团和学生社团建设;开展系列育人活动,繁荣发展校园文化,加强新时代美育教育与传播,切实提升以文化德、以美育人能力;大力开展校园学术科技创新活动,培育学校青年学生的探索精神和创新能力;引领青年学生书写服务社会动人篇章,诠释奉献之美。

表4-1 学校推进素质教育工作建章立制情况表

推进素质教育工作制度	主要内容
《上海立信会计金融学院加强"十育人"体系建设指导意见》	为深入贯彻全国教育大会、高校思政工作会议和上海教育大会精神,认真落实习近平总书记在学校思想政治理论课教师座谈会上的重要讲话精神,全面落实立德树人根本任务,形成"三圈三全十育人"大思政格局,统筹实施课程育人、科研育人、实践育人、文化育人、网络育人、心理育人、管理育人、服务育人、资助育人、组织育人等"十大"育人质量提升工程,根据教育部《高校思想政治工作质量提升工程实施纲要》和上海市教卫工作党委有关文件精神,学校制定《上海立信会计金融学院加强"十育人"体系建设指导意见》
《上海立信会计金融学院青年马克思主义自主学习计划实施方案》	为学习贯彻党的二十大精神,全面落实高校思想政治工作会议精神,不断强化大学生思想教育和价值引领,扎实做好学校大学生理论学习和理论武装工作,学校根据《上海立信会计金融学院关于加强和改进新形势下思想政治工作的实施办法》(〔2017〕15号)的相关要求,制定并实施《上海立信会计金融学院青年马克思主义自主学习计划实施方案》
《上海立信会计金融学院服务学生成长创新项目(德育实践创新项目)实施细则》	学校坚持立德树人方向,围绕落实学校办学定位和人才培养目标,为更好地服务学生成长,建设一支专业化、职业化的队伍,以促进学生思想政治教育教师专业化培养、职业化发展,不断提升育德水平和育德能力,勇于探索和创新学生思想政治教育的新模式、新方法
《上海立信会计金融学院学风建设实施方案(试行)》	为贯彻落实上级指导文件精神,切实加强学风建设,养成学生良好的学习能力和学习习惯,促进学生全面发展和健康成长,培养具有"诚信品质、实践能力、创新意识、国际视野"的财经人才,学校根据校风建设指导意见,制定本实施方案

(续表)

推进素质教育工作制度	主要内容
《上海立信会计金融学院新时代体育工作实施方案》	为深入贯彻落实习近平总书记关于体育的重要论述以及在全国教育大会上的重要讲话精神，依据上级有关指导文件精神要求，以立德树人为根本任务，以社会主义核心价值观为引领，以服务学生全面发展、增强学生综合素质为目标，注重发挥体育在人才培养链条和"三全育人"机制中的育人功能，以体育智、以体育心，促进学生身心全面发展，学校结合体育育人工作实际，制定本实施方案
《上海立信会计金融学院新时代美育工作实施方案》	为深入贯彻落实全国教育大会精神以及上级指导文件精神，把美育纳入人才培养全过程，遵循美育特点，教育引导学生在恪守"立信"校训、秉承"立诚明德、经世致用"大学精神过程中提升审美素养、陶冶情操、温润心灵、激发创新创造活力，培养德智体美劳全面发展的社会主义建设者和接班人，学校结合实际，制定本实施方案
《上海立信会计金融学院关于加强中华优秀传统文化教育的实施方案》	为深入贯彻落实党中央精神和上级指导文件精神，充分挖掘中华优秀传统文化教育资源，切实加强和改进学校思想政治工作，努力培养具有深厚中华优秀传统文化底蕴的高素质应用型财经人才，学校制定本实施方案
《人文讲坛、昭信讲堂、经世论坛管理办法（试行）》	为进一步提升师生文化素养，推进校园文化建设，加强人文讲坛、昭信讲堂、经世论坛建设，学校制定《人文讲坛、昭信讲堂、经世论坛管理办法（试行）》
《上海立信会计金融学院新时代大学生劳动教育实施方案（试行）》	为深入贯彻落实习近平总书记在全国教育大会上的重要讲话精神和上级有关指导文件精神要求，构建体现时代特征、符合育人规律、彰显学校特色的新时代大学生劳动教育体系，教育引导大学生树立正确劳动观，充分发挥劳动教育育人实效，学校结合"诚信、实用、开放"的办学理念和"诚信为本、学验并重"的办学特色，制定本实施方案
《上海立信会计金融学院学生—教务工作联席会议制度》	为提升学校服务学生学业发展水平，以及服务学生学业工作的统筹协调能力，明确职责分工，形成分工明确、运转有序的工作机制，学校制定学生—教务工作联席会议制度，推动服务学生学业工作
《上海立信会计金融学院进一步推进易班建设工作实施方案（2018—2020年）》	为贯彻落实《中共教育部党组关于印发〈高校思想政治工作质量提升工程实施纲要〉的通知》（教党〔2017〕62号）、《上海立信会计金融学院关于加强和改进新形势下思想政治工作的实施办法》（立信会计金融党办〔2017〕15号）等相关文件精神，全面推动思想政治工作传统优势同信息技术高度融合，推进易班建设，提升网络育人质量，学校制定并实施《上海立信会计金融学院进一步推进易班建设工作实施方案（2018—2020年）》

（三）深化学校体育改革

学校深入挖掘体育教育中的德育要素，构建以课堂教育为基础，由"育体"向"育心"发展的体育育人新模式。学校围绕校运会、跆拳道、击剑等特色品牌建设，全面推进高水平运动建设，扩大学校在全国乃至世界的影响力；继续办好每年的颁奖盛典，弘扬体育精神，营造良好的体育氛围；在重要育人节点中融入体育育人要素，发挥体育的多项功能，树立特色，加快提升校园体育文化建设。

（四）加强心理育人体系建设

学校依托"刘纯姣工作室"建设，开展专题培训与案例督导，创建"园艺治疗"项目，推动学校专兼职结合教师队伍建设；大力推进心理教育课程建设；开展学生职业素养与心理测评，做好新生心理普测；建立医教结合项目；积极开展心理宣传月活动；开展心理志愿服务，建立拓展基地；完善心理咨询工作机制；建设心理育人宣传平台。

（五）推进大学生劳动教育

学校通过多元化路径落实党中央、国务院关于全面加强新时代大中小学劳动教育的决策部署，高效实施《上海立信会计金融学院新时代大学生劳动教育实施方案（试行）》，着力探索和构建全面育人的劳动教育课程体系，积极锻造新时代大学生劳动教育立信模式。自2021级学生起，学校全覆盖开设劳动教育与实践理论课程和《中华人民共和国劳动法》专题讲座，在易班网络平台开发"劳动教育空间"，并完成劳动教育与实践理论课程学期劳动任务单；强化劳动文化建设，开展劳动周主题教育，探索"家校社"协同的劳动教育共同体，推动劳动教育生活化、常态化。

第二节　新时代高校五育并举的立信实践

　　上海立信会计金融学院紧紧围绕德智体美劳全面发展的人才培养目标，在巩固德育、智育的基础上，五育并举，积极实施"一体一艺"工程建设。学校深化体育改革，用好体育课教学主渠道，发挥高水平运动队对体育文化和体育精神的引领作用，广泛开展群众性体育活动，建立学生体育素养、心理素养评价制度；深化美育改革，进一步加强学校艺术团和学生社团建设，繁荣发展校园文化，切实提升以文化德、以美育人能力；充分发挥劳动教育在树德、增智、强体、育美等方面的作用，引导广大青年学生在创新创业、志愿服务、社会实践、勤工助学等活动中弘扬劳动精神，养成劳动习惯，增强表达沟通、团队合作、组织协调、创新奋进的能力。学校守正创新，巩固和发展具有诚信特色的理想信念教育，筑牢德育基础，围绕学生思想实际，做好诚信教育顶层规划和设计，通过课程育人、制度育人、文化育人、实践育人、环境育人实现立体推进，同向同行，形成纵向到底、横向到边的协同育人机制。学校努力提升学生自主学习能力，在方法培育上，发挥学业发展中心的教育引导功能，鼓励学生在自我教育自我学习过程中，养成良好的学习习惯，形成有效的学习策略，发展自主学习的能力和合作精神。在平台搭建上，学校通过开展校园学术科技创新活动，培育青年学生的探索精神和创新能力，"双管齐下"提升学生"智育获得感"。学校注重挖掘体育教育中的德育要素，构建以课堂教育为基础，由"育体"向"育心"发展的体育育人新模式。学校不断加强以课程建设为核心的一体化建设，完善规章制度，强化师资引进和培养，围绕高水平运动队建设，加强竞技水平和对外交流，提升传统击剑和跆拳道项目建设质量，新增女足项目进入实质性建设阶段。学校将美育与德育紧密结合，着重培养大学生对美的感受力、认知力、鉴赏力和创造力，提升学生的审美能力和人文素养。学校将劳动教育融入广阔的第二课堂活动，全面推进劳动教育与大学生社会实践和志愿服务、创新创业教育、职业生涯教育、就业指导、产教融合及校园文化的结合，引领青年学生书写服务社会动人篇章，诠释奉献之美，引导他们懂得并由衷认可劳动最光荣、劳动最崇高、劳动最伟大、劳动最美丽的道理。本节将介绍上海立信会计金融学院在推动五育融合发展方面的实践探索。

实践案例一　学业发展中心

学校重视培育学习共同体，提倡学生之间共同成长，建设学生自我管理、自我提升、自我服务的学生组织——学业发展中心。

一、项目简介

学业发展中心隶属于学生处，聚焦学业服务功能，覆盖全校各院系，彰显"立信"校训和"立诚明德、经世致用"的大学精神。学业发展中心共有学业部、传媒部、推广部、办公室、企划部、外联部六部门，以及学业辅导平台、考证咨询平台、考研指导平台、出国咨询平台四平台。目前两校区有300余名学生参与学业发展中心的建设发展。学校依托学业发展中心，开展分层分类学业辅导，帮助学生解决学业困惑和障碍。针对学习困难学生，学业发展中心开展自主学习能力提升培训以及有关时间管理、课堂效率提升等学习方法类专题讲座；针对学有余力的学生开展考研考证专题指导，提供考研考证信息发布、考试方法指导和成功案例分享沙龙等服务；制定发布并定期检查《学风建设：课堂记录手册》，建立自查、排查、巡查的监管机制；结合线上线下工作模式，了解学生学习状态，定期排摸学生学习情况；出台学年学风建设主题活动的通知，以学生需求为根本，制订"启航""启志""启明""启程"贯穿大学四年的学风建设计划；举办本科生论坛，积极鼓励推动学生开展创新性研究，培养开拓精神。

二、主要做法

学校重视发挥朋辈教育功能，增强学生的自我效能感。自主学习能力提升辅导班，又称学霸班，是学业发展中心聚焦提升学生学习主业，充分发挥和挖掘朋辈教育功能的创举。前期，学业发展中心通过运用新媒体技术，如微信公众号等，发布讲师招募信息。在对讲师进行面试和试讲等环节后，确定开设课程量和科目，主要聚焦专业基础课和部分素质拓展兴趣课。目前已开设的课程包括会计学、高等数学、微积分、线性代数、概率论、微观经济学、宏观经济学、英语四级、英语六级、Python、PSPR教学、方言课等。讲师和课程的相关信息是通过新媒体进行发布的。学业发展中心积极拓展宣传渠道，鼓励更多同学报名上课。参与的同学会被安排至指定的班级群，班级助教负责与学员和讲师的沟通，也会在讲师上课期间完成课程考勤、帮助讲师发布课程资讯和布置作业等事项，班级助教主要由学业发展中心组织内成员担任。学霸班主要采取线下授课的形式，也借助腾讯会议等工具，开展线上授课。授课频率为每周一次，具体授课次数及时间由讲师自行决定，通常于期末周前结课。班级助教将按照线上或线下的具体授课情况，选择如扫码签到、纸质版签到等方式完成课堂考勤。参加学霸班的同学无旷课行为或请假次数不超过一次的，视作全勤，可以获得相关活动证明。按往年学霸班出勤情况，各科全勤的同学占一半左右。在上课过程中，讲师会按教学进度和自身情况合理安排课程内的互动。讲师的授课PPT会共享至课程微信群。课后各位同学可以通过班级助教或直接与讲师沟通完成答疑，班级助教将协助讲师获取学生对课程的反馈及时作出课程调整。表现优异的讲师、班级助教和全勤学员会在学期结束后荣获优秀讲师、优秀部员、优秀学员称号，形成示范效应。值得一提的是，针对学校部分少数民族学生基础薄弱等情况，学霸班会开设专门的小班教学或者一对一教学，以有效解决问题。

三、项目建设经验和成效

自主学习能力提升辅导班，是将朋辈教育融入学业帮扶的有益尝试。朋辈教育的内涵在于通过同龄人之间的互助和合作，实现知识、技能和价值观的传递和发展，促进学生的全面成长与发展，不仅有助于学业方面的提升，还对个人、社交和职业发展产生积极影响。近年来，累计已有4 500余名学生参与学霸班，获得了积极反响。朋辈教育具有如下优点：（1）互惠性。朋辈教育鼓励学生之间的知识分享和技能传递。共处相对平等的环境中，学生更容易理解同龄人的难题和需求，因此能更有针对性地提供帮助。（2）提升学习效果。学生通过参与朋辈教育，有利于从不同的角度理解和解释所学内容。教学过程中的互动和讨论可以促进学生更深入地学习，增强学生对知识的理解和记忆。（3）增强教学技能。朋辈讲师需要准备教材、演示和解答问题，这有助于提升其演讲、沟通和组织能力，以及领导力技能。（4）建立自信心。朋辈讲师能够感受到自己对他人的帮助和影响，可以增强自信心和自尊心。（5）促进社交交流。朋辈教育促进同学间的交流和合作，有助于构建更紧密的社交网络，增进友谊，缓解学习和生活压力。（6）培养领导力。通过朋辈教育，讲师可以在教育和指导他人的过程中培养领导力和管理能力，这对他们未来的职业生涯具有重要意义。（7）传递积极价值观。朋辈教育不仅仅局限于学习方面，还可以传递积极的价值观、道德准则和社会责任感。讲师可以成为良好榜样，影响其他学生的行为和态度。（8）减少隔阂。朋辈教育可以减少学生之间的年龄等隔阂，创造开放和包容的学习环境。（9）满足多样性需求。学生之间的差异性很大，朋辈教育能够更好地满足不同学生的需求。（10）丰富校园文化。同学们可以在朋辈教育中分享各自的兴趣、经验和文化背景，有助于丰富校园文化，使之更加多元和充满活力。

小结： 学业发展中心作为加强学风建设、提升学习能力、促进学生发展的重要实践平台，致力于挖掘朋辈教育资源，发挥大学生自我管理、自我提升、自我服务作用，以多样化的服务与活动，帮助大学生提升学业发展能力，以推动智育发展来促进形成"励志笃学、勤于实践"的优良学风，是学校深入实施五育并举的重要载体。

实践案例二　高水平特色体育项目

击剑、跆拳道、女足高水平运动项目是学校特色体育项目。击剑自1983年学校成立第一个学生兴趣小组至今成为上海市花剑队共建单位，已有30年的历史。学校作为上海市大学生体育协会跆拳道分会主席单位，肩负着推进上海市大学生跆拳道项目的建设和发展的重任。跆拳道和击剑项目成员在历次国内外大赛中取得了优异成绩。1990年至今，他们在各类大赛中共获得350余枚奖牌，其中金牌146枚，银牌108枚，铜牌103枚。王磊、仲维萍、张莹等一批世界知名的击剑选手在学校诞生。王磊在2004年雅典奥运会获得男子重剑个人银牌，在2008年北京奥运会比赛中获得男子重剑团体第4名。女子重剑运动员仲维萍曾多次代表中国队在世界杯上折桂，也参加了2004年雅典奥运会和2008年北京奥运会。女子佩剑运动员张莹参加了2004年雅典奥运会，获得女子佩剑个人第5名的成绩。

一、加强对外交流，服务学校发展

学校击剑队先后与澳大利亚、新西兰、新加坡、美国、马来西亚等国家和中国港澳台地区的击剑同行建立了友好交流关系，这些国家或地区的媒体都先后对学校击剑队进行过报道或专访，提升了中国击剑项目的国际知名度和学校的知名度。跆拳道项目连续组织承办了5届上海市大学生跆拳道锦标赛、2届松江大学园区跆拳道比赛，历届比赛的承办工作均获得了同行的好评，并且获得了上级部门的充分肯定。通过成功组织承办大型赛事，一方面为跆拳道项目在上海市高校的推广和发展作出贡献，另一方面进一步宣传学校的办学理念和办学特色，充分展现学校的办学实力和学校整体的竞技体育水平，促进校际交流，提升学校的社会影响力和声望。

二、融入思政教学，服务学生成长

学校大力推动跆拳道和击剑高水平特色项目普及教学，运用跆拳道教学和击剑教学培养学生"礼始礼终"的尚武精神和自信自控的优秀品质，使之成为学校思政工作的有益补充。

1. 树立体育育人的理念，发掘特色项目的育人功能

跆拳道和击剑教学教、练合一的教学方式，对于培养学生顽强果断、吃苦耐劳的精神，坚忍不拔、积极向上的品质，礼让谦逊、宽厚待人的美德，热爱祖国、勇于献身的思想等方面能起到极为有益的补充。

2. 强化师资建设，树立全员育人意识

学校积极组织教师学习思政会议精神，使教师树立课程思政的理念。在当前承担跆拳道和击剑教学的20多名教师中，担任跆拳道和击剑教学的主讲教师有7人，他们普遍拥有较强的德育意识和能力，在提升学生身体素质和运动技术技能的同时，更注重品格教育，引导学生学会尊重他人、学会感恩、学会理智考虑问题和解决问题，诚信做人、友善待人，通过不断改革教学方法和教学手段，多渠道多途径地对学生实施德育教育。

3. 持之以恒，育人成果逐步显现

在学校和教师的悉心教育和引导下，学生对于体育的学习理念在逐步发生改变，越来越多的学生知道了体育学习的意义，遇到问题能够互相帮助，协同共进；面对学习挫折，能够通过自己的不懈努力去获得成功；遵守教学纪律，参加晨跑、参加体育考核等。越来越多的学生正逐步从手机、电脑中抬起头来，走入操场，走进健身场所，开始积极乐观的大学生活。同时，学校跆拳道和击剑代表队在代表学校参加各级各类比赛中不断摘金夺银，为学校争得了荣誉，展现了学校大学生良好的精神风貌。自2016年并校以来，击剑队共获得全国比赛金牌18枚，银牌21枚，铜牌18枚；获得市级比赛金牌16枚，银牌12枚，铜牌15枚。学校跆拳道队近年来共获得全国比赛金牌5枚，银牌4枚，铜牌5枚；获得市级比赛金牌48枚，银牌36枚，铜牌23枚。此外，2020年6月，学校举行高水平女足联合测试招生，标志着女足高水平特色项目建设进入实质性建设阶段。

小结：学校大力支持高水平特色体育项目建设，致力于发挥体育育人作用，促进学生德智体美劳全面发展。通过多样的特色运动项目，结合大学生的兴趣爱好，在运动训练、竞赛的过程中，激发学生拼搏奋斗、团结协作的体育精神，培育健康向上的生活习惯，促进人格自我完善。许多零基础的大学生参加高水平特色体育项目，兼顾专业学习和运动训练，不断挑战和超越自我，体育运动磨炼了他们的意志品质，帮助他们实现学业与竞技双丰收，综合素质得到显著提升，在校内产生示范引领效应。

实践案例三　星海艺术团话剧团

星海艺术团话剧团（以下简称"话剧团"）成立于2012年，现有团员100多名。自成立以来，话剧团培养了大量优秀的演员、导演、编剧，有着优良的传统，始终保持着较高的话剧表演水平，创作演绎了一批优秀的原创作品，获得了广泛好评。

原创校园大师剧《潘序伦》，作为上海市高校大师剧系列首批重点推荐剧目、学校文化传承与创新示范项目、校园原创话剧，于2017年5月再次隆重上演，是学校话剧团加强题材创作，提升文艺原创力，推动文艺创新的品牌项目。该剧以传记体的形式再现了"中国现代会计之父"潘序伦先生风云跌宕、跨越九十载的传奇人生，弘扬了潘序伦先生用一生所写就的"立信"精神，在弘扬大学文化传承理念的同时，向社会传递"立信"这一独特的诚信品质，也成为培育和践行社会主义核心价值观的有力载体。在学校建校90周年及冼星海诞辰113周年之际，征得冼星海先生之女冼妮娜女士的同意，话剧团以著名校友冼星海为原型，创编原创校园舞台剧《海上星火》。该剧旨在重现冼星海先生以上海、立信为新音乐创作的发源地，用新音乐激发国人的爱国情操意识、唤起救国亡魂，并激励一代又一代国人为国家发展、民族复兴和中国特色社会主义事业的建设贡献力量。

为全面加强和改进学校美育，坚持以美育人、以文化人，提高学生审美和人文素养，话剧团原创了短剧《人间》。剧情聚焦学生李子成长中的痛点，表现了不实社会舆论对一个青少年的影响。话剧《人间》的创排实现了学生对此类真实案件的思考、再塑造。话剧的所有演员均由学校话剧团的学生担任。为了更好地演绎这部校园原创话剧，演员们在课余时间认真钻研学习。他们纷纷表示，这段排演经历让他们深入了解剧中每一位人物的生平经历和人物性格，对于个人成长有了更深层次的感悟。原创短剧《人间》荣获上海市第十六届大学生话剧节一等奖，张雨熙荣获最佳女主角，张博伦荣获最佳表演奖。话剧作为一种艺术表现形式，具有极强的感染力。优秀的话剧对观众具有良好的启迪和教育意义，是校园文化中不可或缺的组成部分。学校话剧团围绕立德树人的时代要求，基于学校发展实际，进一步挖掘团队发展的新"增长点"，全方位提升学生人文与艺术素养，繁荣校园文化，创建更多富有时代特色，传播传统文化、社会主义先进文化的作品，以校园文化的繁荣促进人才培养质量的提升，助力学校教育事业的发展。

小结：星海艺术团是学校美育的重要载体，交响乐团、民乐团、话剧团、舞蹈团等各类艺术社团为有特长的学生提供了施展才华的平台，他们的作品丰富了校园文化，为学校"以美育人、以文化人"提供了有力支撑。其中话剧团更是结合学校历史文化，开展特色剧目编演，让当代立信人身临其境感受立信精神的传承，将思政教育融入艺术表演，紧扣社会主义核心价值观，以优秀的作品弘扬优秀校园文化，以美育引领大学生发现美、感知美、欣赏美，激发大学生创造美的意识，实现综合素养的完善与发展。

第三节　新时代高校五育并举的立信探索

一、加强新时代高校美育教育的探索与思考

2020年10月，中共中央办公厅、国务院办公厅印发的《关于全面加强和改进新时代学校美育工作的意见》明确指出，把美育纳入各级各类学校人才培养全过程，贯穿学校教育各学段。党的教育方针历来坚持对学生全面素质的培养，美育是其中重要的组成部分，特别是在新时代背景下，以习近平同志为核心的党中央将高校美育工作放在了更加突出的位置，加强和改进美育工作是高等教育当前和今后一个时期的重要任务。本书拟对新时代高校加强和改进美育工作的时代价值、逻辑解析、实践方略进行探讨，将美育与立德树人根本任务有机统一起来，充分发挥美育的重要作用，以美育人、以美化人、以美培元，形成更高水平的人才培养体系。

（一）新时代高校加强和改进美育工作的时代价值

1. 高校加强和改进美育工作是培养国家建设者和接班人的必然前提

当前，我国迈入由实现全面建成小康社会到全面现代化的伟大征程中，新时代不仅要推动经济全面发展，更要实现人的全面发展和社会的全面进步。党的十九大报告指出，要培养德智体美全面发展的社会主义建设者和接班人，就要"发展素质教育，推进教育公平"，对落实立德树人根本任务提出了明确要求。这是我国高等教育的根本立足之点，也是义不容辞的责任。立德树人不仅要培养大学生自觉践行和弘扬社会主义核心价值观，同时也要引领学生树立高尚的道德情操和正确的审美观念，德智体美劳五育并举全面发展，这是时代发展进步的需求，也是新时代背景下我国培养德智体美劳全面发展的社会主义建设者和接班人的必然前提。

美育是立德树人的重要方法和途径，我们既要深刻认识美育丰厚的价值内涵，大力推进素质教育，还要强化高校美育育人功能，培养学生审美

素养、提升道德情操、激发创新创造活力，充分发挥学生主观能动性，树立正确的美育观，崇尚真善美，全方位提升文化自信。做好新时代高校美育工作，必须提高站位、强化担当，加强和改进高校美育工作不仅是实现立德树人根本任务的必经之路，还是传承和弘扬中华美育精神，将美育贯穿教育全过程，培养社会有用之才，让青年一代肩负起实现中华民族伟大复兴，投身中国特色社会主义建设，实现全面现代化的必由之路。

2. 高校加强和改进美育工作是建设高质量教育体系与加快建成教育强国的必然要求

建设教育强国是中华民族伟大复兴的基础工程。① 中共十九届五中全会提出要建设高质量教育体系，提高高等教育质量，明确在"十四五"时期必须把坚持新发展理念贯穿于深化教育改革的全过程、全方位。教育强国战略是在新时代背景下我国进一步深化教育改革的核心要义。高等教育必须遵循新时代建设教育强国的行动指南，落实立德树人根本任务，全面提高教育质量。习近平总书记在2018年全国教育大会上指出，要努力构建德智体美劳全面培养的教育体系，形成更高水平的人才培养体系。全面加强和改进学校美育被提升到全新的高度，处在"两个一百年"历史交汇点和百年未有之大变局的当下，时代发展瞬息万变，高等教育要将美育充分融入人才培养，完善高校美育评价体系，培养适应新时代新格局下具有复合竞争力可持续发展的高素质人才，不断推进教育现代化，加快实现建成教育强国的目标。

虽然近年来我国高校美育工作不断完善和发展，在育人成效、结构优化、课程推进、活动组织、资源保障等方面已取得了较大的进步和突破，但是就目前而言，高校美育工作与当前教育改革发展的要求还不相适应，与构建德智体美劳全面培养的育人体系还不相适应，在国家全力推进教育现代化的目标进程中，高校美育工作还比较薄弱，还存在不少短板，仍然还有大有可为的空间。高校美育工作一定要充分认识当前我国教育发展的新形势新任务，立足社会经济发展实际需求，提升学生综合素养，提高人

---

① 习近平.决胜全面建成小康社会 夺取新时代中国特色社会主义伟大胜利：在中国共产党第十九次全国代表大会上的报告[N].人民日报,2017-10-28(1).

才培养质量，推动我国教育事业全面深化改革和实现教育强国战略迈上新台阶。

3. 高校加强和改进美育工作是立德树人、培根铸魂，实现学生全面发展的本质要求

实现人的全面发展和社会的全面进步，意味着教育要培养全面发展的人才，因此，高校实施推动美育工作要以立德树人为根本，以统筹推进学生全面发展为最终目标。在马克思主义理论中，人的全面发展学说处于重要的地位，"马克思主义美育观的力量根基之所在，便是人的自由全面发展这一社会目标"①。人的全面发展是充分的、和谐的、自由的发展。高校美育要努力提升学生的审美素养和人文情怀，培养美的品格和情操，塑造美好心灵和涵养对学生的全面发展起着至关重要、不可替代的作用。

"在马克思主义思想中，美育与其他教育内容相比具有独特性，对人的全面发展而言具有重要意义。"② 以马克思主义人的全面发展学说来认识美育的核心价值和内涵意义对于高校开展美育工作具有重要的意义。人民对美好生活的向往是中国共产党的奋斗目标。新时代教育要培养全面发展的人才，经过改革开放 40 多年的快速发展，我国已积累了雄厚的物质基础，这为教育现代化发展提供了有力保障，也对人才培养提出全面发展的要求。美育是提高审美的需要，美育能深入而广泛地对学生的情感、思想、意志、品性产生影响，培育学生发现美、欣赏美、创造美的能力，促进学生综合素质全面协调发展。所以，我国高校必须扎实推进新时代美育工作，以全面发展为根本指引，牢牢把握"加强"和"改进"两个关键词，既要承前启后又要大胆改革，毫不动摇走中国特色社会主义美育改革发展之路。

（二）新时代高校加强和改进美育工作的逻辑解析

1. 新时代高校美育工作的理论逻辑

1984 年，马克思主义美育首次出现在中国学术界。随着马克思主义学

---

① 程远.马克思主义美育观与当代中国美育建设[D].北京:北京交通大学,2018.
② 赵利民,甘丽娟.人的全面发展与美育:论马克思恩格斯审美教育思想的特质[J].马克思主义美学研究,2002(1):252-261.

者不断继承、研究和创新，一个与时俱进的马克思主义美育观思想体系形成，这是当代美育理论发展的基础。马克思主义美育观的核心是以人为本，尊重客观规律，追求真善美。马克思在《1844年经济学哲学手稿》中提出劳动创造了美，"劳动作为实践的最基本的形式，马克思是从美的发生论上指明了美的产生和源泉"①。马克思强调了要在实践中感受体会社会发展的美，培育正确的审美观，实现人的全面发展。毛泽东思想中蕴含的美育理念与马克思主义一脉相承，毛泽东在实践中提出将劳动美与教育相结合。在革命年代，毛泽东提出要通过文艺来凝聚动员人民群众，文艺是团结人民、打击敌人的强有力武器，"我们的文艺工作者，要向他们好好做工作"②。新中国成立后，"双百方针"成为我国文艺事业发展的指南，为促进美育发展创造了必要的条件。概言之，毛泽东对于美育的论述，是要用高尚的情操来育人，在学习生活中体会劳动创造之美，用文学艺术作品激发人民群众爱国之情和觉醒之力。中国特色社会主义理论体系是适应改革开放的需要而形成和发展起来的，是中国共产党一直坚持马克思主义中国化、系统化的理论创新发展的必然成果。在改革开放之初，邓小平提出精神文明建设和物质文明建设同样重要，文艺作品可以满足广大人民群众的精神文化需求，有助于培养社会主义新人及提高全民综合素养。江泽民指出，文艺工作要深入生活和群众，遵循社会发展规律，贴合人民利益诉求，注重国际交流学习，展现中华民族优秀的传统文化和精神。胡锦涛在2004年北京考察时提出，"要通过美育，使学生提高文化艺术素养，激发创新意识和创造能力，促进学生全面发展"。社会主义美育建设要做到"三贴近"，即贴近实际、贴近生活、贴近群众，将美育在人民群众的身边落细落实，加强精神文明建设，推动美育事业不断发展。习近平新时代中国特色社会主义思想为新时代加强和改进美育工作提供了强有力的理论支撑和工作方法指导。党的十八大以来，习近平总书记高度重视美育工作，在全国教育大会上，习近平总书记强调"要全面加强和改进学校美育，坚

---

① 邵建.从《手稿》看马克思美学和美育思想[J].艺术百家,2005(5):1-5.
② 毛泽东.毛泽东选集[M].北京:人民出版社,1991.

持以美育人、以文化人，提高学生审美和人文素养"，充分发挥美育在立德树人根本任务中的重要价值。

2. 新时代高校美育工作的政策逻辑

改革开放四十多年以来，美育政策的发展变迁是我国美育工作推进的缩影。1980年第一次全国美学会议对美育思想开展了大讨论。此次会议的召开对美育制度形成产生了深远的影响。1986年第六届全国人大四次会议上，美育再次同德育、智育、体育作为全面发展的教育方针。1989年全国首个学校艺术教育纲领性文件《全国学校艺术教育总体规划（1989—2000）》发布，对学校艺术教育做了整体方案部署，为学校美育发展起到了极大的推动作用。1999年《关于深化教育改革全面推进素质教育的决定》是美育进入快速发展的起点，"全面推进素质教育，构建一个充满生机的中国特色社会主义教育体系，为实施科教兴国战略奠定坚实的人才和知识基础"，明确提出美育作为素质教育的重要组成部分，"这是美育发展史上的一个重大转折，是对美育认识的一次质变"[①]。2002年《全国学校艺术教育发展规划（2001—2010年）》的出台，从根本上改变了学校艺术教育落后的状况，推动学校美育工作进入稳步发展的新阶段，进一步强化了全面深化教育改革推进素质教育的美育成果。党的十八大以来，"改进美育教学"被写入党的十八届三中全会《中共中央关于全面深化改革若干重大问题的决定》。2014年教育部发布《关于推进学校艺术教育发展的若干意见》，要求落实教育规划纲要，实施素质教育，改进美育教学。2015年国务院办公厅印发《关于全面加强和改进学校美育工作的意见》，这是新中国成立以来国务院发布的首个关于学校美育工作的文件，诠释了当代美育的内涵，"美育即审美教育，也是情操教育和心灵教育"。2019年教育部发布《关于切实加强新时代高等学校美育工作的意见》，指明了高校美育改革发展方向。2020年中共中央办公厅、国务院办公厅印发《关于全面加强和改进新时代学校美育工作的意见》，从顶层设计出发，对学校美育工作进行了全面部署，从全局的角度对美育工作进行再认识、再提

---

① 郑昀，徐林祥.当代中国美育的历程[J].中小学课堂教学研究，2018(10)：3-8.

升、再推进。教育部原部长陈宝生在全国教育工作会议上明确要把学校美育工作纳入督导评估和考核体系,实施好"浸润行动计划"。同年,中共中央、国务院印发《深化新时代教育评价改革总体方案》,明确改进美育评价要求。综上所述,我国美育政策变迁经历了关注美育、重视美育、强化美育的阶段。可以说,目前党中央对美育工作的重视已上升到了前所未有的高度。新时代高校要把美育工作放在更突出的位置,切实担负起立德树人、培根铸魂的使命,在尊重美育规律的基础上,探索切实有效的措施和适应时代发展的途径,推进美育工作再上新台阶。

3. 新时代高校美育工作的现实逻辑

从现实背景来看,我国处于向基本实现社会主义现代化迈进的关键时期。随着时代发展,美育工作将迎接新的机遇和挑战。一方面,国际形势继续发生深刻而复杂的变化,经济全球化持续深入,多元文化共生、社会信息化持续推进,科技高速发展,"培养什么人、怎样培养人、为谁培养人"为教育发展赋予新使命。站在新的历史方位,高等教育全面加强和改进美育工作要以审美和人文素养培养为核心,以创新能力培育为重点,全面发展素质教育,促进学生德智体美劳全面发展。厚植爱国主义情怀,增强民族自信心,培养社会责任感、创新精神、实践能力,自觉践行社会主义核心价值观,美育必将发挥不可替代的重要作用。从现实意义来看,全面加强和改进新时代学校美育工作是从顶层设计和战略高度出发,统筹全局将美育工作纳入高校人才培养的全过程,让美育工作不再是单打独斗,特别是2020年《关于全面加强和改进新时代学校美育工作的意见》的出台为高校建立"大美育"格局提供强有力的制度保障。近年来,我国部分省市已出台《高等学校美育工作评价指标体系》,构建完善的美育实施体系,这正是与我国新时代教育评价改革同向同行。从现实环境来看,高校美育工作全面贯彻党的教育方针,以立德树人为根本,将发展方向同国家发展的现实目标和方向紧密结合,把美育纳入人才培养全过程,取得了骄人的成绩。但目前美育依然是教育事业中的薄弱环节,主要存在以下问题:一是高校美育教育资源分布不均,城乡之间、校际之间的美育工作存在较为明显的差距，教育资源分配不均衡，教育师资、教学水平、教学环境等配置参差不齐。二是高校对美育地位认识不足，美育不能仅仅局限在艺术教育范畴和相关知识技能的传播，唯比赛、唯分数论违背了美育的初衷，要整体把握美育内涵，促进学生全面均衡发展，塑造和谐、美好、健康的心灵。三是高校美育课程体系设置不够合理，其中课程目标不够明确、课程门类不够丰富、课程教材不够完善是大部分高校普遍存在的问题，这在一定程度上削弱了学生对于美育课程的需求和兴趣。

（三）新时代高校加强和改进美育工作的实践方略

1. 深刻认识高校美育的战略地位，彰显高校美育的育人力量

第一，以美育丰富育人内涵，将美育作为深化高等教育综合改革的重要内容。首先，以"学生"为原点，遵循教育规律，把培养学生的审美能力与品德修养、知识升华以及个性发展相结合，将美育贯穿到培养学生的全过程，提高学生创新能力，塑造学生健全的人格、向善的人性和高尚的人品。其次，以育人为中心，积极构建美育工作新模式，营造人才培养新生态。高校要聚焦学生，科学把握学生的特点，遵循教书育人规律、学生成长规律，因材施教，让他们用智慧和能力服务于国家、民族和人民，成为担当民族复兴大任的时代新人。最后，以"三全"为重心，实现全员全过程全方位育人，科学认识和定位高校美育的地位与作用，全面统筹各领域、各环节、各方面的美育资源和育人力量。

第二，以美育突出育人特点，将美育作为实现高等教育目标的重要抓手。高校美育工作有着其显著的特色，高等教育是学生由学习者转变为社会人的重要阶段。高校作为桥梁纽带，联系着学校与社会，是学生走出象牙塔的最后一站。从高等教育的培养目标来看，新时代高等教育要适应国家发展的战略需求，服务于经济高质量发展，以提高人才培养能力为核心。基于此，高校美育要深化综合改革，遵循高等教育美育特点，注重美育与思想政治教育、专业技能、人文素养、艺术水平、创新意识等方面的融合培养，打通美育各环节壁垒，培养德才兼备、全面发展的高素质复合型人才，切实提高高等教育人才质量。

第三，以美育突出育人方针，将美育作为落实立德树人的重要方面。教育家蔡元培曾说，"涵养德性，则莫如提倡美育"。立德树人为高校美育的发展确立了基本方向，高校美育也因此而获得了充足的发展动力。① 从理论层面来看，美育之"美"与立德树人之"德"具有相同的价值内涵与内在统一性。高校美育是通过"美"潜移默化滋养学生身心，培养健全的人格，进而实现"德"的目标。从实践层面来看，立德树人作为高等教育的根本任务，具有鲜明的时代特征。美育作为五育的重要内容之一，要将立德树人作为工作推进的根本遵循，以立德树人为中心，用立德树人指导推动学校美育工作的开展。②

2. 系统完善高校美育的实施体系，把握高校美育的关键要素

第一，坚持正确方向，明确高校美育实施内容。2019年教育部印发的《关于切实加强新时代高等学校美育工作的意见》提出，高校美育工作的重点任务之一就是要强化面向全体学生的普及艺术教育。高校美育要以习近平新时代中国特色社会主义思想为指导，把培育和弘扬社会主义核心价值观融入高校美育全过程，将培养学生的审美和人文素养作为出发点，引领学生树立正确的审美观念、陶冶高尚的道德情操和培养崇高的精神追求。高校美育要结合高校人才培养特色和专业学科优势，在美育实施过程中始终侧重培养创新意识，加强艺术感知力、想象力和创造力的培育。高校美育要不断增强中华优秀传统文化资源的生命力和影响力，将中华民族的文化基因和精神命脉切实渗透到高校美育的每个角落，弘扬中国精神，培育深厚的民族情感，在文化传承中提升文化自信，以美育人，以文化人。

第二，构建科学化美育课程体系，明确高校美育课程目标。课程建设是重要环节。在新时代背景下，当代美育课程设置要符合学生身心全面协调发展，推陈出新，改进教学思路和模式以适应新的社会形势、文化需求

---

① 夏侯琳娜."立德树人"视域中的新时代高校美育理念建构[J].理论学刊,2020(2):127-134.

② 修远,徐杨.新时代学校美育工作的立德树人价值逻辑与实现路径[J].中国电化教育,2019(10):97-101.

和资源条件等。首先，要积极立足高校美育的核心课程即第一课堂通识类课程，紧抓课堂主阵地渠道，加强通识教育，包括美育的理论知识、人文素养、艺术鉴赏、艺术技能、文艺创作等，尤其要注重专业课程与美育的融合发展，建设符合高校专业发展特色的美育课程体系，激发学生的专业热情和创新意识。其次，要积极丰富学校美育的重点课程即第二课堂实践类课程，探索第二课堂中灵活多样的教学方式对于学校美育教学的积极补充，包括文化艺术演出、艺术展览、社团活动、文艺晚会等，以分层分类的方式引领学生树立正确的审美观念，培养高雅的审美品位。最后，要积极开发美育的创新课程即第三课堂互联网课程。目前互联网慕课、网络微课堂、手机 App 课程、微信小程序等网络化、数字化的教学方式已得到快速发展，线上线下相结合的模式已成为新时代教学的必备手段。

第三，构建制度化美育保障体系，完善高校美育评价机制。从美育制度保障角度来看，高校要将美育放在推进教育教学和人才培养改革的突出位置，结合各校实际情况，加强对美育工作的组织领导，因校制宜，完善美育工作规章制度，构建适应新时代发展需求的美育制度体系，推进高校美育综合改革。从美育条件保障角度来看，高校要加大对美育工作的投入力度，加强专项经费的保障支持，完善硬件场地设施的统筹规划以及配备优质美育师资等。从美育评价角度来看，高校美育工作的开展离不开科学的美育评价导向，应当采用科学客观有效的评价指标，强调评价过程，分层分类推动多元化的美育评价体系构建。《深化新时代教育评价改革总体方案》明确提出，要"推动高校将公共艺术课程与艺术实践纳入人才培养方案"。由此可见，要将美育纳入高校人才培养的全过程，以评促建，充分运用评价结果，有效发挥美育导向的重要作用。

3. 全面促进高校美育创新发展，拓宽高校美育工作路径

第一，推动美育与专业教育紧密结合。依托美育探索创新型人才培养模式，以高校内涵建设为根本，将学科建设、专业培养与社会需求相衔接，将学科建设与美育互联互通已成为新时代推进美育改革的重要途径。通过挖掘学科美育内涵，不断优化学科专业布局，创新人才培养模式，强化面向全体学生的专业教育与美育有机结合的作用不断凸显,将专业教育的美育功能作为创新推动美育纵深发展的重要手段,根据新时代青年人的特点,利用各种艺术形式作为载体,以大学生感兴趣的内容和形式,构建美育科学研究和人才培养平台,营造开展美育工作的良好氛围。

第二,推动美育与实践活动紧密结合。审美实践是实现高校美育培养目标的重要途径和平台,在实践过程中学生的主体性、参与感和获得感被充分激发。① 一方面,以校园美育实践活动为着力点,通过文化艺术类社团、高水平艺术团体、高雅艺术进校园等美育实践形式,开展丰富多样的艺术体验活动,从内容、形式、载体、路径等多方面加以创新,注重学生在艺术学习中的审美感受和实践创造,让每位学生有机会感受艺术之美,从而塑造健康、积极和乐观的人生观。另一方面,积极利用校外资源搭建开放的美育实践平台,通过开展文艺进社区、文艺支教志愿服务、国际化艺术交流等对外文化交流活动,拓展美育渠道,增强学生对艺术的感性认识和了解,激发学生艺术学习的兴趣,进而形成一个全方位、立体化、多层次的美育网络,着力培养高品质、高眼界、高素养的优秀人才。

第三,推动美育与校园文化紧密结合。以爱国主义教育为切入点,充分发挥红色资源优势,弘扬主旋律正能量,传承和传播中华优秀传统文化、红色革命文化、社会主义先进文化等,激发爱党、爱国、爱社会主义的巨大热情,深入引导学生从爱国主义教育中汲取美育精神力量、汲取经验智慧、汲取坚守人民立场的定力。以校史校情教育为切入点,通过校史宣讲团、校园大师剧、原创话剧、音乐剧等形式充分展现波澜壮阔的历史印记,推动校园文化活动向精品化、品牌化、特色化方向发展,引领学生在校史文化活动、艺术实践中接受美育熏陶,感悟独具特色的教育理念和无形的精神力量,不断激发广大师生爱校荣校,和谐共建,形成精神动力和发展凝聚力。以校园文化氛围营造为切入点,不断延伸和创新发展高校美育的空间,利用校园宣传栏、媒体广播、校园网、文化走廊、官方微信

---

① 李疏贝,张天骄.新时代高校美育的问题辨析与发展路径[J].高校辅导员学刊,2020,12(4):30-35,40.

等将美浸润在校园的每个角落，营造富有美感、充满朝气的校园文化氛围，为师生提供一个身心舒畅、环境优雅的学习空间，将美育的理念融入校园文化建设，于无声无息中以美感人、以景育人。

二、加强新时代高校五育融合发展的探索与思考

习近平总书记在关于高等教育的重要论述中深刻回答了"为谁培养人、培养什么人、怎样培养人"这一教育的根本问题，强调培养全面发展的社会主义建设者和接班人，不仅是教育的根本任务，更是高校育人的初心和使命。这就要求高校要认清使命任务，构建德智体美劳全面培养的高校教育体系，推动高校思想政治教育工作顺势而为，以五育并举中的德育为首，协同全面发展。德育和美育作为全面发展教育体系中的子系统，在高校教育工作中占有至关重要的地位，承担着怎样培养人的重要任务，是引领学生树立正确价值观、陶冶高尚情操、塑造完美人格的重要抓手。因此，在新形势下以协同理论为基础推进美育与德育同向同行，就美育与德育为何协同育人、何以协同育人、如何协同育人展开探讨，并科学地挖掘美育课程、美育活动、美育文化中的思想政治教育因素，在协同合作中优化结构状态，在各子系统的交互作用下开展全员全过程全方位育人工作，可以有效促进学生全面发展，促使高校寓德于美、以美育德，对高校开展全员全过程全方位育人工作有着重要的理论和现实意义。

（一）为何协同育人：美育与德育的内在契合

1. 新形势下的育人要求

随着社会现代化的不断推进，在多元的社会文化冲击下，大学生道德品质差异性逐步突显，诸如拜金主义、利己主义等个体化、排他性现象时有发生，并影响到大学生价值观的培养。2019年教育部印发的《关于切实加强新时代高等学校美育工作的意见》指出，"美是纯洁道德、丰富精神的重要源泉。学校美育是培根铸魂的工作"[1]。在此情况下，高校要充分发

---

[1] 教育部.关于切实加强新时代高等学校美育工作的意见［EB/OL］.（2019-04-02）. http://www.moe.gov.cn/srcsite/A17/moe_794/moe_624/201904/t20190411_377523.html.

挥美育特有的教化功能，结合信息化、娱乐化时代学生的特点，以美育人，引导学生产生情感认同和灵魂共鸣。

习近平总书记在全国教育大会上强调，要努力构建德智体美劳全面培养的教育体系，形成更高水平的人才培养体系。[①] 2019年中共中央、国务院出台的《关于深化教育教学改革全面提高义务教育质量的意见》提出，坚持"五育"并举，全面发展素质教育。同年，中共中央办公厅、国务院办公厅发布的《关于深化新时代学校思想政治理论课改革创新的若干意见》指出："深度挖掘高校各学科门类专业课程的思想政治教育资源，解决好各类课程与思政课相互配合的问题，发挥所有课程育人功能，构建全面覆盖、类型丰富、层次递进、相互支撑的课程体系，使各类课程与思政课同向同行，形成协同效应。"[②] 从一系列文件的发布可以看出，新形势下高校思想政治教育工作要因事而化、因时而进、因势而新，要多融合学科教育资源协同发展。因此，高校美育与德育协同育人符合当前高校育人工作开展的要求，通过两个子系统协同互动，结合时代特色融合德育要素开展美育工作，使之贯通共融、协同发展。这是新形势下培养学生树立正确价值观，塑造学生完美人格的必由之路。

2. 传统文化的育人基础

任何教育都根植于一定社会的文化传统及其社会形态。中国传统文化的精髓和核心是礼乐文化。"礼节民心，乐和民声"的思想，对于我国教育的发展有着深远的影响，同时也孕育出中国传统的审美教育。孔子有云："兴于诗，立于礼，成于乐。"诗、礼、乐是孔子提出关于教育的三个基本内容，其中"诗"用来启迪心智；"礼"则作为行为准则，用来树立人格；"乐"用来陶冶情操、修身治学。由此可见，在中国的传统文化中，"礼"和"乐"一直是相辅相成、不能割舍的。"乐"作为大众的情感纽带和社会的教化工具服务于"礼"，不仅体现着中国传统美育观念，还在

---

① 张烁.习近平在全国教育大会上强调：坚持中国特色社会主义教育发展道路 培养德智体美劳全面发展的社会主义建设者和接班人[N].人民日报，2018-09-11(1).

② 中共中央办公厅,国务院办公厅.关于深化新时代学校思想政治理论课改革创新的若干意见[EB/OL].(2019-08-14). http://www.gov.cn/zhengce/2019/08/14/content_5421252.htm.

"礼"的指导下承载伦理道德和价值观的塑造使命，对当下美育、德育的融合发展具有重要启示。高校作为传统文化传播者和接受者，担负着继承和弘扬中国传统文化的使命。德育与美育作为"礼教"和"乐教"的延续与传承，以优秀传统文化为基础开展德育与美育工作，有利于引导大学生正确地认识中华民族的历史传承、文化积淀，增强民族文化自信，同时充分发挥美育的情感纽带作用，用美触动学生内心，将伦理道德内化成自觉的认知，使大学生在审美体验中产生文化认同和价值观认同。由此可见，高校德育和美育工作具备共同的传统文化育人基础，两者以中国传统文化为基础在高校开展育人工作，无论在文化传承、伦理道德方面，还是在审美观念、情感共鸣方面都能获得事半功倍的育人效果。

3. 全面发展的育人规律

马克思曾深刻指出："理想的社会，就是能再生产'完整人的社会'。"高校对于"完整的人"的释义就是全面发展的人，有着丰满的灵魂并兼具理性与感性的人。高校德育一直都是以提升身处文明社会的全面发展的人的整体素养为教育目标，并通过思想道德、政治、法律和心理健康等学科对学生施以理性思维的教育，对促进学生健康成长起着重要的导向作用。加里宁在《论共产主义教育》一书中提出，"教育不仅是科学事业，而且是艺术事业"。钱学森曾指出，搞科学的人也是需要灵感的，音乐是他学术上的灵感源泉。美育不仅可以让学生掌握更加全面的艺术专业知识，提升大学生的感性认知，还可以融合其他学科开启学生的感知力、理解力、想象力，激发创造力。由此可见，德育与美育都是培养全面发展的人的不可或缺的重要实施手段，两者协同能够更有效地塑造大学生品格，引导大学生向美而行，促使其成为全面发展的人。

（二）何以协同育人：美育与德育协同的客观必然性

美育与德育协同机制的实施者是不同的主体，这些主体本身的工作重心各不相同，将多元的主体融汇到同一工作中，并统一协调进行二次分工、调度，这就需要有可协同的客观必然性。美育与德育的融合也要遵循这一规律，只有目标指向、实施对象、教育原则等元素彼此统一，才能促使德育与美育形成制度化、持续性的战略协同关系，具备协同育人的客观必然性。

1. 教育目标指向一致

开展美育与德育协同育人工作，先要确定实施的教育目标是否一致。教育目标的一致与否将直接影响两者协同育人的可行性。做好美育工作，要坚持立德树人，扎根时代生活，遵循美育特点，弘扬中华美育精神，让祖国青年一代身心都健康成长。德育作为五育并举之首，其教育目的是立德树人，教育目标是培养德智体美劳全面发展的社会主义建设者和接班人。德育和美育作为五育并举中的子系统，都以学习贯彻习近平新时代中国特色社会主义思想为基础，两者都是围绕立德树人这一育人根本任务开展的，在开展的过程中都要求把握住政治方向，共同推动社会主义核心价值观的建立，在立德树人、以文化人的教育目标和育人方向上保持高度的统一。因此，美育和德育只有同向同行、协同合作，才更有利于实现培养德智体美劳全面发展的社会主义建设者和接班人的目标要求，全面落实立德树人的根本任务。

2. 教育实施对象重合

高校美育和德育工作作为学校的教学实践活动，都有其特定的教育教学对象。马克思曾说："对象如何对他来说成为他的对象，这取决于对象的性质以及与之相适应的本质力量的性质。"① 高校教育的出发点和落脚点是大学生，他们是高校教育活动的主要参与者，高校的德育要面向全体学生，所以高校的德育对象是全体青年大学生。而普通高校的美育也绝不是只针对少数艺术特长生的"精英"教育，是面向最广大的同学开展的普及教育、素质教育，教育对象主要是青年大学生。同时，大学生作为高校教育教学内容的主要接受者，反映着高校德育育人质量和育人效果，也能督促和促进高校全面地培养大学生和培养出更加全面发展的大学生。由此可见，高校德育和美育实施对象的重合，为高校德育和美育发挥"以学生为本"的教育思想和理念，形成合力，协同育人起到了重要的基础作用。

---

① 马克思,恩格斯.马克思恩格斯全集:第42卷[M].北京:人民出版社,1979.

3. 教育遵循原则耦合

德育和美育在高校得以顺利实施,必须遵循教育的普适性原则和规律。2017年中共中央、国务院印发的《关于加强和改进新形势下高校思想政治工作的意见》指出,高校思想政治工作要遵循五个基本原则:坚持党对高校的领导;坚持社会主义办学方向;坚持全员全过程全方位育人;坚持遵循教育规律、思想政治工作规律、学生成长规律;坚持改革创新。①2020年中共中央办公厅、国务院办公厅印发的《关于全面加强和改进新时代学校美育工作的意见》指出,坚持正确方向;坚持面向全体;坚持改革创新。② 由此可见,高校德育和美育遵循原则存在耦合性,政治意识形态很强,教育对象都是全体学生,都要深化改革与创新,协同育人。因此,高校的德育与美育都要坚持以社会主义核心价值观为引领,遵循教育规律,整合教育资源,完善面向人人的高校全员育人机制,构建协同、合作、开放、高效的育人新格局。

(三) 如何协同育人:寓德于美的实践路径探索

2020年中共中央办公厅、国务院办公厅印发的《关于全面加强和改进新时代学校美育工作的意见》指出:"树立学科融合理念。加强美育与德育、智育、体育、劳动教育相融合……有机整合相关学科的美育内容,推进课程教学、社会实践和校园文化建设深度融合,大力开展以美育为主题的跨学科教育教学和课外校外实践活动。"③ 该文件的颁布,为高校德育、美育的发展指明了方向,为德智体美劳全面培养的教育体系的构建提供了保障。在此背景下,德育教育要充分协同美育教育,结合学科融合理念,遵循寓价值观培养于知识传授和能力培养中的教育原则,通过创新美育课程、丰富美育实践、营造美育环境,多层次、立体式地融入德育内容和观念,扩宽"大思政"格局,促进"大美育"发展。

---

① 中共中央,国务院.关于加强和改进新形势下高校思想政治工作的意见[N].人民日报,2017-02-28(1).

② 中共中央办公厅,国务院办公厅.关于全面加强和改进新时代学校美育工作的意见[N].人民日报,2020-10-16(4).

③ 中共中央办公厅,国务院办公厅.关于全面加强和改进新时代学校美育工作的意见[N].人民日报,2020-10-16(4).

1. 融合课程思政，形成协同效应，在美育课程中培育德育理念

习近平总书记在全国高校思想政治工作会议上强调："要用好课堂教学这个主渠道……提升思想政治教育亲和力和针对性，满足学生成长发展需求和期待，其他各门课都要守好一段渠、种好责任田，使各类课程与思想政治理论课同向同行，形成协同效应。"① 因此，高校要依托课程思政建设美育课程，将思想政治教育融入教学方案、贯穿教学实践，提升美育课程的思想性、政治性和理论性。

（1）设定教学目标、策划教学方案，厘清知识传授与价值引领，挖掘美育课程的思政功能。2020年教育部印发的《高等学校课程思政建设指导纲要》指出："全面推进课程思政建设，就是要寓价值观培养于知识传授和能力培养之中。"② 因此，美育课程中课程思政的开发要紧密围绕价值引领与知识传授相结合的方向目标，既要遵循美育课程建设的规律和逻辑，在保障专业知识传授、技术能力培养等教学任务不受影响的情况下，遵循当前大学生思想观念变化规律，结合大学生最关心的问题，对原有专业课程进行课程思政方向的调整，牢牢把握社会主义核心价值观在教育中的核心地位，在教学资料选择上注重德育理念和思政元素，明确核心课程目标。同时，在美育课程教学方案的设计上要厚植家国情怀、增强大学生政治认同，对中国传统文化案例与西方文化案例进行剖析与对比，将道德伦理融入艺术表现，再用艺术表现阐述道理，后以艺术表现获取大众认同。由此，美育与德育在教学过程中得到进一步的融合，在课程教学过程中实现价值引领与知识传授相得益彰。

（2）创新教学方法、优化教学评价，聚焦显性课程中的隐性思政，推进美育与德育的生态互动。2021年中共中央、国务院印发的《关于新时代加强和改进思想政治工作的意见》指出："坚持遵循思想政治工作规律，把显性教育与隐性教育、解决思想问题与解决实际问题、广泛覆盖与分类

---

① 张烁.习近平在全国高校思想政治工作会议上强调：把思想政治工作贯穿教育教学全过程 开创我国高等教育事业发展新局面[N].人民日报，2016-12-09(1).
② 佚名.教育部关于印发《高等学校课程思政建设指导纲要》的通知[EB/OL].(2020-06-03)[2023-07-02]. http://www.moe.gov.cn/srcsite/A08/s7056/202006/t20200603_462437.html.

指导结合起来,因地、因人、因事、因时制宜开展工作。"① 德育和美育作为高校育人体系中的有机构成因子,两者应当依托课程思政的教学模式,协调好显性美育课程与隐性德育教育的关系。在课程设计上创新教学方法,把德育的核心内容有机分解到美育课程教学的各个环节,深挖美育教学内容中的思政元素,把它们的契合点通过互动性、多样化的教学组织形式加以呈现;在教学评价方法上,以学科评价为基础向人文素养、思想道德方面多维度延伸,对传统的注重知识获取评价方式进行优化,融汇德育评价元素,建立更加科学多元的考核评价方式和评价标准,以评促建,从而实现美育与德育的生态互动。

(3) 激发教师内驱动力、提升思政素养,培养育才能力和育德能力,以德施教,当好引路人。2022年习近平总书记在中国人民大学考察时强调,哲学社会科学工作者要做到方向明、主义真、学问高、德行正。打造一支高素质、专业化的美育课教师队伍,一是以德立身,坚定教师的政治信仰。课程教学离不开教师的主导。高校美育课程教师作为课程目标的实施者和学生成长的指引者,只有不断地增强自身政治意识、德育理念,从内心认同德育目标,才能做到在美育课程教学过程中融入正确的政治信仰和德育理念,保证育人方向的一致性。二是健全培训机制,提升专业素养。学校自上而下统一认识,紧跟时代步伐,从学科建设方面、素质能力方面展开统一培训,让教师们及时了解当前高校美育课程建设的新要求,不断提高教师的专业知识水平和育才能力。三是完善激励机制,激发教师内驱动力。建立师德档案,让教师能够做到自我规范、自我约束,以德立学,增强教师的大局观念,整合德育的教育信息和资源,提升育德能力和意识,展示育才、育德的双重能力和内外兼美的教师风范。

2. 创新美育社会实践平台,在美育实践中内化德育信念

当代大学生思想活跃,有别于传统教育模式下知识的被动接受者,他们是成长在新时代的知识动态建构者。因此,高校美育教育开展过程中,

---

① 中共中央,国务院.关于新时代加强和改进思想政治工作的意见[N].人民日报,2021-07-13(1).

要遵循知识内化与外在事实重构的规律，不仅要增强课堂教育吸引力，还要支持学生艺术社团群体的发展，结合社会实践走出校园，在美育实践中内化德育信念。

（1）积极扶持艺术类学生社团，促使第二课堂发挥以美育德功能。美育教育的普及和推广，不能忽视大学生艺术实践群体，他们作为一种特殊的校园力量，在高校中发挥着巨大的作用。高校艺术社团是学生以共同的艺术兴趣及爱好，为实现共同的艺术理想，自愿发起经学校批准而组成的学生正式群体，其具有隐蔽性、渗透性、自主性等特征，在促进学生自由而全面的发展，于实践中内化德育信念方面有着举足轻重的地位。高校要鼓励不同类别艺术社团如大学生艺术团、书法协会、美术协会、舞蹈协会、艺术沙龙等社团组织综合发展，从设置管理机构、制定制度政策、配备专业艺术指导教师等方面加以扶持和管理。丰富多彩的艺术类社团活动，不仅可以充实大学生的精神生活，在艺术实践中帮助他们陶冶情操和提升修养，还可以使他们更好地服务于学校的文化建设工作，以赛促建，在为学校赢得荣誉的同时，以第二课堂的形式发挥以美育德功能。

（2）结合社会实践走出校园，将德育观念通过美育实践内化于心。高校美育发展要注重学思结合、知行合一，拓宽思路、着眼长远，围绕中华文化、世界艺术开展"走出去"的艺术交流活动，促进校际交流、扩大社会效应，实现文化传承。通过校际艺术交流，提高学生舞台表演能力；结合社会公益事业开展社会艺术实践活动，在实践中开阔学生视野，培养其无私奉献的品质；以国际性艺术活动为契机，带领学生走出国门，去探索寻找美，让学生接受艺术的熏陶的同时，感受中外文化的差异，弘扬我国优秀传统艺术文化，培养爱国主义情怀。通过系列有组织、有规划、有目的性的校外艺术互访活动，将读万卷书与行万里路相结合，让学生在交流中提高艺术素养，开阔视野，培养良好品质，厚植家国情怀，将德育观念通过美育实践内化于心。

3. 线上线下创设美育环境，营造"大美育"氛围，树立德育观念

在"互联网＋教育"的新时代，网络信息技术的飞速发展影响了大学生的审美趣味,其通俗、休闲及多元化和亲和性的特点契合了大学生心理需求,但其被过度包装和美化的"潮流"与"时髦"也扭曲了部分学生的人生观、价值观,对高校美育工作提出了挑战。因此,我们要辩证地审视互联网技术带来的便捷性与广泛性特点,从不同层面推进更易于让学生接受的主流艺术文化,潜移默化地重塑学生的价值观,让学生在信息饱和的世界畅游却又不会迷失方向。

(1)创设网络美育环境,融合"大思政",开辟"大美育"新阵地。信息时代打破了时间、空间的固化限制,让学生更加便捷地了解世界的精彩,但当前多数大学生对艺术的认知还停留在感观层面上的朦胧状态,没有形成对艺术的科学理解。在此情况下,高校要不断加强信息化、网络化、智能化建设,结合当前大学生向往自由、追逐个性的成长需求和特点,因势利导地通过互联网技术传播传统文化艺术,丰富大学生的精神文化世界,有效推动高校美育的发展。同时,利用互联网覆盖面广的特点,通过学校官方网站、公众号、易班等课外交互平台,在"短、平、快"的网络微时代抢占属于自己的阵地,并在此阵地上改变传统的师生交流模式,由灌输走向对话,由限制走向解放,用正确的审美观去引导学生辩证地分析当前流行艺术热点,提升学生艺术文化素养和审美能力,引导学生树立正确的德育观念。

(2)依托校园文化建设,融合"大思政",创设"大美育"新格局。当代大学生被游戏、广告、综艺、网络剧等泛娱乐文化渗透到生活的方方面面,"饱和式"的文化冲击影响着他们的生活理念、生活方式。高校的集体生活为他们重塑价值观提供了机遇,因此高校要融合"大思政",营造校园文化艺术氛围,创设"大美育"新格局,在寓教于乐中提高学生审美能力和人文素养。根据大学生特点及学校专业特色,通过艺术节、迎新晚会、元旦晚会、十大歌手等学生喜爱的艺术活动,结合主旋律和传统艺术文化,厚植爱国主义情怀,营造积极向上的艺术文化氛围;利用广播台播放积极向上的流行歌曲和主流艺术作品,充分发挥校园宣传媒介力量,弘扬时代主旋律,通过扩大校园文化的影响力,进一步牢牢掌握思想教育的主阵地；利用画廊、宣传栏，举办具有新颖艺术表现、崇高精神思想、高尚人文精神和严谨的社会责任感的优秀艺术作品展，打造特色精品文化内容，提高校园文化建设的层次和品位；利用校外资源，将高雅艺术"请进来"，让学生在校园里就可以走近大师、感受经典。在校园中营造主流的文化艺术氛围，不仅能满足当代大学生精神文化生活的需求，还能引发大学生对中国传统文化产生认同，融合"大思政"，创设"大美育"新格局。

在新时代高校育人工作中，德育与美育是高校教育中两个彼此独立而又相互影响的教育形态。基于协同的角度、辩证的思维来审视德育与美育之间的关系，不应仅局限于学科建设和课程建设上，而要拓展至融合德育的美育理念设计、融合文化自觉的美育环境建设等各个层面和范畴，进一步探索两者结合的方式。同时，在教育教学过程中坚持以人为本的理念，通过协同构建一个相互连接、相互沟通、相互配合、衔接有序的"大思政""大美育"新格局，解决德育和美育在教育实践过程中各自的缺陷和问题，既保障高校意识形态安全，又促进学生的全面发展，让学生在掌握专业知识的同时树立正确价值观，引导学生以美储德、以美育善，努力培养德智体美劳全面发展的社会主义建设者和接班人。

三、提升新时代高校育人效能的探索与思考——以职业生涯教育为例

理想信念教育是有计划、有组织地对受教育者系统地施加思想意识上的影响，将一定的社会政治信念、价值观念、道德规范、思想意识和心理品质转化为受教育者的内在素质的社会实践活动。[1] 大学生职业理想信念教育，是把大学生作为特殊的社会群体，以一定的世界观、人生观和价值观教育为基础，引导他们把未来可能的职业选择和所想达到的职业成就与国家需要相结合。它是大学生思想政治教育效果在职业规划上的具体体现，直接影响着大学生职业价值取向、职业目标定位、职业实现途径和职

---

[1] 陈铭彬，陈会方."中国梦"在高校思想政治教育中政治属性及拓展功能分析[J].学术论坛，2014(9)：175-177.

业态度评判。①

习近平总书记在全国高校思想政治工作会议上强调："要坚持把立德树人作为中心环节，把思想政治工作贯穿教育教学全过程，实现全过程育人、全方位育人，努力开创我国高等教育事业发展新局面。"高校职业生涯教育是思想政治教育的有力抓手和补充，而理想信念教育处于思想政治教育的核心地位。

近年来，高校毕业生就业个性化、差异化、多样化的趋势日益明显，"有业不就""只创业不就业""裸辞""闪辞"等现象层出不穷，不少毕业生在求职择业时表现出职业价值观功利、就业诚信和法律意识淡薄等问题，重要原因之一是缺乏职业理想支撑，职业理想信念模糊。因此，把理想信念教育植入职业生涯教育中，发挥职业生涯教育的载体功能，既是现实所需，也是必由之路。

（一）理论基础

关于理想信念教育与职业生涯教育问题，已经有许多学者和实践工作者从各自领域进行了大量研究，主要包括必要性和可行性研究，以及理论基础研究和特殊群体研究几大类。

1. 必要性和可行性研究

相关研究多采用"融入式"研究视角，把大学生理想信念教育与社会主义核心价值观教育、与职业生涯教育相结合，例如，中国梦与大学生理想信念教育的融合研究。研究者主要从时代背景、现实需求、价值意蕴、路径选择等方面展开论述。又如，基于社会主义核心价值观引领视角，李前进（2014）认为，社会主义核心价值观是多元化思潮背景下引领大学生思想教育的必然选择②；刘燕萍（2014）认为，引领大学生践行社会主义核心价值观有三个领域，其中理想信念教育属于重要的文化领域，有利于坚持马克思主义文化领导权③；李清贤等（2014）认为，大学生职业生涯规划是中国梦

---

① 刘西华."90"后大学生职业理想信念问题研究[J].山东青年政治学院学报,2013(1)：47-51.
② 李前进.大学生社会主义核心价值体系教育的价值意蕴[J].江苏高教,2014(6)：131.
③ 刘燕萍.关于引领大学生践行社会主义核心价值观的几点思考[J].教育探索,2014(10)：115-116.

的重要内容，其教育形式与方法有利于理想信念教育的具体化与生活化，是中国梦实现的有效载体①；王石径（2014）认为，大学生人文素养培育是践行社会主义核心价值观的基本要求，是社会主义核心价值观的基础工程②。

2. 以马列主义相关理论为基础

大部分现有文献资料都基于高校德育视角，因此理论基础主要来源于马克思主义理论及其交叉学科。武国剑等（2014）从阅读经典原著的角度，鼓励大学生通过阅读马克思主义经典著作，树立中国特色社会主义的共同理想和信念，增强中国特色社会主义理论自信③；王易（2011）认为，马克思主义价值理论提出客观事物的价值主要体现在它对主体的实际需求上，大学生理想信念教育缺乏实效性在于忽略了大学生个体生存与发展的实际需要和具体要求，因此需要从大学生实际出发，切实帮助他们自我成长和解决实际需求④；高存福等（2014）从劳动力市场角度出发，对大学生个性特点进行分析，认为大学生就业价值取向的引导和教育应该从观念、能力、服务等方面展开⑤。

3. 对高校特殊群体的关注和研究

有学者把高校特殊群体作为研究对象，探讨思想政治教育与职业生涯教育的关系。例如，程荣晖（2010）认为，社会结构转型导致就业弱势群体出现，高校应关注大学生就业弱势群体的思想教育问题，具体途径包括思想疏导、心理调适、生涯教育等⑥；王舒圆（2011）以北京三所高校的女大学生为抽样对象，重点研究了社会转型期条件下，女大学生理想信念状况及其影响因素⑦；谭娟晖（2012）分析了同辈团体参与理想信念教育

---

① 李清贤,曲绍卫,马世洪.大学生职业规划与中国梦之实现[J].理论视野,2014(9):15-17.
② 王石径.试析社会主义核心价值观引领下的大学生人文素养培育[J].学校党建与思想教育,2014(20):83-84.
③ 武国剑,王孝松.大学生应加强对"三个自信"的理解:基于马列经典文本阅读视角[J].思想理论教育导刊,2014(10):28-31.
④ 王易.增强"90"后大学生理想信念教育实效性的思考[J].教学与研究,2011(4):19.
⑤ 高存福,田兆富.当代大学生就业价值取向探析[J].教育与职业,2014(3):92-93.
⑥ 程荣晖.论大学生就业弱势群体的思想教育与危机干预[J].教育探索,2010(6):72-73.
⑦ 王舒圆.社会转型期女大学生理想信念现状与影响因素分析[J].中华女子学院学报,2011(4):47-51.

的优势,探讨了同辈群体的参与模式①。

4. 相关实证研究基础及结论

现有研究主要集中在德育工作的路径选择、模式探讨、实效性提升等方面。例如,把职业生涯教育作为平台和载体,充实思想政治教育手段。也有学者结合高校现有的思想教育手段,认为理想信念教育应该贯穿形势政策教育、新生入学教育、职业生涯辅导、毕业离校教育等几大方面。相关研究方法以文献研究和问卷调研为主。例如,刘西华(2013)从职业理想、价值取向、影响因素、择业标准、心理状况等维度在山东大学开展调研,经统计,发现职业理想侧重个人价值实现、主体意识强的特点②。尹洁等(2014)在全面梳理大学生理想信念相关研究基础上,筛选出包含群体特征、信仰主流、认知状态等在内的18个大学生理想信念关注项,并以此为基础设计调查问卷,分析了当代大学生理想信念基本群体特征③。

本书在总结现有国内学者研究基础上,从职业生涯教育的本源——职业心理学理论出发,对国外职业生涯理论的演变进行梳理,提出理想信念教育植入职业生涯教育的理论契机。

职业生涯辅导(career development)自20世纪90年代进入中国并逐步在全国各大高校推行。其主要理念是通过帮助在校大学生及早开始职业生涯觉察,制定职业发展目标,合理规划大学生活,提高个人就业竞争力,实现个人职业生涯的初步协调发展。职业生涯理论发展至今,流派众多,其中很多观点对当前中国大学生职业理想教育有很强的启示和经验借鉴作用。

生涯发展理论的代表人物舒伯(Super)在他的著作中率先提出了"自我概念"的观点。他认为,个体职业生涯发展和选择受到人格特征和社会现实状况的双向影响,而自我概念的形成和发展是两者之间的桥梁;自我概念的形成和发展,是个体职业成熟度和外部社会环境交互作用的结果。

---

① 谭娟晖.大学生理想信念教育中同辈群体的参与模式研究[J].教育评论,2012(1):63-65.
② 刘西华."90"后大学生职业理想信念问题研究[J].山东青年政治学院学报,2013(1):47-51.
③ 尹洁,郭霆.我国当代大学生理想信念的关注点及群体特征:实证分析视角.毛泽东邓小平理论研究[J].2014(6):68-73.

职业理想信念教育强调学生把自己的个人理想与社会需要相结合，完成从个人理想到社会理想的升华和转化，这一过程实际上也是自我需要和社会现实的交互作用过程，社会主义理想信念的传播、实践和固化同样需要高校教育工作者给予引导和鼓励。

社会学习理论的代表人物克朗伯兹（Krumboltz）汲取了班杜拉社会学习理论精华，提出影响生涯决定的因素包括遗传因素、环境事件、学习经验和工作技能。社会学习理论注重环境和社会条件，特别强调学习的作用，认为个体应该顺应时代发展的需要，善于发现外部机缘，在社会变迁中不断学习，培养职业应变能力。在当前"大众创新、万众创业"的社会发展趋势下，越来越多的大学生把创业作为未来的职业发展方向，其中许多都是公益性项目。这种职业选择就是充分考虑到社会需要，不断总结、学习的结果，是个人职业理想实现的方式之一。

生涯建构理论是当前学术界比较热门的新兴流派之一，其代表人物萨维卡斯（Savickas）认为，不同的个体所营造的职业世界是各不相同的，职业生涯发展的实质是主观自我与客观世界的动态交互过程，因此职业生涯教育更应注重对个体生涯建构的启蒙和指导。他认为，生涯建构的实践过程是可以干预的。生涯建构的概念与职业理想信念的形成过程具有相似性，两者都强调在个体职业选择上对过去经验的总结、职业价值观的重要作用、职业信息的提供和搜集、对建构过程的引导和干预作用。从该理论出发，高校在对大学生进行职业理想信念教育时，需要充分考虑学生个体的实际状况，包括过往教育经历、家庭环境状况等，在教育过程中强调价值观的有效引导和固化，在毕业关键时期及时提供有效的、有针对性的职业信息和社会政策支持，减少学生后顾之忧。

除此之外，当前国外学者研究的热点之一还包括从心理学视角开展关于职业使命感（career calling）问题的研究。职业心理学家从个体态度、需求、动机、行为表现等方面开展了大量定性和定量的研究，研究对象主要为美国大学生群体，强调在工作和学习中对职业使命感的唤醒和激发，其研究成果和方法值得我们学习借鉴。

(二) 现实障碍

第一，目标定位不一致导致职业生涯教育的目标被锁定在毕业生就业率和就业质量上，职业理想信念教育的重要地位被忽视。在理论界和学术界，职业生涯教育的目标功能被划分为两类：第一类是作为高校思想政治教育的辅助力量；第二类是以提高毕业生就业能力为目标，即素质教育的重要组成部分。目前大部分高校职业生涯教育的任务被划归到就业工作部门，而学校和教育主管部门对高校就业工作的评判依然落在毕业生就业率和就业质量两大指标上，如何提升就业能力进而提升就业率，一直是高校就业工作部门的工作重点。作为职能部门，职业生涯教育的功能自然就锁定在第二类上，即以提高毕业生就业能力为目标。其教育的重点内容变成了职业讲座、职场礼仪、求职面试指导等立竿见影的系列培训。职业理想信念教育被一笔带过。大学生日常的职业理想信念教育实际落实少。

第二，职业生涯理论及其知识体系注重西方价值观和工具理性，在实际运用中缺乏本土化理论和实践的支撑。职业生涯教育发端于西方职业心理学，有其自成一体的理论体系和评价工具，几乎每一个理论流派都有相对应的测评工具和方法，再加上它在西方广泛的实践基础和案例运用，自引入中国后就获得了职场人士和职业教育家的认可。然而深入调查可以发现，在大多数高校中实际推广和运用生涯理论的师资，要么是一线辅导员，要么是高校就业工作部门专职行政人员，大都非科班出身，只经过了短期培训就"上岗"进行辅导和咨询。对于课程内容和知识体系，他们只能"现学现卖"，不能辩证地理解和运用，致使职业生涯教育效果不佳，更遑论职业生涯教育与理想信念教育的有效融合。

第三，职业生涯辅导过程中"不进行价值干预"的原则，在实际操作过程中产生了价值悖论。从辩证唯物主义角度看，凡事都具有两面性，职业生涯理论就如同它的理论来源于心理学一样，其基本原则是"不进行价值干预"，即当辅导老师或咨询师发现该同学有拜金主义或功利主义价值倾向时，当事人只要没有表现出极大职业心理困惑，没有发出求助信号，咨询师是不能主动上门干预的。只有当该生表现出需求，咨询师才能出面解决。在具体运用咨询策略时，对于对方表现的职业价值倾向，即便有悖于社会主义核心价值观要求，一般也是先尊重和理解，而非教育和引导。职业生涯理论具有一定的局限性，给职业理想信念教育的融入和实际运用造成了一定的障碍。

（三）突破路径

1. 目标取向：阶段性目标和终极目标的统一

职业理想信念教育是高校思想政治教育的核心内容，职业理想信念教育的终极目标是培养有远大抱负和职业理想的社会主义建设者和接班人。从这一点来说，它的目标取向来源于职业生涯理念，又高于一般职业生涯，它是职业价值观和职业道德品格所至的最高境界。由此，在开展职业生涯教育时，要从大处着眼，以集体主义、社会主义的"大我"境界替代个人主义、利己主义的"小我"思想，在大学生职业价值观形成之初就帮助他们树立全局意识、大局意识。同时，必须改变职业生涯教育"一切向就业率看齐"的短期育人目标，把良好的职业道德品格、攻坚克难的职业信念作为长期育人目标。习近平总书记提出的课程思政教育理念为职业理想信念教育和职业生涯教育的融合提供了方向和契机。他要求我们在开展就业创业教育、职业生涯教育的同时，始终把出发点和目标放在思想教育、价值引领、道德培养层面。

2. 内容选择：职业目标、职业价值观、职业道德教育内容的重叠

职业理想信念教育形式上虽然主观，内容上却是客观的。① 它与职业生涯教育在职业目标定位、职业价值观树立、职业道德培养等方面直接相关。可以说，大学生在毕业阶段的职业选择，是职业理想信念教育在职业生涯领域的直观展现。

首先，从职业目标定位来看，职业生涯教育理论要求大学生通过自我了解、外部世界了解等探索活动，及早设定职业目标。在这一环节中，职业理想信念教育的重点是通过各种宣传手段，弘扬社会主义理想信念。体现在职业生涯教育手段上，高校可以有目的地组织大学生到老少边穷地区

---

① 任天佑，赵周贤，孙存良．革命理想高于天[N]．光明日报，2013-09-29(1)．

走访调研，实地考察基层岗位工作需要，以此帮助毕业生开阔视野，从虚拟的世界中走出来，了解真实的中国国情和实际。其次，在职业价值观引领层面，除了客观辩证介绍西方职业世界的价值观体系，还应该大力弘扬社会主义核心价值观，利用中国梦和爱国主义情怀来鼓励、刺激大学生树立崇高的以社会责任为己任的职业理想和信念，摆脱西方精致的个人利己主义思维模式。最后，在职业道德品质培养方面，职业生涯教育要求大学生能遵守基本的职业道德和职业操守，做到爱岗和敬业，而职业理想信念教育则在此基础上提出了更高要求，它不仅要求个体能够干好本职工作，更要求个体能够发扬吃苦耐劳、攻坚克难的精神，为社会主义事业而奋斗。

3. 实现方式："知、情、意、行"的互相渗透与互相促进

职业理想信念教育不仅仅是理念的宣传和普及，更是一个实践而内化的过程。它要求"知、情、意、行"互相渗透、互相促进。职业生涯教育在方式和手段上，恰好能弥补不足，实现两者优势互补、资源共享。从德育视角看，"知"即道德认知和道德评判。在开展职业生涯教育时，教育者可以借助道德标尺帮助学生认清理想信念的境界，帮助学生从家国、社会的角度树立人生理想。"情"是指情绪和情感。它以触发学生情绪体验、引起情感共鸣来达到教育的目的。在职业生涯教育中，小班化教学、团体辅导、工作坊等教育形式较容易达到此目的。"意"即意志，是在职业活动中克服困难的心理过程。意志的培养来源于实践和体验。通过职业生涯社会实践、职场体验等活动，磨炼吃苦耐劳、坚韧不拔的意志，有利于把职业精神转化为职业意识，进而升华为坚定的信念。"行"即行动，是个体内在道德认识和情感体验的外在表现，通过职业生涯设计和觉察，对学生的思想道德状况进行估计，从而采取有效措施及时进行干预和引导。

第五章 坚持数智赋能 培植立信学子发展优势

  教育数字化是我国开辟教育发展新赛道和塑造教育发展新优势的重要突破口。进一步推进数字教育，为个性化学习、终身学习、扩大优质教育资源覆盖面和教育现代化提供有效支撑。

——习近平总书记在中共中央政治局第五次集体学习时的重要讲话

第一节　新时代高校数字化转型的理念阐释

近年来，随着教育部推动教育高质量发展和国家教育数字化战略行动的战略部署，以数字化为杠杆，带动教育数字转型和智能升级，支撑引领教育现代化已经成为共识，大数据、人工智能等技术正在改变高等教育面貌。数字化转型赋能教育创新和变革，推动数字技术对教育的全面重塑，也带来了教育全要素、全流程、全业务和全领域的深刻变化和重组，最终形成良好的数字教育新生态。习近平总书记在中共中央政治局第五次集体学习时指出，进一步推进数字教育，为个性化学习、终身学习、扩大优质教育资源覆盖面和教育现代化提供有效支撑。党的二十大报告对"加快建设教育强国、科技强国、人才强国"作出全面系统的部署。教育部部长怀进鹏在《人民日报》撰文指出，"推进教育数字化"是新时代加快建设教育强国的总体方向和重点任务之一。如何与时俱进、守正创新，实现高等教育的高质量发展，是高校面对的新课题。

本节将从习近平总书记对数字化转型的相关论述入手，对教育数字化转型的核心内涵和价值意蕴进行探讨。首先，深刻诠释教育数字化转型的核心内涵，包括教育数字化转型的历史使命、职责定位和发展动能。其次，深入分析教育数字化转型的价值意蕴，包括对于数字中国建设、教育强国建设、教育高质量发展的重要意义。在此基础上，结合上海立信会计金融学院育人特色，总结近年来把握教育数字化转型对高校思想政治教育网络内容建设的要求，探索构建立信数字思政工作新格局，形成教育数字化转型的立信方案。

一、教育数字化转型的核心内涵

习近平总书记在中共中央政治局第五次集体学习时指出，"党的十八大以来，党中央坚持把教育作为国之大计、党之大计，作出加快教育现代化、建设教育强国的重大决策，推动新时代教育事业取得历史性成就、发生格局性变化"，"从教育大国到教育强国是一个系统性跃升和质变，必须以改革创新为动力"。因此，我们要深刻认识和把握教育数字化转型的内涵，明确教育数字化转型的历史使命、职责定位和发展动能，推动教育在数字化转型中赋能大学生思想政治教育工作高质量发展。

（一）教育数字化转型的历史使命

习近平总书记一直高度重视发展数字技术、数字经济，多次就推动数字时代互联互通，倡议全球合作发展数字经济，加速经济数字化转型发展发表了一系列重要讲话和论述，深刻阐明了数字化在教育现代化、教育强国建设全局中的重要地位和作用。

第一，做大做强数字经济是拓展经济发展新空间的优先发展方向。 党的十八大以来，党中央准确把握全球数字化、网络化、智能化发展趋势和特点，围绕实施网络强国战略、大数据战略等作出了一系列重大部署。实施网络强国战略和国家大数据战略，拓展网络经济空间，促进互联网和经济社会融合发展，支持基于互联网的各类创新①；倡导数字经济发展理念②，强调世界经济正在向数字化转型，要在数字经济和新工业革命领域加强合作，共同打造新技术、新产业、新模式、新产品③；发展数字经济为我国构筑国际竞争新优势提供了有利契机，要加快建设数字中国，构建以数据为关键要素的数字经济，推动实体经济和数字经济融合发展④。

第二，数字化转型让数字文明造福各国人民。 党的十九大以来，党中央、国务院推动互联网、大数据、人工智能和实体经济深度融合，建设数

---

① 习近平.不断做强做优做大我国数字经济[J].新长征（党建版），2022(02):4-7.
② 新华网.习近平在二十国集团领导人杭州峰会上的开幕辞[EB/OL]. (2016-09-04)[2023-08-03]. http://www.xinhuanet.com/world/2016-09/04/c_129268987.htm.
③ 人民网.习近平在二十国集团领导人汉堡峰会上关于世界经济形势的讲话[EB/OL]. (2017-07-08)[2023-08-03]. http://world.people.com.cn/n1/2017/0708/c1002-29391839.html.
④ 中华人民共和国中央人民政府.习近平主持中共中央政治局第二次集体学习并讲话[EB/OL]. (2017-12-09)[2023-08-03]. https://www.gov.cn/xinwen/2017-12/09/content_5245520.htm.

字中国、智慧社会。强调加强数字社会、数字政府建设，发展数字经济，推进数字产业化和产业数字化，推动数字经济和实体经济深度融合，打造具有国际竞争力的数字产业集群①；加快5G、人工智能、工业互联网等新型基础设施建设②，激发数字经济活力，增强数字政府效能，优化数字社会环境，构建数字合作格局，筑牢数字安全屏障，让数字文明造福各国人民③。

第三，全球数字化转型加速推动数字技术创新应用。党的二十大以来，党中央大力推进教育数字化，建设全民终身学习的学习型社会、学习型大国。数字经济规模扩大，全球数字化转型加速，成为影响世界经济格局的重要因素④。世界各国重视开展数字创新合作，弥合数字鸿沟，坚持创新驱动，推动了数字技术创新应用，为提高全民数字素养和技能及推动数字时代互联互通提供重要力量⑤；亚太经济要顺应新一轮科技革命和产业变革，加速科技创新和制度创新，实现亚太经济数字化转型⑥。

第四，数字产业化与产业数字化为推进教育强国建设培育新动能。党的二十大重点部署了未来五年开辟发展新领域新赛道、塑造发展新动能新优势的战略任务和重大举措，站在实现"两个一百年"奋斗目标和实现中华民族伟大复兴的高度，加快建设数字中国，打造具有国际竞争力的数字产业集群⑦；加快构建网络空间命运共同体，协同推进数字产业化和产业数字化⑧。教

---

① 人民网.中共十九届五中全会在京举行[EB/OL].(2020-10-30)[2023-08-05].http://dangjian.people.com.cn/n1/2020/1030/c117092-31912127.html.

② 共产党员网.聚焦中央经济工作会议(2018年)[EB/OL].(2018-12-09)[2023-08-05].https://www.12371.cn/2018/12/24/ARTI1545614580780592.shtml.

③ 共产党员网.习近平向2021年世界互联网大会乌镇峰会致贺信[EB/OL].(2021-09-26)[2023-08-05].https://www.12371.cn/2021/09/26/ARTI1632623312952808.shtml.

④ 共产党员网.习近平在二十国集团领导人第十七次峰会发言[EB/OL].(2022-11-16)[2023-08-06].https://www.12371.cn/2022/11/16/ARTI1668587163109878.shtml.

⑤ 共产党员网.习近平在全球发展高层对话会上的讲话[EB/OL].(2022-06-24)[2023-08-06].https://www.12371.cn/2022/06/24/ARTI1656075363637854.shtml.

⑥ 共产党员网.习近平在亚太经合组织工商领导人峰会上的书面演讲[EB/OL].(2022-11-17)[2023-08-06].https://www.12371.cn/2022/11/17/ARTI1668693463372269.shtml.

⑦ 共产党员网.习近平在中共中央政治局第二次集体学习时强调 加快构建新发展格局 增强发展的安全性主动权[EB/OL].(2023-02-01)[2023-08-06].https://www.12371.cn/2023/02/01/ARTI1675236938454651.shtml.

⑧ 共产党员网.习近平向2023中国国际智能产业博览会致贺信[EB/OL].(2023-09-05)[2023-09-08].https://www.12371.cn/2023/09/05/ARTI1693868774863178.shtml.

育数字化是我国开辟教育发展新赛道和塑造教育发展新优势的重要突破口。进一步推进数字教育，为个性化学习、终身学习、扩大优质教育资源覆盖面和教育现代化提供有效支撑①。

习近平总书记的重要论述深刻回答了为什么要发展数字化、怎样发展数字化的一系列重大理论和实践问题，深刻阐明了以数字化推进教育现代化、以教育数字化推进教育强国建设的时代方位、内在逻辑、路径选择，体现了对数字化成为全球经济新引擎的深刻洞察，对贯彻新发展理念、构建新发展格局的深刻把握。坚决贯彻落实习近平总书记重要论述和党中央重大决策部署，深入把握以教育数字化推进建设教育强国的历史使命，站在中华民族伟大复兴战略全局、世界百年未有之大变局与信息革命时代潮流发生历史性交汇点，要不断深化探索和把握数字技术赋能教育现代化发展规律，切实把数字化发展潮流转化为加快高校教育数字化、智能化发展、推进教育强国建设的强劲动力。

（二）教育数字化转型的职责定位

黄奇帆在《结构性改革》一书中认为，"数字化"是大数据、人工智能、移动互联网、云计算、区块链等一系列数字技术组成的"数字综合体"。2022世界慕课与在线教育大会上，由教育部牵头和指导，众多机构组织和专家学者共同参与完成的世界首份高等教育数字化战略报告《无限的可能——世界高等教育数字化发展报告》发布。该报告开创性提出了教育数字化发展转化、转型、智慧三阶段论。在转化阶段，数字技术融入高等教育体系，基础设施建设逐步完善；在转型阶段，通过对数据的深度分析和价值挖掘，实现教育各要素、各环节的全面数字化转型；在智慧阶段，以人工智能为代表的新一轮信息技术在高等教育领域的深度应用，促使高等教育更加精准、公平、开放，更加以人为本和个性化，全面赋能学习者发展，形成教育全新生态。

---

① 共产党员网. 习近平在中共中央政治局第五次集体学习时强调 加快建设教育强国 为中华民族伟大复兴提供有力支撑[EB/OL]. (2023-05-29)[2023-09-08]. https://www.12371.cn/2023/05/29/ARTI1685368999959949.shtml.

近年来，各高校因地制宜，围绕教育数字化转型赋能教育高质量发展，推动数字与资源深度融合，推动学校教育数据与社会实践数据融通延伸，推动数字技术对教育教学理念变革、人才培养改革、科研范式创新及管理服务流程再造，着力以数据资源、数字技术推动形成良好的教育数字新生态，促进全要素、全链条、全领域的数字化转型。高校教育数字化转型实践主要包括以下四个方面内容。

第一，升级数字化基础设施和平台，推动数字与资源深度融合。应用5G、物联网、大数据、云计算、人工智能等新一代信息技术，升级基础设施、硬件设备、网络条件、智能工具、学习平台等[①]，建设信息网络、平台系统、数字资源、智慧校园、创新应用、可信安全等新型基础设施，不断促进新兴技术与教育深度融合。中国地质大学（武汉）全面推进教育教学设施智能升级，搭建远程运维管理平台，开发集控式录直播系统、教学督导系统、屏幕采集系统和云录播综合管理系统等，实现教学课程自动录播、课堂教学实时观摩；上海大学以"一网通办"为抓手，构建统一数据平台，打通"数据孤岛"；上海理工大学打造"一表通""个人档案""蒲公英"等数据工程，支撑学生处、人事处等10余个部门的数据贯通，形成服务个性化、管理平台化、数据集中化的特色。

第二，把握教育数字化转型内涵，推动教育由"供给驱动"向"需求驱动"转型。高校教育工作要在谋篇布局上突出完整性，也要在教育手段选择和方式运用上突出综合性。优化数字方案，以数字技术应用为基础，以教育元素开发为驱动，以应用场景沉浸为手段，满足学生需求，激发学生兴趣，优化传播路径，增强互动体验，推动学生积极学、主动学、全面学。北京外国语大学为共享优质教育资源，研发"北京外国语大学多语智慧学习平台"，为学习者提供泛在、多元、智能化的学习环境，覆盖"一带一路"沿线国家和地区20个语种，开设在线课程500余门；北京工商大学依托数字未来中心，建立公共智慧教室、虚拟教研室、新文科实验室、

---

① 张大良.用现代信息技术赋能高质量人才培养的内涵与路径[J].中国高教研究，2022（9）：14—17.

虚拟仿真实训中心、融合媒体中心等，营造覆盖全校"互联互通、直录直播、资源共享"的智慧教学环境；上海理工大学建设"平台＋资源＋服务"三位一体的学习服务平台，打造智慧教学空间集群，为线上线下相结合的教学模式改革提供技术支持；上海交通大学推出"统一平台、自动排课、预设教室、直播授课"的大规模线上教学模式，构建超算中心服务模式，研制校级数字教学基座，支撑全校 6 500 余名学生开展相关课程的"云上实践"。

第三，明确数字化转型重点，完善教育数字化转型协作共同体。大数据的应用与决策是数字化转型的重要特征。通过数据赋能决策与人机协同为教育需求侧提供全方位的适需服务，将是未来教育数字化转型的重点。全样本、精准化、多层次数据采集沉淀了海量数据，这为教育工作更好地把握学生成长规律和教育教学规律提供了科学依据，有利于从宏观上掌握学生群体的整体情况和共性问题，弥补了传统调研访谈的不足；通过描绘用户精准画像，从微观上精准捕捉学生个体的特殊情况和隐性问题，及时把握学生的细微变化，找准个性化育人的落脚点。根据对学生的分析以及观测模型，选择学生更易接受的案例式、启发式、讨论式育人方法，从而推动教育内容多元化、多样化，推动教育治理高效化、精准化。北京工商大学根据大数据分析结果，形成学生学业达成度报告，向学生提供智能诊断、资源推送和学业规划，提前对学业进行预警和干预，为学生个性化成长与发展提供针对性的指导和帮助；上海交通大学建立学生数据溯源图谱，减少重复采集和线下交换，涵盖招生、入学、在校和毕业等环节，记录学生学习科研、资助帮扶、荣誉档案、社会实践等数据；华东师范大学依托"第二课堂"学生数字化成长档案平台，描绘学生群像特质和学情智能诊断，围绕学生双创、社会实践等内容，全景描述学生成长过程和素养达成，促进学生自我完善和全面发展，培育多学科跨领域的新型学习社群。

第四，抓好教育数字化转型落实，构建数字技术融合的教育生态环境。建设以学生为中心、以服务为中心、以体验为中心、以数据为中心的数字化教育生态系统；积极探索数字教育多样态学习，针对大学生的兴趣点，拓宽服务范围，加强课程教学、心理辅导、就业考研服务、经济帮扶等各项大学生急需的服务平台建设，科学规划、统筹兼顾，综合利用学校各部门建立的数字化平台，实现各类平台有机整合和数据融合共享，充分发挥大数据技术在教育工作中的效能。上海交通大学创新数据应用场景，建设院系管理系统，整合全校数百个应用系统数据，包含教书育人、科学研究、社会服务等8大模块40余类数据，实现全景视图功能；华中师范大学实施"互联网＋校务"，建设"校务服务中心"实体大厅和网上办事大厅，启用"南湖 e 站"自助服务区，转变学校管理模式，优化学校治理空间；华东师范大学实施文科实验室培育计划，推动人文社会科学学科数字化转型，通过计算机科学与技术、人工智能等与人文社会科学学科融合，打造精品科研数据集，提供优质的数据集维护、使用及咨询服务，面向校内研究团队及学者数据驱动研究需要，持续提供数据存储、数据管理、数据治理、数据分析、数据共享、数据开发及应用等专业数据技术及咨询服务。

（三）教育数字化转型的发展动能

教育数字化转型是贯彻落实习近平新时代中国特色社会主义思想和科学推进教育数字化战略行动的重要举措，是办好人民满意的教育和建设教育强国的必然要求，是数字化赋能国际化和携手创新合作发展的题中之义。

近年来，我国数字化赋能教育高质量发展成就显著，2023 世界数字教育大会发布了《中国智慧教育蓝皮书（2022）》与 2022 年中国智慧教育发展指数报告。《中国智慧教育蓝皮书（2022）》以智慧教育内涵阐释为主线，总结中国智慧教育发展经验，向世界发出未来应重点关注的 7 个议题和 5 项倡议。2022 年中国智慧教育发展指数报告显示，信息基础设施设备环境基本建成，中国接入互联网的学校比例已接近 100%；学生信息素养培育力度加大，近 80% 的中小学生数字素养达到合格及以上水平；中小学教师数字素养全面提升，超过 86% 的教师数字素养达到合格及以上水平；混合式教学日益普及，中国上线慕课数量超过6.45万门，学习人次达10.88亿；教育治理的数据基础基本建立，"一校一码"、师生"一人一号"已成为现实；学校管理信息化与网络安全制度建设完成度较高，已有近85%的学校具备网络安全管理制度；中国数字化相关学科毕业生占比超过40%，数字化相关专业人才培养规模处于国际较高水平①。综合来看，我国教育数字化转型稳步推进，教育新业态新模式竞相发展，教育数字化合作不断深化。

第一，顺应数字时代发展潮流，教育数字化战略行动持续推进。《教育信息化2.0行动计划》提出要推进"互联网+教育"发展，加快教育现代化和教育强国建设；《中国教育现代化2035》强调要"加快信息化时代教育变革"，这是实现教育优化升级的长期战略；《关于深化新时代学校思想政治理论课改革创新的若干意见》提出要大力推进思政课教学方法改革，推动人工智能等现代信息技术在思政课教学中应用；《"十四五"国家信息化规划》为打造数字国家新优势、加快数字化发展、建设数字中国明确了重点任务，提供了行动指南；《"十四五"数字经济发展规划》着重强调了数字经济具有"融合应用"和"全要素数字化转型"的特征，明确了2025年的发展目标，为准确深刻理解和把握数字化转型、融合、发展规律等方面具有重要意义；《数字中国建设整体布局规划》从夯实"两大基础"、推进"五位一体"、强化"两大能力"、优化"两个环境"为数字中国建设进行了整体布局，为数字化赋能教育高质量发展、推进教育强国建设、构筑国家竞争新优势提供了坚实基础。

第二，数字化赋能教育现代化已成为必然发展趋势。数字化正引领教育变革和创新，催生了数字教育新业态。近年来，教育部为推动教育高质量发展和国家教育数字化战略行动提出了战略部署，先后制定了《高等学校数字校园建设规范（试行）》，为全国各高等学校充分利用云计算、大数据、物联网、移动互联网、人工智能等技术与人才培养、科学研究、文

---

① 何曼.说"态"论"势"，解码智慧教育范式：专访中国教育科学研究院副院长马陆亭[J].在线学习,2023(6):37-40.

化传承与创新、社会服务、国际交流等方面的深度融合和创新应用提供了标准规范，支撑引领教育现代化发展已经成为共识；《关于推进教育新型基础设施建设构建高质量教育支撑体系的指导意见》指出，要以技术迭代、软硬兼备、数据驱动、协同融合、平台聚力、价值赋能为特征，加快推进教育新基建……推动教育数字转型、智能升级、融合创新，支撑教育高质量发展；《关于加强新时代教育管理信息化工作的通知》强调利用新一代信息技术提升教育管理数字化、网络化、智能化水平，推动教育决策由经验驱动向数据驱动转变、教育管理由单向管理向协同治理转变、教育服务由被动响应向主动服务转变，以信息化支撑教育治理体系和治理能力现代化。2022年党的二十大报告首次提出"推进教育数字化"，标志着其已成为党和国家的重要战略性目标。同年，全国教育工作会议指出，新时代教育工作要做到"五个深刻认识和把握"，我国正式启动"实施教育数字化战略行动"。

第三，持续发挥教育数字化赋能作用，坚持数字化高效原则。教育部思想政治工作司在2023年工作要点中明确提出，要"进一步强化数字赋能……坚持边建边用边完善，提高相关数字化平台建设、运行、服务质量"。2023年2月，教育部党组书记、部长怀进鹏在以"数字变革推动高等教育创新发展"为主题的世界数字教育大会上强调，"数字技术是提高教育质量的阶梯"，技术的发展"既对重塑教育的内涵和形态提出了迫切需求，也为教育变革与教育高质量发展提供了平台和动力引擎……数字技术愈发成为驱动人类社会思维方式、组织架构和运作模式发生根本性变革、全方位重塑的引领力量"。同年6月，教育部党组书记、部长怀进鹏在全国教育数字化现场推进会议上指出，要以教育数据资源为要素，加强和夯实应用，提高人才培养质量，形成优秀案例。

2021年，上海成为数字化转型试点区，并落实相关配套政策等支持保障条件，加快推进教育数字化转型。上海市委、市政府高度重视教育数字化转型工作，成立专项工作领导小组，建立联席会议制度，明确将教育数字化转型场景建设作为重点项目推进；先后实施《上海市教育信息化2.0

行动计划》《上海市教育数字化转型实施方案（2021—2023）》等专项，出台《上海市教育数字化转型"十四五"规划》，为上海整体推进教育数字化转型、全方位赋能教育综合改革、革命性重塑高质量教育体系、服务国家战略和上海城市发展作了系统部署。

在此大背景下，"教育何为、教育应该往何处去"成为世界各国共同思考的命题。如何更好地帮助学习者学会学习、学会共处、学会做事、学会做人是我们面临的共同课题与时代责任。高校是科技创新前沿阵地，高校教育工作创新发展理应紧跟时代步伐，因时而进、因势而新，紧紧抓住数字教育发展战略机遇，为探索数字化转型赋能教育高质量、内涵式发展作出积极贡献。

二、教育数字化转型的价值意蕴

教育数字化是构建高质量高等教育体系的重要途径。通过全链路夯实数字化底座、系统深化教学改革、不断完善管理服务体系推进高等教育数字化改革①，数字化是手段、方式，转型是目的、核心。教育数字化转型是一个逐步发展、逐步迭代的长期过程，是推动数字中国建设的实然之势，是助力教育强国建设的必由之路，是实现教育高质量发展的应然之需。

第一，教育数字化转型是推动数字中国建设的实然之势。当今世界，信息技术创新日新月异。数字化、网络化、智能化深入发展，在推动经济社会发展、促进国家治理体系和治理能力现代化、满足人民日益增长的美好生活需要方面发挥着越来越重要的作用。② 进入数字时代，数字技术正从技术领域全面融入人类社会生活的各方面和全过程，数字文明日益成为人类文明新形态。

党的二十大报告中先后提到"数字中国""数字经济""数字产业集

---

① 任少波.以数字化改革推进高等教育高质量发展[J].中国高等教育，2023(2)：47-51.
② 共产党员网.习近平多次关注这个前沿领域[EB/OL].(2020-10-13)[2023-09-08].https://www.12371.cn/2020/10/13/ARTI1602543587158236.shtml.

群""数字贸易""教育数字化""文化数字化"等①。"网络强国""数字中国"建设具有战略性、基础性、先导性、引领性，应引起高度重视。理解"教育数字化"要立足"数字时代"这一改革发展的大环境，"推进教育数字化"彰显了网络强国、数字中国在中国式现代化建设中的引领支撑作用。从教育部2022年的数据来看，教育部全面实施国家教育数字化战略行动，集成上线了国家智慧教育公共服务平台。上线一年多来，该平台访问总量超过260亿次，已成为世界上最大的教育资源库②。

第二，教育数字化转型是助力教育强国建设的必由之路。网络信息技术加速迭代升级和融合应用，极大促进了生产要素的流动和共享，推动社会生产力发生了新的质的飞跃。教育部党组书记、部长怀进鹏在世界数字教育大会上强调，"发展数字教育，推动教育数字化转型，是大势所趋、发展所需、改革所向，更是教育工作者应有之志、应尽之责、应立之功"。当前，我国已经开启全面建设社会主义现代化国家的新征程，推进教育现代化，以教育之力厚植人民幸福之本，以教育之强夯实国家富强之基，对教育数字化转型提出了新的更高要求。要主动顺应数字化转型趋势，牢牢把握教育强国对教育数字化转型的要求，充分释放数字化发展红利，将数字技术集成优质资源、数字资源，强化大数据赋能教育教学，增强教育有效公共服务能力。

第三，教育数字化转型是实现教育高质量发展的应然之需。交互技术、电竞技术、人工智能技术、网络及运营技术、物联网技术将在迭代更新中走向集群式发展，引发教育领域系统性、革命性、群体性技术突破。高等教育要因"技"而新，实时洞悉技术迭代升级新动态，融入技术集群效能治理，构建包容、多元、共享、共融、共治、共建的模式，将育人实效视为技术运用的出发点和落脚点，强化数字技术赋能效应，实现对"纯粹技术化"误区的超越。

但在技术应用的背后，教育主体应树立正确的数据资源意识、数据价

---

① 王乐.以数字中国建设推进中国式现代化[N].人民邮电，2022-11-04(1).
② 吴丹.多措并举推动义务教育优质均衡发展[N].人民日报，2023-07-07(3).

值意识、数据应用意识，了解数字化技术的机理及育人优势，强化联合、共享、定量、精准等数字育人思维，以主体价值理性驾驭技术工具理性。教育客体要在信息生产及传播过程中树立数字伦理规范意识，明确主体责任，提升对数字信息价值取向的辨识能力，形成合理运用算法、传递优质教育内容、凝聚价值共识的内在自觉[①]。主客体的数字素养、计算思维、终身学习能力和社会责任感等为教育数字化转型奠定了思想基础。

三、教育数字化转型赋能思想政治工作的立信方案

教育数字化转型带来了教育资源丰富、教育途径多元等新变化。同时，网络信息良莠不齐，学生在各类媒体平台上信息交互自主性强等特点，对高校思政教育理念、教育内容、教育传播方式、教育途径提出更高标准、更高要求。上海立信会计金融学院牢牢把握教育数字化转型对高校思想政治教育网络内容建设的要求，加强和创新互联网内容建设，在网络空间持续探索创新路径，加快推进各类教育资源数字化、智能化传播和应用，探索高校网络思政转型升级新模式，切实让新技术、新应用、新平台为思想政治教育赋能，着力构造立信数字思政工作新格局。

第一，优化顶层设计，构建长效机制，探索网络思政育人实践。2022年全国教育工作会议指出，新时代教育工作要做到"五个深刻认识和把握"，明确提出要"实施教育数字化战略行动"。该行动在促进"十四五"时期我国教育事业高质量发展中具有基础性、全局性和先导性的地位[②]，必须给予高度重视、全面落实。

学校高度重视网络育人和易班建设，加强顶层设计，建章立制，推进系统规范管理，自2016年6月以来，学校出台了《上海立信会计金融学院进一步推进易班建设工作实施方案（2018—2020年）》，系统推进易班建设，完善易班组织架构，形成以服务为理念，以校院共建为模式，由易班

---

① 徐稳，葛世林.数字化技术赋能思想政治教育的三维探析[J].思想教育研究，2023(3)：45-51.
② 杨现民，吴贵芬，李新.教育数字化转型中数据要素的价值发挥与管理[J].现代教育技术.2022，32(8)：5-13.

建设工作领导小组、校易班发展中心、二级学院易班工作分站、易班班级共同构成的，独具特色的易班管理服务四级网格。2021年学校出台了第二个"三年行动计划"，聚焦易班四项功能，丰富网络内容和资源。

易班工作以"思想引领、教育教学、文化育人、生活服务"为核心理念，紧紧围绕易班平台"三维度"建设，打造品牌，取得了丰硕成果。学校持续推进优秀网络文化建设，成功举办2020年松江片区高校和2022年上海高校易班新生班级风采大赛品牌活动，加快推动网络文化和内涵建设。2018—2022年学校每年开展易班名师工作室及易班网络精品项目建设，依托易班平台建构网络思政教育师生共同体，已创建多个名师工作室、易班网络文化工作室和网络文化精品项目，易班名师工作室覆盖师生8 000余人次以上，教育覆盖面广、辐射力大。

第二，强化思想引领，丰富精神内涵，创新思政教育方式和方法。利用数字化技术，可以实现思政教育的精准化、智慧化、多样化。推动思政教育教学方式变革，不仅增强了课堂的互动性和趣味性，还充分激发了学生的自主性和创造性。

上海立信会计金融学院依托易班网扎实推进网络思政育人实践，围绕学生成长成才不同阶段的现实需求，打造"新生入学网络思政教育第一课"品牌项目，推进新生入学适应性教育与易班建设相结合，系统规划、研发易班"学前"教育，提升易班工作站的吸引力和感召力。每年迎新季，学校易班工作站通过提供便捷服务和策划精彩的活动等方式完成新生易班基本建设，吸引新生注册使用易班，每年累计4 000余人完成在线学习，新生入驻率达95%，新生注册认证率达100%。同时，积极组织新生参与线上迎新活动并开展入学前网络课程学习。"学前"网络学习以推动入学教育网络化、前置化、高效化为主要目标；以党的二十大精神学习专题、校史校情、大学导读、诚信教育、垃圾分类、光盘行动、校园安全与自我防范、大学校园和学习生活及专业辅助课程教育等为主要内容；通过网上学习内容分享、感悟交流及特色优课团日活动等形式，以帮助新生平稳度过入学适应期为主要任务。新生入学适应性教育网络课程不但内容多元，而且形式丰富，学校自主创新研发推出信仰公开课，劳模进校园，经典大师剧——《潘序伦》《李建模》《冼星海》，立信榜样颁奖典礼等深受学生喜爱的多样化网络学习课程。

此外，易班依托"一站式"社区建设，在学生园区之家"易诚空间"共组织开展各类学生活动 20 余次，覆盖学生 2 000 余次，立信生活园区公众号和易班平台同步发布推文 40 余篇，累计阅读量近 10 万人次。立信易班为学生打造了线上线下相结合的精神家园，学校易班建设也获得教育部易班发展中心和上海教育系统网络文化发展研究中心的肯定，获评 2022 年度"全国优秀易班共建高校"。

第三，突破时空限制，消弭数字鸿沟，拓展思政教育空间和渠道。利用数字化技术，可以摆脱"教室局限"和"教材局限"，实现思政教育场景的转型与升级，构建线上线下相结合、课内课外相融合、校内校外相互通达的开放式思政教育空间，为学生提供更多样的学习体验。

易班围绕学生价值观的形成规律与发展特点，积极开展浸润式、体验式教育，打造"劳动教育实践空间"。2022 年易班"劳动教育实践空间"正式上线，学校通过研发"互联网＋劳动课程实践云平台"模式的网络教育教学实践平台，实现教育教学、劳动实践资源供给、课堂互动、课程全息记录、课后交流、答疑辅导、教务管理、大数据分析等功能。"劳动教育实践空间"建立了多元化的劳动教育评价机制，采取学生自评、同学互审、辅导员评价等评价方式，注重劳动教育的正向激励。"劳动教育实践空间"还定期开展劳动精神宣传学习活动，强化劳动价值观思想引领，营造浓郁劳动文化氛围，挖掘宣传活动中的典型事迹，发挥榜样育人的示范引领作用。同时，依托易班平台开展"通关＋展示＋奖章＋积分"的劳动教育主题活动，坚持分级分段生活技能展示、成果发布，引导学生展示自己掌握的技能、分享自己的劳动感受、发表自己的设计作品。

第二节　新时代高校数字化转型的立信实践

近年来，学校始终坚持以习近平新时代中国特色社会主义思想为指导，紧扣学习宣传贯彻党的二十大精神主线，积极探索新时代网络育人新模式。学校通过深化网络思政阵地建设，丰富网络育人内涵，打造优秀网络文化成果，推动构建"夯实基础、建章立制、创建特色、精准思政、数字赋能"的数字思政育人新生态。

实践案例一　"'易'路同行　展青春风采"
——上海高校易班新生班级风采大赛

为深入学习贯彻习近平新时代中国特色社会主义思想，全面贯彻党的二十大精神，切实将全国高校思想政治工作会议精神引向深入，全面提升上海高校网络育人质量，深化教育交流合作，鼓励引导广大青年学生全面提升网络素养，推进网络文明建设，营造清朗网络空间，唱响时代主旋律，2022年上海立信会计金融学院主办了上海高校网络育人品牌项目"'易'路同行　展青春风采"上海高校易班新生班级风采大赛。

易班新生班级风采大赛是学校积极开展网络育人工作和易班建设卓有成效的尝试。2022年是学校开展校内易班新生班级风采大赛的第十个年头，参赛班级越来越多，表现形式越来越丰富，办赛规模也在逐步扩大。2020年该项大赛率先走出学校，升级为松江片区九所高校易班新生风采大赛，取得了丰硕成果，总计逾100个班、3 000余人参赛，决赛采用线上直播的方式，在线观看量达6.5万人次。

2022年，此项赛事进一步得到上海市教委和上海教育系统网络发展文化研究中心的大力支持，扩展到整个上海市。大赛在易班网上创建了新生班级风采大赛专区，比赛设置三个环节：初赛通过易班网络知识竞答的形式，开展浸润式网络思想政治教育，旨在引导学生通过易班网学习时事政治，提升大学生政治理论素养和数字素养；复赛通过线上线下的班级思想建设、主题活动、易班建设等形式进一步提升班级的凝聚力、向心力；决赛环节通过线下"班级风采展示、知识竞答和才艺展示"三个部分充分展现当代大学生的青春风采和精神风貌。大赛自10月启动，历时近2个月，有27所高校、超过800个班级、4.2万名学生参赛。大赛依托易班网，以线上线下相结合的方式进行，上海立信会计金融学院获得一等奖和优秀组织奖。

立信易班工作站自2012年成立以来，已连续多年获得全国优秀易班指导教师、全国优秀易班学生工作站、上海市优秀易班工作站等荣誉。学校易班工作始终坚持用心凝聚青年，构建网络思政育人"同心圆"，把立信易班建设成为集党建引领、思想教育、教育教学、管理服务、文化创新为一体的移动端校园网络互动社区，引导学生成人成才，切实发挥网络育人的示范作用。在2022年度易班共建高校、易班共建案例、易班指导教师、易班辅导员、易班工作站站长等方面优秀的工作案例遴选活动中，上海立信会计金融学院获评全国优秀易班共建高校，1位老师获评全国优秀易班指导老师。"'易'路同行 展青春风采"2022年上海高校易班新生班级风采大赛获评全国优秀易班共建案例。

小结：该项目作为上海立信会计金融学院的网络育人品牌项目，至2022年已连续开展10年，其实践成果具有较强的推广应用价值和实践意义。该项目围绕立德树人根本任务，以易班应用为基础，以思政元素开发为驱动，以应用场景沉浸为手段，满足学生需求，激发学生兴趣，从本质上理解和把握由教育信息化向教育数字化转型的理论之源和现实之需，搭建学校网络文化育人新高地，提升思想政治教育引领力。

实践案例二　数字档案
——在多元评价中生成学生整体发展画像

利用数字化技术，可以动态记录"教"与"学"的相关情况，并采用多元评价体系，反映学生成长成才情况，为校正问题、提高水平提供依据。

上海立信会计金融学院探索打造了具有立信诚信特色的学生"诚信数字档案"，将学生自入学起的学术诚信等表现情况集成到学工信息平台，作为学生评优评奖、推荐就业的重要依据，与学校所有数字平台进行信息共享，实现了学生"诚信素养"发展的全程记录和即时读取。学生毕业时，作为离校仪式教育的重要环节，学校对"诚信数字档案"进行实体化，以证书形式发放给学生。同时，学校还积极与上海市征信中心共同就打通学生从入学到进入社会的"诚信数字档案"共享共建开展研讨和合作；制定《上海立信会计金融学院学生诚信分评定实施办法（试行）》，初步开发大学生诚信分评定系统、大学生诚信档案系统，通过对学生在政治、学习、经济、生活、择业方面诚信行为表现的评价和反馈，健全诚信激励与失信惩戒机制，并探索为每位学生生成大学生诚信报告，尝试与社会征信网实现信息互联互通。

除了"诚信数字档案"，学校还开发了"学生发展银行"系统，记录学生的成长。"学生发展银行"自建设之初就开发基于商业银行信贷模块的学生发展银行管理信息系统，依靠互联网和数字平台模块建设，确保客户信息安全准确和"银行"运转科学顺畅。在基础设施建设方面，开发集客户预约、排号等功能于一体的前台服务保障系统，打造数字化资助阵地，确保"银行"前台业务运转正常、畅通；在模拟系统建设方面，开发基于B/S结构的客户管理系统，完全模拟商业银行系统内核，通过校内服务器和局域网，完成对客户业务的办理、存储和育人大数据挖掘。学校在传统评价体系基础上，以"学生发展银行"平台为载体，开发了以增值评价为视角的学生综合评价平台。学生可以在"明码标价"的实践板块中挑选符合个人发展旨趣的项目，包括"学业发展与科技创新""社会工作与社团活动""文化艺术与身心发展""思想政治与道德修养""社会实践与志愿服务""资格证书与职业发展"等。学生每完成一项与板块要求相符的学习任务、社会实践或实训模拟，就可以通过柜面认定得到相应的"成长币","学生发展银行"定期为学生客户存储"成长币",即在"五育"方面的发展增量,"银行"后台通过大数据进行客户发展数据分析,并为客户本人和其他评价主体提供用以衡量学生全面发展水平的成长报表,实现了学生"用自己的尺子量自己的发展",回应了差异化学生的多元化发展诉求。

小结:全面记录学生成长画像具有以下特点:一是实现了从大一到大四综合素质评价数据的全面贯通,用以衡量学生全面发展水平的成长报表可以满足综合素质评价改革的新需求;二是真正实现了过程性、发展性评价和多元评价,实现了全过程、全要素、全学段动态管理,通过大数据自动生成学生整体发展的画像,为探索建设智慧学工,为推动信息技术与学生工作深度结合提供了有力支撑。

实践案例三 "云展厅"上线 让学生"身临其境"学党史
——上海立信会计金融学院打造"有风景的思政课堂"

近年来,上海立信会计金融学院充分运用新技术、新手段、新平台,推进大学生思想政治工作的数字化、网络化、智能化,共同发挥党建培根铸魂的引领作用,激活基层党建工作新活力,共同打造上海高校党建及"三全育人"的样板。

打造"有风景的思政课堂"

学校以校企双方战略合作为契机,优势互补,资源共享,密切共建关系,打造"有风景的思政课堂"。学校与海尔数字科技(上海)有限公司共同签订战略合作协议,通过VR沉浸式体验"智慧党建"、校史馆"云展厅"等活动,将科技力量融入智慧思政。学生戴上VR设备观看VR+8K全景式影片,沉浸式进行党史学习。

"智慧党建融课堂"

学校将"智慧党建融课堂"充分融入5G+媒体、VR、AR、云计算等新技术,打造集"精品内容+专属平台+智能硬件"于一体的课堂平台,为学校党建教育、思政课堂提供互动体验式教学。校史馆"云展厅"通过卡奥斯SLAM移动扫描系统，采用全球领先的高精度激光雷达扫描、高清全景影像获取、SLAM、数字孪生等技术手段，对校史馆的空间信息等进行数字采集，并自动处理生成校史馆三维空间数据和高清影像数据。学校师生可随时随地，通过"云展厅"参观校史馆，进一步了解学校历史和文化精髓，同时将校史文化深度融入校园文化生活，增进师生的使命感和责任感，推进学校全员全过程全方位育人体系建设。

小结：用VR学党史，让党建课堂在新技术赋能下变得生动有趣。这样生动的课堂是学校积极推进习近平新时代中国特色社会主义思想进教材进课堂进头脑的良好成效，是以高质量党建引领人才培养工作高质量发展的生动体现，也是深化新时代教育数字化转型的真实写照。学校在扩大思政教育资源覆盖面，提供新解法的同时，不断完善互动体验式教学课程体系，不断改善硬件设施，重塑教育教学新形态，提升课堂的亲和力和针对性，既"入情入味"又"入脑入心"，更好地满足学生成长发展的需要。

第三节　新时代高校数字化转型的立信探索

一、立足新环境：自媒体环境下高校思想政治教育发展的探索与思考

自媒体时代的到来，深刻影响着人们生活的方方面面。自媒体的推广已经深入生产生活的多个维度，与诸多领域交织融合改变着这个时代的节奏。自媒体的盛行也凭借其个性化、自主化、平民化等特点使高校思想政治教育体系内部发生了一定程度的变革，在新的教育视域下，高校思想政治教育与自媒体平台关联耦合，展现出新的特点。对高校思想政治教育工作的开展而言，自媒体的广泛运用和普及既给教育体制变革带来了机遇，同时也给教育工作的开展设置了诸多障碍，因此如何把握当下的机遇并克服风险挑战是高校思想政治教育亟须解决的时代命题。探寻思想政治教育工作优化路径是完善教育体系的必然要求。

（一）自媒体环境下高校思想政治教育的新特征

1. 主客体交互多变性

"思想政治教育的两极实体都是具有主体性的行为体，分别呈现出教育主体与学习主体的性质，这种复合型结构在高校思想政治教育体系中，使得主客体关系并非一成不变，而是随着教育工作的递进过程相互转化。"① 由于自媒体平台的开放性和虚拟性，传统高校思想政治教育的主客体关系发生了扭转。在虚拟的自媒体环境中，教育者和教育对象的关系突破常规设定，在不同的时空场域下每个人扮演的角色可能会发生改变，打

---

① 陈嘉迪,郑永扣.自媒体环境下高校思想政治教育的新特征及路径优化[J].南通大学学报（社会科学版）,2021(6):129-136.

破现实伦理关系上的任务配置。在低门槛的自媒体世界中，参与者受到的现实关系的束缚变小，人们更加追求人格的平等、话语表达的自由等，这也使得网络空间中的个体呈现出扁平化的特点，自媒体环境中的主客体之间表现出较强的流动性，角色互换的频率增加，并且此时的主客体关系更加平等、和谐，使教育过程表现出更大的主动性和积极性。

自媒体技术改变了传统灌输教育中教育者和教育对象的等级地位，学生在思想政治教育链条中拥有了更大的主动权，主体意识受到激发，不再甘心于做拘束的受教者。相较于现实生活中的师长，大学生在自媒体空间中拥有更大的技术优势，网络漫游时间长的特点也让他们在虚拟空间中表现出更强的适应性，掌握网络空间中更丰富的教育内容、更多样的教育介质以及更及时的信息反馈，也正因为此种长处，现实生活中的学生有勇气、有信心、有能力走进虚拟世界中扮演教育者的角色。而与之相反的是，现实生活中的传统教育者由于时代性的限制，与网络信息的交涉出现间歇性断层，对于思想政治教育信息的迭代更新表现出乏力的现象，从而使自身教育工作的开展受到限制。同样因为自身传道授业受到时空的限制，加之教育者本身育人使命的催化，教育者自身学习的欲望增大。教育者欲提升自身网络自媒体平台利用效率以及网络信息手段的实效，这也使其在虚拟空间中主动转变为虚心的受教者。

在自媒体平台的赋能下，现实生活中的主客体关系在自媒体环境下实现了置换，两者在各自擅长的不同领域实现思想政治教育信息的共享与传授，优化了思想政治教育的主客体关系，同时延展了思想政治教育的"臂膀"，使高校思想政治教育得以实现突破和创新。

2. 教育媒介延展性

自媒体时代突破传统高校思想政治教育显性教育的界限，将教育的边界不断延伸，将隐性教育的功能放大，使得显性教育耦合隐性教育释放出更大的教育力量。碎片化是网络时代的特性，也是自媒体平台发展的必然结果。碎片化使教育内容更容易被"碎"成简短的信息，低承载量的内容可能摆脱学生对于学习内容烦琐的抗拒，使信息的接收和传播更加便利，教育内容只有真正被受教育者吸收接纳才算实现教育信息传递的功能。相较于内容繁杂而又庞大的内容体系，自媒体平台草根式的交互模式更能够达到思想政治教育事半功倍的效果。自媒体平台本身娱乐的特性使得教育工作在轻松自在的形式下进行，但也同样容易导致教育工作表现出轻浮、娱乐化的倾向，这也是思政工作开展过程中需要着力克服的异化现象。

自媒体环境下高校思想政治教育工作打破时空屏障，"不仅使信息传播的时间间隔大幅缩短，而且真正实现了信息的实时性传播"[①]。在网络空间建设日趋完善的情况下，借力于网络社交平台和自媒体技术对其提供情景支持，使思政教育突破原有课堂的界限，寻求网络空间的助力。这种教育模式的创新和发展不仅顺应了当下网络时代大学生的发展特点，同时也为教育主客体之间的交互交流提供了更加便利的途径。这种自媒体环境下教育工作开展渠道的延伸，也使线上教育与线下教育相结合模式的进展更加顺利，为公共危机情况下教育工作有序开展奠定了良好的基础。

3. 环体建构复杂性

自媒体环境下，思想政治教育工作的环境变得更加开放、自由、共享，教育环境中容纳的信息更加多样，承载的文化信息也更加多元。自媒体技术的加持，使得多种文化思潮纷至沓来，交织涌入思想政治教育的大环境中，其中既包含了对于主流意识形态具有巩固意义的积极思想，也夹杂着许多西方非主流意识形态思潮的影响，这使得教育环境中的信息良莠不齐，教育环境的建设相较于传统模式也更加复杂。自媒体时代提高了人们对于信息和价值观的包容度，增加了教育环境中可供人们选择的选项，以更宽容多样的价值观念教育学生能够增强其对思想政治教育工作的认同感，使教育工作真正被信服。自媒体时代使得高校思想政治教育工作中存在更多的新鲜事物和网民交互的讯息，迎合了当代大学生喜欢追求新颖和猎奇的心理特征，搭建起教育工作和网络空间沟通的桥梁，使得自媒体渗入大学生的学习生活的多个维度。

[①] 孔文军，黄体锐.自媒体时代高校思想政治教育方法创新研究[J].教育理论与实践，2018(3):26-28.

此外，自媒体时代使得人们的真实身份虚拟化，愈发摆脱了现实生活中扮演的角色，与现实生活中受到的规范和约束有所不同。在网络空间中，教育者和受教育者都变成了一个未知数，思想政治教育工作的开展不再像原来那样具有针对性，而是广泛地、普遍地搜集信息和传递信息，这也使得网络空间中人物身份的管理更加复杂。从这个角度来看，自媒体环境下，人们的现实身份逐步被瓦解，取而代之的是网络空间中的师生关系。这种师生关系不像原本传统模式那样牢固，更多地表现出脆弱性和阶段性的特点。大学生作为自媒体平台的活跃用户，自由的网络社交模式让他们更加沉溺于虚拟世界，这也增加了思想政治教育工作回归现实过程中的不可控性，使得教育环境处于现实与虚拟的中间地带，难以把控两者的明确界限。

（二）自媒体环境下高校思想政治教育工作的机遇和挑战

1. 自媒体环境下高校思想政治教育工作的机遇

（1）发展教育主体，提升教育技术性。自媒体环境下的高校思想政治教育对教育主体提出了新的发展要求。教育者需要适应网络空间的特性，选择适合于当代大学生的教育模式进行针对性的培养。教育者可以根据自媒体环境下学生思想动态方面表现出的特点，对教育对象进行纵向分类，根据各个群体的特性采取不同的教育方式。这种教育模式不仅顺应了时代潮流，同时也拉近了教育者与受教育者之间的距离，使两者的等级关系转化为平等的交流沟通，这不仅使教育者能够及时地把握当前教育环境中的信息，同时也能够及时地掌控当前大学生意识形态以及思想政治建设方面的倾向，从而为制定合理有效的培养方案提供参考。只有在与时代和受教育者思想的碰撞中才能够准确掌握大学生的思想动态，并为接下来的价值观引导和意识形态建设制定行之有效的培育策略。这也使高校思想政治工作的个性化和亲和力得到了提升，使思政工作不再是架构在神坛之上的思想理论，而是连接教育主客体沟通的桥梁，既能减轻大学生在学习过程中感受到的紧张感，又能提高教育者开展工作的效率。

思想政治教育工作的顺利开展离不开教育者队伍的建设。思想政治教育工作者需要跟随时势的变化提高自身技能，使自己拥有高超的业务素养和熟练的培训技巧。思想政治教育工作者需要掌握最新的技术前沿知识，探寻教育工作在方式方法上的突破，结合当下的技术发展进程进行人文教育，以更加生动形象的方式传授教育内容。只有将生动形象的内容与学生喜闻乐见的形式相结合，才能够达到信息输出的最佳效果，使学生更加认可思想政治教育的意义，也推动高校思想政治教育质量再上新台阶。自媒体中信息传播海量、多样、即时、易逝等特点使得每一位自媒体的使用者成为信息的选择者，而不只是单纯的被动接受者，教育者要不断吸收信息时代的理念，并进一步发展与创新，将技术性积极价值理念融入教育思想。① 这种自媒体带来的高校思想政治教育的变革也是在倒逼教育者完善自身，使教育者跳出原本的教育舒适圈，突破自身业务上限，不断提高自身技术水平，进而推动高校思想政治教育工作的发展。

（2）丰富教育内容和媒介，拓展教育层次性。传统思想政治教育对于教材、案例的依赖性较高，但两者更新不及时、与时代脱节的现象也导致教育工作开展的实效性无法得到保障。"尽管高校的思想政治教育专家拥有扎实的理论功底和深厚的研究积累，陈旧、刻板的教学形式和话语体系却大大限制了思想政治理论课课程的实效性。"② 自媒体环境下的高校思想政治教育模式恰巧能够克服这种弊端导致的学生的逆反情绪，在及时更新教育内容的同时也拓宽了其边界，使其承载的内容更加广泛且深刻。面对数字化平台碎片化的发展特点，高校思想政治教育也迎来了教育内容延伸与拓展的新机遇。自媒体平台为教育工作者提供了囊括古今中外、包罗万象的信息体系，使教育素材涉猎的范围更广，深度得到更有力的挖掘。

在自媒体技术的推动作用下，教育内容的表现形式更加多样，不再拘泥于传统的文本形式，而是与短视频运营平台、自媒体从业者、社交软件等形式相结合，在影、音、图等形式上进行深入拓展，使教育内容的表现

---

① 王姝.自媒体时代高校思想政治教育工作的开展[J].食品研究与开发，2021(22)：242.
② 梁钦.自媒体对"00后"大学生思想政治教育的影响及对策[J].学校党建与思想教育，2020(8)：94-96.

形式更加立体，这也强化了思想政治教育工作的感染力和表现力，使价值观引导和意识形态的传播过程更加顺畅。教育者可以整合传统教育资源与自媒体环境信息，结合自身知识传授风格特点加工碎片化信息，以系统性思维处理分散化资源，使信息在分割和聚集的过程中凝聚更广泛的共识，表现出传统教育模式的承载力以及新兴教育内容的生命力。

自媒体环境为高校思想政治教育活动提供了更大的自由度，教育内容也呈现出百花齐放的繁荣局面，教育环境中的信息涉及社会生活的诸多领域，使教育素材更加具有生活性和跳脱性。教育内容在网络空间的延展性下拓宽了自身边界，既包含了传统教育内容的精髓，也延伸出更多属于这个时代的开放性信息。自媒体环境下的教育信息不再拘泥于传统思维下的内容，既包括了新时代新形势下关于国内发展思维拓展的思考，也包含了国际交互中先进的国际经验，以多元思潮一并涌来的景象丰富着高校思想政治教育的内容体系，同时也丰富了思想政治教育的内涵。

（3）创新教育范式，巩固教育保障性。自媒体环境自由化、大众化的特点，使得受教育者能够愉悦而自觉地参与其中，这也为思想政治教育工作的有效开展提供了保障。"自媒体的传播主体是多元化、个性化的公民群体，能够实现主流媒体无法实现的'一对一'传播模式。"[①] 思想政治教育工作的顺利开展不仅需要教育者精准输出知识，更需要受教育者对教育内容产生强烈的认同感，才能够达到思政教育的目标和效果。而实现这一愿景，则需要受教育者积极表达自己关于教育内容以及教育模式的想法和困惑，从而有利于教师准确把握其思想动态并引领正确的价值方向。但是传统教育范式使得学生处于教育生态环境的被动地位，学生虽拥有表达的权利却并不敢充分表达，从而使得教育信息的输出和接受存在一定的"代沟"。自媒体环境搭建的思想政治教育平台不仅赋予受教育者权利，更使其能够有条件摆脱自身定位落差，主动表达自己的想法。

大学生所处的发展阶段拥有差异性的特点，大学生的思维活跃，对事

---

① 高金超，曹晶晶.自媒体视域下高校思想政治教育协同创新研究[J].黑龙江高教研究，2020（11）：122-125.

物的评价和看法各有不同，不同立场和不同角度的见解可以通过自媒体进行合理表达，既能够使学生划清不同流派的界限，也能够使教育主客体的信息传递更加准确到位，减少传统教育模式的信息转载障碍，从而营造思想政治教育的良好舆论氛围。

大学生是自媒体用户的重要组成部分，自媒体平台成为其了解信息和社交的重要场地，这也使高校思想政治教育拓展隐性教育平台具有可行性。自媒体环境下的高校思想政治教育不再拘泥于课堂讲授的方式，而是以更加隐蔽的方式营造适合学生进行思想规正的环境。自媒体技术的加持提高了学生参与思想政治教育的主动性。学生通过在自媒体空间的广泛参与树立正确的价值观。相较于传统的课堂教育，隐性教育能够使学生置身于特定的教育情境，产生更深层次的情感共鸣，强化对教育内容的认同，使隐性教育的教育效果更具长期性，从而对教育对象的思想产生深远影响。因此，自媒体环境的发展和规范对于高校思想政治教育拓展隐性教育渠道而言具有积极意义。

2. 自媒体环境下高校思想政治教育工作面临的挑战

（1）意识形态教育主体多元化。自媒体环境下意识形态教育主体呈现多元化的特点，多元化的态势使传统教育主体的话语权受到冲击。"与传统媒体的职业性、专业性不同，自媒体并无可循的组织原则，在传播模式上表现为'去中心'的个体化传播。"[①] 自媒体技术的发展使得网络参与者的线下身份被隐匿，他们以一个IP地址和ID名称的形式存在于自媒体交互网络之中，参与者的现实性大大降低，也表现出较大的遮蔽性，虚拟空间的"人设"与现实生活大相径庭，这使自媒体环境下教育主体的分类变得更加困难。传统意识形态教育主体往往是具有专业技能和成熟教学范式的教师，但自媒体时代教育主体变成了互联网上传播知识的"点"，既有观点鲜明的政治家、教育者，也有部分自恃博学的"网络公知""行业发言人"，还有仅代表一家之言的网络个体，其中部分主体言论中的错误观点则会冲击传统教育主体的话语权，影响高校思想政治教育工作的实效性

---

① 闫研.自媒体视域下高校"三全育人"工作策略研究[J].思想教育研究,2021(3):140-144.

和针对性。

随之而来的还有教育主体角色的弱化。相较于传统话语体系，自媒体环境下的话语权逐渐向教育对象一方倾斜，教育主体反向获取教育对象反馈的信息，接收受教育者的遴选；不再以高高在上的姿态等待教育对象的解读，而是走下神坛主动地迎合受教育者提出的种种需求。"自媒体信息碎片化传播首先冲击了传统思想政治教育话语的主流话语权，其次拆解了传统思想政治教育话语的宏大叙事传统。"① 在自媒体环境下，教师虽然是思想政治教育工作的教育主体，但其工作的开展会受到媒介素养、技术利用熟练度、信息接受速度等方面的限制，导致思想政治教育传播信息的能力有所降低，从而无法像传统教育路径一样产生强劲的制约力，从而弱化自身话语权。

（2）自媒体平台信息多样化。网络自媒体的繁荣，"不能掩盖网络表达的鱼龙混杂、良莠不齐"②。相较于传统思想政治教育模式，自媒体环境下的交流沟通更加诙谐幽默，"段子""金句""网络热词"层出不穷，这使人们能够在轻松愉悦的环境下进行交流互鉴，但多样化的信息也萌生了一些需要加以鉴别甚至弱化主流意识形态话语权的现象，增加了思想政治教育工作开展的难度和风险。当前网络环境充斥的"符号消费""明星效应"等现象，虽是"互联网＋"时代的产物，但也需要受众擦亮双眼甄别其中夹杂的低俗、消极的信息。一些追星、吃播、口嗨行为的背后往往裹挟着拜金主义、自由主义的端倪，这也带来了威胁主流意识形态传播和发展的可能。隐匿于这些现象背后的思想浪潮与我国主流意识形态中求真务实的思想元素不断交锋，而大学生自身很容易因猎奇心理和盲目跟风而选择追随，从而影响高校思想政治教育工作开展的效果。

另外，当今网络自媒体的发达使其成为多数人获取信息的第一渠道，不乏部分"网络大V""行业典"凭借自身主观臆断对社会热点问题发表

---

① 杨柳青,王建新.解构与重构：基于自媒体信息碎片化传播的思想政治教育话语研究[J].学习论坛,2020(2):10-16.

② 王德侠,迟菲,邵先军.运用网络自媒体开展思想政治教育的思考[J].黑龙江高教研究,2016(2):128-130.

"专业见解",促使自媒体平台成为一个观点碰撞的集散中心,这也导致多样化的信息中夹杂着诸多思想观念上的糟粕,诸如脱口秀演员以抹黑史实的方式讲段子、"网红"从所谓的"生理学"层面质疑英雄事迹等,这些发言的背后暗含着历史虚无主义的思潮在涌动,这使大学生在良莠不齐的信息中不受干扰并树立正确的价值观念变得更加棘手,成为思想政治教育工作前进和发展的桎梏。

(3) 受教育者信息甄别能力和自我约束能力不足。自媒体开放的环境使得多种多样的思潮一同涌入网络空间,鱼龙混杂的庞大信息体系既包含正确、健康的主流思想,也包含大量需要辨伪的负面信息,这对信息接收者的鉴别能力提出了更高的要求,但大学生本身正处于心智发展、积累经验的阶段,尚不具有充足的知识储备和社会经验,对于信息的选择和鉴别能力仍不成熟。因此,在大学生的辨别力并未得到充分提升的情况下,他们很容易受到错误思潮的裹挟和误导,在一些"网络发言人"阐释的"诡辩理论"中迷失自我,长此以往,便在认知上与主流意识形态发生偏离。

部分大学生立场不够坚定,坚持本心的意志力和自我约束能力尚有不足,在复杂的网络信息洪流面前摇摆不定。自媒体平台的监管正处于不断规范、逐渐完善的阶段,受教育者的网络行为更多地依靠自我约束。在相对宽松的学习环境中,大学生在网络监管制度不够成熟的情况下容易放松对自己的要求和规范,沉溺于直播、短视频、追星打榜等网络娱乐,对隐匿其中的奢靡、色情、腐朽思想不知道加以批判,更有甚者加入铺张浪费、享乐奢靡的行列,在网络意识形态领域容易产生冲动,致使其言行脱离初始表达语境,出现网络失范行为,与高校思想政治教育初衷相悖。

(三) 自媒体环境下高校思想政治教育的路径优化

1. 建设高水平的思想政治教育人才队伍

"提升思想政治教育话语权的关键还在于对传统的教育主体即思想政治工作者施加改善性设计,从而开启教学创新绩效的全新增长点。"① 自媒

---

① 姜竹.自媒体时代下思想政治教育的话语权提升路径研究[J].黑龙江高教研究,2019(4):130-134.

体时代的到来，对教师队伍在学科建设和技术素养提升方面都提出了全新的要求。在自媒体环境下继续推进高校思想政治教育工作走深走实，需要建设一支高水平的人才培养队伍。从技术层面来讲，新环境对教师自媒体运用的专业性发出了新指令，育人者先育己。高校思政课教师必须认识到当前形势对自身提出的新要求，要及时转变教育教学理念，结合现代化技术与媒介开展教学活动，创新教育方法。

自媒体环境下，人人都是信息的生产者和传播者，但正确的言论引导对于网络空间建设以及新形势下的思想政治教育引领意义重大。因此，高校应高度重视意见领袖的培养，掌握网络意识形态话语权。高校应该重视思政课教师、辅导员、学生党员等角色在自媒体环境下引导舆论的重要性，应该着力培养舆论的发言人，使这支队伍在常态化下能够引导正确的舆论风向，传播积极向上的教育内容。同时，在遇到网络突发事件时，也能调整自己的心态，积极应对大学生思想动态的异化现象，合理解决与社会主义核心价值体系相冲突的现象和问题，规正舆论发展方向，避免事态走向极端和失控的局面。

2. 构建积极的校园文化教育引领机制

"深刻的道理要通过讲故事来打动人、说服人。"① 校园文化承载着高校教育的使命，能够在学生生活中产生耳濡目染的影响，促进学生言行规正。面对自媒体激烈的竞争环境，高校也不能无所作为，理应发挥校园文化的长效作用，借助校园资源优势和传播特点，科学规划网络空间建设的路向，整合碎片化的信息资源，利用亲近学生的便利条件，将思想政治教育的内容作为文化熏陶的素材，与自媒体平台融合发展，打造积极的校园文化。

高校有必要高度关注与大学生思想政治工作相关的有用信息，参与到自媒体空间的交互中，成为自媒体交织网上的一环，通过学校官媒、公众号、小程序等平台传播正能量、宣扬主旋律及与学生紧密联系的思想政治

---

① 苏玉波.同向同行·合力育人：高校思想政治教育全员育人学术研讨会综述[J].思想理论教育导刊,2018(12):145-147.

教育内容，帮助学生正确解读政府相关政策文件的深刻内涵，引导学生在浏览网络信息的过程中关注家国大事，将自身发展与国家建设相结合，以高校自媒体参与范式促进学生规范自身网络参与行为。

校园作为大学生学习生活的生态圈，像社会环境一样需要进行宏观把控。近年来，网络空间中的公共危机事件层出不穷，校园生态系统要做好风险防控工作，做到未雨绸缪。校园文化在这个过程中发挥着举足轻重的作用。学校要强化思想引领，确保在网络危机事件发生之际，大学生能够坚定政治立场，守住政治底线，保持政治本色。

3. 建立完善的网络空间监督管理体系

网络空间并非法外之地，自媒体平台的确自由、开放，但这并不意味着任由各种言论和信息在网络平台间肆意转载和流传。高校在开展思想政治教育工作中要利用好自媒体平台，要严格把控网络空间的舆论导向，确保高校学生获取的网络信息积极、准确，尤其是对本校运营的公众号、小程序、自媒体账号发布的信息要进行层层审核，确保交互信息对大学生价值观塑造起到积极的引领作用。

政府应该建立网络空间管理的保障机制，确保网络运行的秩序，使网络参与者的言行受到制度的监督和制约，以明确的规章条文净化网络空气。自媒体平台虽然极富虚拟性，但也是人们现实生活的延伸，是现实生活的维度拓展，理应受到公序良俗以及法律法规的制约。政府相关部门应出台相应的管理办法，明确网络空间信息传播的界限，对恶意引战、传播虚假信息、实施网络犯罪等行为给予严处。

此外，政府相关部门应密切关注网络空间中的大学生思想动向，为高校思想政治教育工作的开展提供参考，为进一步制定针对性策略奠定基础，同时有助于营造良好的自媒体发展环境。

二、面向新群体：大学生网络群体特征的探索与思考

网络文化是一种伴随着互联网的发展而逐渐兴起的文化，愈益融入社会生活的方方面面，对人们的精神文化和思想观念具有重要影响，日益成

为主流文化不可或缺的一部分。高校校园网络文化，是师生基于网络环境进行的网络物质文化、精神文化和制度文化活动，是校园文化在网络虚拟空间的有效扩展和延伸。网络新媒体拓展了大学生参与校园公共舆论领域的渠道和范围，使原本现实生活中影响力有限的网民个体有了更多被关注的机会。受新媒体所营造的宽松传播语境和校园网络文化的影响，网络社区聚集了价值取向接近和思想观念相仿的大学生网民群体，他们特别关注社会公平正义和道德失范等话题，在经由新媒体持续报道和广泛传播后，容易出现情绪化、极端化等非理性的意见表达，群体趋同的观点不断得到强化，从而引发群体极化效应，给校园安全与稳定带来潜在的风险。

（一）群体极化相关概念界定

群体极化是社会心理学领域的专业术语，主要用于研究群体成员在进行讨论后，对群体决策以及对群体成员的态度影响。

1. 群体极化

1961年美国学者詹姆斯·斯通纳（James Stoner）在研究群体讨论对群体决策和个体决策影响时，发现了"群体极化"（group polarization）这一现象，但他使用了"冒险转移"（risk shift）这一术语，而非"群体极化"这一概念。随后研究者发现，受群体讨论的影响，讨论之后的意见比之前更加冒险，或者讨论之后群体意见变得更加谨慎。为了准确描述这一现象，法国社会心理学家塞奇·莫斯科维奇（Serge Moscovici）和梅利莎·扎瓦洛尼（Marisa Zavalloni）等首次使用"极化"（polarization）和"极化效果"（polarization effect）来描述群体讨论中出现的这一现象[1]。在众多心理学实验和社会学案例研究的基础上，凯斯·桑斯坦（Cass Sunstein）进一步阐述了"群体极化"的定义，即指"团队成员一开始就有某些偏向，在商议后，人们朝偏向的方向继续移动，最后形成极端的观点"[2]。也就是说，受到群体间相互讨论的影响，群体决策比个人决策呈现更极端的

---

[1] 蒋忠波."群体极化"之考辨[J].新闻与传播研究,2019,26(3):7-27,127.
[2] 凯斯·桑斯坦.网络共和国：网络社会中的民主问题[M].黄维明,译.上海：上海人民出版社,2003:47-51.

趋势，更容易偏向冒险或保守之某一极端。互联网出现之后，网络本身所具有的匿名性、虚拟性和较弱的信息控制性，使得群体极化更容易形成。

2. 大学生网络群体极化

凯斯·桑斯坦认为，群体极化现象在网络空间同样也会出现。他指出："当团队成员在匿名等特定环境下进行网络讨论时，网络容易造成群体极化，网民中的群体极化倾向更加突出。"① 大学生网络群体极化，是指学生网民在新媒体等平台上围绕热点话题经群体商议后呈现出观点的分化和转移，持相同观点的多数人朝着之前的偏向进一步集聚的网络现象。随着社交媒体的发展与广泛使用，大学生特殊的心理特点和无处不在的网络环境，导致校园学习生活中网络群体极化现象频频出现。网络新媒体信息传播的便捷性和无限扩展性，汇聚了兴趣爱好、价值取向接近的学生网民群体，短时间内数量巨大的网民就某一热点话题展开讨论，在互动交流中群体观点得以逐步强化，造成网络群体极化效应更为突出。大学生网民在各种网络圈群十分活跃，当面对校园生活以及社会热点事件时，如果此时群体大多数人意见呈现，或者受到少数意见领袖激进化表达的影响，加上被群体意识所感染，容易使得整个群体成员的意见转向更加极端，甚至引发校园群体事件。

（二）大学生网络群体极化的表征

社会心理学对网络环境下群体行为以及群体心理对个体社会行为的影响有着丰富的解释。大学生网络群体极化效应的产生，往往与学生群体利益诉求密切相关，与网民群体心理关注焦点高度契合，深入分析和探讨网络群体极化的存在表现，有助于进一步厘清和把握网络群体极化生成规律。

1. 同质性群体滋生盲从群体意见

群体认同心理主要是从社会认同和群际行为的视角来对待群体成员基于共同的兴趣、目的和利益，从而在认知和评价上表现出相同的情感、自觉保持一致看法的行为特征。网络群体是基于共同的身份特质、思想观

---

① 凯斯·桑斯坦.网络共和国：网络社会中的民主问题[M].黄维明,译.上海：上海人民出版社,2003：47-51.

念、文化价值观而形成的，参与什么样的网络社群，往往是大学生网民高度自主分化而类聚的结果。新媒介技术为网民群体提供了新型信息交流平台，在网络文化语境下大学生群体聚集呈现群内同质化、群际异质化的特征。在同质网络社群上聚集着思维方式、心理特征相似的大学生网民，群体认同所带来的规范压力对个体认知行为将产生直接影响，他们自觉或者不自觉地接受并遵守所处群体的共同价值标准。这些特定的大学生网络群体就共同关心的议题协商后加深了群体共同的价值观念和思维定式。在参与社会热点事件或焦点话题的讨论中，当大学生网民自身的观点或意见与网络群组中多数人不同时，在群体认同压力下他们选择不再表明自己的观点，呈现出为保持与群体意见一致而遵从群体观点的极化现象。

2. 选择性接触心理造成群体观点偏执

选择性接触心理是指受众在接受信息传播时，根据个人的兴趣、观点等有所取舍地加以选择，往往注重获取那些与自身的信念、价值和行为相一致的信息，避免接触那些与自己原有观念不相符的内容。在个人选择信息时，除了个体的兴趣或爱好等因素，其所在群体价值观念和群体规范也将对个体行为产生重要影响。受选择性接触心理影响，大学生在网络群体中呈现出近乎丧失对自我的控制，失去了个体感，在言行和情绪上不自觉地与群体统一起来。这种心理效应通常会对群体成员形成一定的心理压力，使得成员在与群体意见不相符时会不由自主地服从群体意见。凯斯·桑斯坦认为，在网络和新的传播技术领域里，志同道合的人在网上彼此进行沟通讨论，极端化程度会加深。① 在同质网络群体中，群体成员之间因共同的背景、目标、利益或兴趣爱好等而产生吸引力，志同道合的群体成员相互间交流越频繁，"回音壁"效应越明显，致使学生网民群体的观点越容易呈现集体偏执性。

3. 个体社会行为呈现集体无意识的现象

瑞士精神分析心理学家荣格（Jung）提出"集体无意识"概念，它是

---

① 凯斯·桑斯坦.网络共和国：网络社会中的民主问题[M].黄维明，译.上海：上海人民出版社，2003：47-51.

指源自祖先遗传继承下来的、带有普遍性的社会文化经验，在某一族群全体成员心理上的沉淀。简单来说，集体无意识更像是人们对于社会中某些事件在认知上的一种思维方式。在网络社区空间中，也有类似荣格所表达的集体无意识现象。大学生网络集群空间集体无意识心理的出现经由这样的过程：当新媒体呈现热点事件时，这些信息所涵盖的心理触动点使学生网民内心产生心理情感共鸣，形成某种独特的心理特质，它的出现逐渐模糊了学生网民的个体意识。这种集体心理所形成的合力潜伏于这个集体成员的心灵底层，并真实地影响着学生网民群体的思想和行为。荣格认为，当集体无意识在更大的社会团体内积聚起来时，结果便是大众的疯狂。① 当网络社区中出现吸人眼球的言论时，大学生网民在不断地跟帖和呼应中受到心理暗示，使得整个网络群体容易形成狂热的、一边倒的心态，乃至发展成为大规模的网络行动。极端情绪在群体中传染蔓延积累到一定量时，群体成员容易暴戾、非理性。进入这种情绪极化群体心理状态的个体，其智慧与理性都将被群体无意识所取代。

（三）大学生网络群体极化的生成机理

大学生网络群体极化作为一种群体情绪聚集到一定程度之后的反映与宣泄，其生成经由极端非理性情绪唤起学生网民对敏感话题的社会情绪引爆点，进而由无序网络政治参与引发网络围观，最终导致群体文化认同进一步加剧极化效应等过程。网络新媒体议程设置将相关议题引向高潮，推动网络极端情绪快速扩散，最终导致群体意见取向高度统一。对网络群体极化形成与演化机理的科学分析，是提出有效化解和防范网络群体极化风险的理论基础。

1. 极端非理性情绪引发网络群体极化现象

古斯塔夫·勒庞曾指出，专横和偏执是一切类型的群体的本性。② 网络空间极端非理性情绪通常是由社会生活中各种消极、不满情绪积聚而

---

① 荣格.分析心理学的理论与实践[M].北京:北京联合出版公司,2013:47.
② 古斯塔夫·勒庞.乌合之众:大众心理研究[M].冯克利,译.北京:中央编译出版社,2005:36.

来，这种社会情绪经过网络进一步放大、发酵，致使虚拟空间蔓延着非理性的情绪甚至极端话语。极端非理性情绪在面对社会事务作出判断时主要遵从道德和情感的需要，理性思考被取而代之，导致情绪与话语表达过度偏激。网络文化空间建构基于互联网虚拟传播技术，但由于网络的隐匿性、虚拟性等特点，古斯塔夫·勒庞所指的"专横和偏执"现象更容易在网络群体中产生，即网络文化成为极端非理性情绪滋长的温床。大学生网民情绪化的意见表达过程容易掺杂着非理性的成分，激愤的情绪遮蔽了对客观事实的理性评论，取而代之的是感性支持言论，使得其群体利益诉求不再基于理性思维下所必须遵守的基本规范准则。持续暴露在网络极端非理性文化氛围中，大学生网民彼此间情绪化的言语更具有感染力，逐步强化原本就出现偏颇的意见表达，并由此产生了群体极化现象。

2. 无序网络政治参与助推网络群体极化形成

网络赋予了现代化社会民主政治参与的一个全新发展前景，成为体现自由与民主的最佳公共领域。网络社交工具已广泛成为大学生网民集体行动的平台，确保了其在校园生活、社会热点等公共议题讨论中的网络政治参与，有效保障其知情权、监督权和参与权。在新媒体所构建的公共政治领域内，大学生网民能够以较低的成本和风险参与社会政治生活，拓宽自身的利益诉求表达的平台。网络的虚拟性和隐蔽性摒除了大学生网民在政治参与时法律制度和道德规范对个人行为的内在约束，若不加以合理引导可能导致过度和无序的网络政治参与。大学生在网络新媒体平台进行意愿表达、宣示诉求和反映心声时，如果网络意见领袖对事件发布偏激、非理性的见解或言论，封闭的交流环境可能会使得负面情绪交叉感染，从而引起群体成员的心理失衡，出现偏激狂躁和自身言行放纵随意等网络行为，助推了网络群体极化效应的形成。

3. 群体文化认同加剧网络群体极化效应

文化认同是一种集体性的主流文化价值观认同，是个体长期置身于某一文化以及文化群体中而认可内化的一种自我反映。人类生活在各种文化意义编织的社会网络中，认同关涉每一个个体和群体安身立命的根本①。同现实社会一样，网络社会的公民应当认可、信仰、遵守某一网络特定空间的价值理念和价值追求，并以此为规则，进行有秩序的网络交往互动。网络群体文化认同渗透于大学生网民加入的每一个网络社区场景之中，无意识地影响着个体的"自我"与"他者"同构的联系。大学生网络群体文化传播行为，实际上是成员对群体文化认同之后的一种情感、情绪的传递交流，加上成员间具有相似的情境、态度、认知等，自然而然会对群体成员情绪和言行产生影响。群体成员事实上的同质性或者其所感知到的彼此间的同质性，都可能会强化对所在群体的认同感，从而导致其向群体态度偏移，进一步加剧网络群体极化效应②。

（四）大学生网络群体极化的引导策略

大学生网络群体极化的产生既有其深刻的社会原因，也与网民的心理素质、网络素养、网络行为等因素密切相关。因此，在探寻网络群体极化产生与发展规律的基础上，深入分析网络群体极化背后隐藏的社会问题，建立完善网络群体极化的约束机制，从而有效化解和规避网络群体极化效应所带来的风险。

1. 培养高度的网络文化自觉，理性发声，做有担当的大学生

大学生作为最"潮"的互联网先锋体验群体、"网络原住民"，应肩负起新时代网民的责任，时刻秉承和坚守校园网络文化"底线自觉"，成为校园网络文化秩序的坚定维护者和网络文明的坚定践行者。网络文化自觉程度的高低，与有效规制网络群体极化有着密切联系。在自媒体信息时代，大学生置身于多元网络文化之中，应当主动提升自身网络共同体规约意识，通过培养高度的网络文化自觉来指导和规范网络行为，促使网络道德由他律转化为自律。高校思想政治教育工作者应着力加强大学生网络文化观及网络法治素养教育，通过精心设置网络安全教育课程和打造精品校园网络文化品牌，发挥主流意识形态的引领作用，用正确的价值取向与行

---

① 恩斯特·卡西尔.人论[M].甘阳,译.上海:上海译文出版社,2004:57.
② 蒋忠波."群体极化"之考辨[J].新闻与传播研究,2019,26(3):7-27,127.

为标准规约大学生的网络行为。大学生网民应增强打造优秀网络文化的责任意识，自觉带头遵守网络空间言行规范，主动抵制极端网络文化思潮的侵蚀。针对社会热点问题容易在校园网络平台引发网上跟风讨论、造成网络围观的现象，大学生网民应当勇于揭露和批判各种极端的思潮、理直气壮地驳斥别有用心的言论，应以逐步提升网络文化自觉的方式主动抵制网络非理性表达行为，担当起维护健康向上的网络空间和文化氛围的责任和义务。

2. 参与构建清朗网络空间，发挥大学生网民的主体作用

大学生作为网络社会的最大主体，不仅是网络文化的创造者，也是构建网络清朗空间的重要践行者，理应担负起构建清朗网络空间的主体责任。校园网络空间是文明社会的重要组成部分，要以优秀的网络文化占领校园新媒体前沿阵地。习近平总书记指出，在网络空间治理和网络文化建设中，要培育积极健康、向上向善的网络文化，为广大网民特别是青少年营造一个风清气正的网络空间。[①] 构建清朗网络空间需要汇聚全体大学生网民的力量，形成激浊扬清、澄清视听的氛围，实现网络空间始终正能量充沛、主旋律充盈。网络是一个"命运共同体"，大学生不应该做建设清朗网络空间的旁观者，而应积极主动参与网络空间治理，并不断提升理性自制和道德自觉。正向积极的网络价值观正如扣好人生的第一粒扣子一样，教育工作者要在虚拟空间引导大学生树立科学的网络价值观、全面的网络学习观和正确的网络道德观。大学生可借助微视频、原创沙画等为广大网民学子所喜闻乐见、形式多样的网络微作品来积极传播和弘扬校园网络主流文化，用自身实际行动来营造文明健康、积极向上的校园网络文化氛围，为打造一个更加清朗、安全、有序的网络空间作出新的更大的贡献。

3. 培育网络受众的相符行为，强化校园网络文化价值引领

高校思想政治教育工作者应增强新媒体空间的阵地意识，当好网络"把关人"的角色，打造集思想性、教育性、艺术性为一体的高校校园网络文化，以优秀的文化供给浸润和引领大学生网民的成长和成才。相符行

---

① 习近平.习近平谈治国理政:第2卷[M].北京:外文出版社,2017:337.

为（conformity）是指通过向社会压力让步以使自己的认知及行为符合群体的、社会的标准和规范。① 网际间匿名性的传播方式使大学生网民受众有了更大自由度，但网络受众的相符行为仍然存在，只是作用程度减弱了，范围减小了。高校网络社区作为一个虚拟网络群体，身处其中的学生网民也必然要遵循一定的网络道德规范要求。因此，网络受众的相符行为表现为对网络信息文化、制度文化、精神文化等网络行为模式与行为规范的遵守。高校要建立校园新媒体空间网络规范和行为要求，将大学生日常网络文明行为规范情况纳入学生整体评价，培育大学生网络受众的相符行为。思想政治教育工作者要把握好网络受众心理与网络传播效果之间的关系，在对大学生网民受众心理和接受行为深入了解的基础上，采用符合受众阅读习惯和认知心理的形式，借助校园网络平台传播符合受众需求的信息，实现校园优质网络文化传播效果的最大化。

4. 校园新媒体协同社会主流媒体，形成网络群体极化约束合力

网络新媒体作为社会责任的监督者和守望者，应当担负起宣传社会主义核心价值观、引导舆论、弘扬正气、凝聚人心的重要使命，要与社会主流媒体共同担负起约束网络群体极化的主体责任。网络新媒体掌握着重要传播资源和拥有巨大的受众群体，加上其强大的网际间传播能力，势必会影响社会舆论生态，理应自觉履行主体责任。但当前部分网络新媒体还存在过分追逐流量和经济效益等问题，时有未能严格落实主体责任和挑战传播底线、红线的状况发生，相关职能管理部门必须加大力度惩治网络新媒体失责行为。对此，校园网络新媒体应引以为戒，主动加强与主流媒体的深度融合和联动发展，实现两类媒体功能间相互补充、相互融合，全方位构筑校园新媒体价值引领矩阵。对校园新媒体而言，通过打造网络新媒体场域"意见共同体"，寻找新媒体网络舆论空间规约"最大公约数"，构建彼此尊重、和谐共生的舆论场，提高校园网络舆论空间引导能力。校园网络新媒体应树立契约精神和道德意识，构建联通校内外媒体联盟的"联合把关"制度，协同完善信息过滤机制，形成主流媒体、校园新媒体联动约

---

① 秦州.网络新闻编辑学[M].上海：复旦大学出版社，2007：110.

束网络群体极化合力。

在当今泛网络时代，大学生网络群体极化在新媒介技术和网络文化传播语境等因素作用下产生更为深远的影响，对群体极化效应的积极作用要加以合理引导，趋利避害、为我所用，同时要有效规避和消除其消极作用。为避免网络群体极化效应危及高校安全与稳定和大学生的身心健康发展，高校要在遵循大学生网络群体极化科学认识的基础上，构建以发挥大学生网民责任担当为主体、以高校思想政治教育工作者的教育引导为关键和以校内外新媒体协同合力为支撑的网络群体极化约束与治理体系，创新高校网络虚拟空间管理模式，以促进校园网络文化生态的和谐发展。

三、用好新载体：网络育人视域下易班平台建设的探索与思考

为推动上海教育综合改革、助力上海教育现代化建设，2018年9月，上海市教育委员会印发了《上海市教育信息化2.0行动计划（2018—2022）》。该文件实施行动部分的网络思政板块明确提出，"坚持立德树人根本目标，网络思政主阵地'易班'全面推进思想引领、教育教学、生活服务和文化娱乐四个方面内容建设"，目标是形成全方位、全过程网络育人的"大思政格局"[①]。以易班为载体促进"大思政格局"的形成，易班"校本化"建设是重要路径。

（一）易班"校本化"建设的时代应然

网络思想政治教育以易班为引领形成育人格局，是新时代的要求，也是网络育人顶层设计的需要；是易班发展的现实需求，更是提升高校思想政治教育质量、顺应网络育人的时代要求。

1. 易班"校本化"建设是网络育人顶层设计的要求

从网络育人的战略高度来说，相关部门相继出台的文件指导思想政治

---

① 上海市教育委员会.上海市教育信息化2.0行动计划(2018—2022)[EB/OL].(2018-10-15)[2023-09-02]. https://edu.sh.gov.cn/xxgk2_zhzw_ghih_01//20201015/v2-0015-gw_3022018002.html.

教育工作的开展,如《教育部办公厅 国家互联网信息办公室秘书局关于印发"'易班'推广行动计划和中国大学生在线引领工程实施方案"》(教思政厅函〔2014〕42号)等,不断强调网络育人的重要性,为高校开展易班建设提出时代要求、提供指导依据。教育部思政司在2018年工作要点中也明确提出,要构建以高校思想政治工作网、易班网和中国大学生在线"三驾马车"为引领的校园网络新媒体传播矩阵。

2. 易班"校本化"建设顺应网络育人的时代要求

网络尤其是新媒体的崛起变革了高校思想政治教育方式,大数据思维成为网络思维的"金钥匙",高校正在不断探索网络育人的新模式。在2015年第二届世界互联网大会上,习近平总书记强调互联网是人类的共同家园,提出构建网络空间命运共同体这个概念。可见,网络社会的发展确实已经从自发、自觉到自为阶段,网络的普及和发展,逐渐赋予了网络社会真实的独立形态①。易班web2.0版本打造高校师生的网络互动社区,是"互联网+教育"的产物,是网络时代教育、服务、管理学生以及学生自我成长的新载体、新渠道。易班更新了传统的教育模式,共享学习、信息等资源,加强师生互动,使得教育延伸至第三课堂(网络)。易班快速发展和推广的现实以及回顾易班发展过程中高校建设情况,易班的"校本化"建设成为各高校发展易班的聚焦点,也是易班更好地发挥网络育人效果的重要途径。在这样的时代背景下,高校应该着力推动易班"校本化"建设,促进易班网络学习共同体、网络生活社区的升级,主动运用网络获取数据资源,探索网络育人规律,发挥网络育人功能。

(二)易班"校本化"建设的价值意蕴

易班"校本化"建设,即通过易班平台在原有特色基础上结合本校特色进行的多维度改革。②综观学术界对于易班的研究,不少学者提出易班建设的建议,但要更有针对性、有效性地发挥易班在大学生成长发展、思

---

① 蒋学广,周航.网络社会的本质内涵及其视域下的青年社会化[J].中国青年研究,2013(2):102-107.

② 吴唐风,卢杰.易班校本化建设视角下网络思想政治教育的实践及创新[J].福州大学学报(哲学社会科学版),2018(4):110-112.

政教育中的作用，则需根据校园文化、教学资源开展"校本化"建设。

1. 易班"校本化"建设是提升网络育人质量重要途径

党的十九大报告明确指出："经过长期努力，中国特色社会主义进入了新时代，这是我国发展新的历史方位。"高校思想政治教育也随着新时代的到来迈入新征程，这就要求高校思想政治教育因事而化、因时而进、因势而新，要求提升和加强高校思想政治教育质量。教育部在2017年年底发布了《高校思想政治工作质量提升工程实施纲要》，提出"十大育人"，其中提到网络育人质量提升体系，强调推动思想政治工作的传统优势与信息技术的融合，也强调了易班这个载体。易班要在网络思想政治教育中起到引领和主导作用，或者说是"主动地"作用，则需要根据本校特色进行易班"校本化"建设，促使教师运用易班开展教育教学更加频繁、辅导员运用易班开展思想政治教育和日常事务管理更加多样、学生通过易班四项功能进行互动成长更加便捷。易班"校本化"建设可以使之成为契合大学生成长要素的网络育人途径，从而提升高校网络育人的质量。

2. 易班"校本化"建设是推进易班内涵发展的内生动力

（1）易班"校本化"建设有助于推进易班功能开发，提升用户使用度和黏度。根据上海乃至全国高校开展易班建设的经验，将易班进行"校本化"建设就能够提升用户（即高校师生）的易班使用度和黏度。东华大学作为上海市首批易班网络试点高校，重点围绕网络空间开展学风建设，探索网络育人的模式。随后，高校逐步加强易班网络教学资源建设。自2015年起，东华大学注重易班的平台作用，投入资金，自主开发技术，依托易班平台进行"互联网+教育教学"的改革，打造了具有代表性的互联网教学课堂——"智慧课堂"，形成由线上资源平台和课堂交互系统两部分构成的大学生学习平台。此外，东华大学还自主开发"东华微课"轻应用，为学生提供便捷的答疑解惑网络学习途径①，依托易班平台不断探索大学生校园事务的管理途径。这无疑是易班"校本化"建设的成功经验，

---

① 金鑫.基于易班平台的高校校园"互联网+"模式建设：以东华大学为例[J].教育教学论坛，2017(37)：65-66.

将学校教育教学与易班建设结合进行互联网教育探索，从而为教师教育提供网络平台，为学生学习提供资源和师生互动机会，大幅提升易班在师生中的影响力。

（2）易班"校本化"建设有助于发挥大学生网络文化供给的主动性。易班建设坚持"内容为王"，易班是一个网络平台，平台吸引人除了技术要素，内容要素才是易班可持续发展的关键。易班作为网络平台，需要吸引大学生在这个社区里进行互动、学习，就需要不断有学习、文娱、生活服务等内容供给和更新。内容的供给和更新的来源除了高校教师和管理人员，主体应该是主要用户——大学生。发挥大学生网络文化内容供给主动性的经典案例当属厦门大学。厦门大学通过扶持培育一批优秀大学生网络文化工作室繁荣易班网络文化，推进校园文化产品的设计和传播，使大学生在易班使用过程中能够感受到本校的文化特色，提升易班的归属感和认同感。以大学生的视角发布网络文学作品吸引大学生的目光，也就实现了以学生喜闻乐见的方式开展易班教育、学习、文化娱乐等。

（三）易班"校本化"建设的困境剖析

根据高校调研、访谈等形式，总结当前易班发展存在的突出矛盾有四个：大学生日益增长的网络文化需求与易班内容供给不足的矛盾；高校易班建设的意愿强烈与顶层设计缺乏的矛盾；易班大数据构建与高校信息化校园对接的矛盾；大学生对易班网络教育资源共享的需求与校际教学资源共享不足的矛盾。这些矛盾产生的根本原因是易班"校本化"建设不足、没有充分发挥本校易班建设优势。具体包括以下六个方面。

1. 组织管理：易班建设发展的层级网络及协同机制不完善

从管理体系来看，易班的建设和推广需要依托完善的组织架构。从目前高校组织管理来看，主要的问题在于易班建设发展层级网络不完善，从而导致易班建设协同效应不强。不建立高校的易班建设领导小组，就不能很好地促使高校行政职能部门形成合力；不建立易班二级学院管理体系，易班组织的触角很难延伸至学生中最基础的"细胞"组织——班级，很难形成具有专业特色和学院特点的易班发展模式；不建立易班学生干部队伍，就难以突出易班展示形式的活泼性和丰富性，校园易班推广就缺乏保障；不建立易班指导教师队伍，就很难发挥教师科研和管理才能，导致易班发展形式创新不足。从管理过程来看，层级网络没有发挥易班建设的主动性、参与性，协同作用不明显，从而导致高校易班"校本化"建设推进困难。

2. 资源整合：媒体资源与教育资源的共享共建较弱

易班"校本化"建设的重要基础就是高校校内资源的共享和共建。从媒体资源的共建来看，易班在高校媒体宣传矩阵中的引领作用不强，主要原因是易班在信息宣传和资源上没有起到主导共享共建的作用。从教育资源来看，最重要的是学校的教育资源，但目前存在两个方面问题：一是高校的校内教学资源在易班上的共享不足，如马克思主义学院的课程、教师工作部的名师课程与易班对接薄弱，使得易班推进教育教学方面缺乏内容供给；二是高校之间教育教学资源缺乏共享共建机制。近年来，教育部易班发展中心着力打造"优课YOOC"这个在线学习平台，这是"互联网＋思政教育教学"模式的新探索，"优课YOOC"在推广发展过程中遇到的最大问题就是教育教学资源供给不足。目前，不少高校在"优课YOOC"上传教育教学的视频，比较集中的是新生入学教育及思想政治教育等课程。但总体来看，目前高质量的网络课程较少，高校优质课程资源尚待入驻"优课YOOC"。以"大国系列"课程为例，截至2018年10月，上线的"大国系列"课程仅10门。可见，高校校内及校际资源的整合力度还不够，缺乏共享共建机制。

3. 内涵建设：易班网络文化作品和"校本化"衍生品丰富度不够

目前易班注册率高，使用率也在不断提升，但大学生发挥主动性创作网络文学作品、教师主动运用易班开展教育活动的并不多，易班注册用户并没有很好地在内涵建设方面发挥内容供给作用。主要问题有，在易班现有的内容建设中，从易班全国首页的页面模块来看，有易班校园内容宣传，但高质量的报道不多；有原创作品，但内容丰富度不够；有易班轻应用开发，但成体系或"爆红"的较少；从易班内涵建设的动力来看，尚未建立激发用户进行内容供给的机制；从文创产品来看，结合本校文化特色进行"校本化"衍生品设计的不多。易班需要扎根本校文化，才能加深师生对易班的归属感、提升认同感。高校易班采用通用模板去创作易班"衍生品"，这在一定程度上加强了易班的校园形象推广，但没有突出本校的文化特色。

4. 技术开发：基于师生需求导向的系统服务不足

易班要深入师生，需要有完善的系统服务。目前易班系统存在的问题有四个：其一，网络版操作界面较为烦琐，并不一目了然，熟悉易班的功能模块需要不少时间；其二，易班功能模块比较丰富，但是突出的功能却寥寥无几，功能短板凸显；其三，与微信页面跳转比较烦琐，如运用易班快搭制作投票，在微信上推广时需要跳转登录，学生普遍抱怨程序烦琐；其四，易班公共平台管理比较烦琐。以上问题均会导致易班用户体验不佳。高校在探索"校本化"轻应用开发时，也存在一定的问题。基于师生需求开发的轻应用，各高校百花齐放，但基本集中在课表查询、公寓报修、失物招领等功能开发，结合学校教育或教学特色开展轻应用研发的较少，没有形成系统性的应用研发，从而导致大学生使用易班的数据无法集合成大学生行为痕迹画像，无法发挥大数据效应。易班相较于微信等网络社交平台的优越性不够明显。

5. 队伍保障：师生队伍的网络意识和网络引导能力不强

高校推进易班"校本化"建设的主要力量有易班学生骨干、易班指导教师和专业教师。高校推进易班"校本化"建设离不开教师的参与并发挥主导作用，仅靠学生工作者推动易班建设，很难把易班打造成一个发挥教育教学功能的平台。高校易班指导教师的网络素养有待提升，其中包括互联网思维和网络育人方式。高校易班的指导教师在学校层面基本由学工部科室教师兼任，在学院层面易班由辅导员兼任，不设专职易班指导教师。部分易班指导教师工作头绪多、精力分散、创新意识不足，甚至有个别指导教师还不熟悉易班功能，更加谈不上指导发展。在专业教师中，运用多媒体开展教育教学的形式较为丰富，但运用易班网络作为延伸拓展学习的

第三课堂，或者运用易班进行第一课堂交互学习的并不多，教师队伍运用互联网开展教育的意识有待增强。易班工作站的学生队伍是易班建设的常规队伍，发挥着主导作用，但目前部分高校易班工作站学生队伍在易班推广和建设中仍然采用传统的线下学生活动形式，网络素养有待提升。教育部易班发展中心每年暑期提供学生干部培训交流的机会，但名额较少，很难满足易班学生干部网络素养提升的要求。

6. 评价机制：缺乏网络文化作品和网络育人的评价激励机制

易班建设面临内容供给不足的主要因素是缺乏网络文化作品和易班建设的评价、激励机制，缺乏制度保障。首先，对网络文化创造主体的人群——大学生来说，创作网络原创作品没有评价认定机制，无论是文章、音乐还是轻应用，都没有相应的学分认定机制，也没有评价奖励机制，使得学生创作缺乏动力。其次，专业教师参与易班网络育人，如发布博文、上传优课视频、运用优课课群进行教育，没有校内的工作量认定及评价机制。最后，学生工作者运用易班网络开展思想政治教育，没有相应的评价体系。高校缺乏易班考评和激励机制，会导致高校易班指导教师积极性不高、易班组织的发展动力不足。

（四）网络育人视域下易班"校本化"建设的路径探究

在网络文化多元化的今天，怎样使易班成为网络文化的引领者、媒体矩阵的引领者，高校易班工作者需要不断深入思考，高校管理者需要从顶层设计角度布局易班的"校本化"建设。

1. 从组织管理的角度，加强高校易班"校本化"顶层设计

高校推进易班"校本化"建设，需要对易班在校园的发展进行顶层设计，做好易班的定位规划。易班"校本化"建设不能孤军奋战，需要集全校合力。如何把力量汇聚起来、把资源集合起来、把人员队伍组织起来，也是顶层设计的内容。从组织管理的角度，易班"校本化"的顶层设计包括建立高校易班建设工作领导小组、易班层级网络管理体系。高校易班建设领导小组成员由校领导担任组长，在易班建设领导小组的统筹下协调各相关职能部门分工合作，形成合力；构建易班层级网络管理体系，集合教务、信息等部门发挥协同作用，形成学工部—学院—班级等多层管理体系，发挥学院、班级在易班建设中的主动性。

2. 从资源整合的角度，做好教育资源的校级共享和校际共建

马克思曾说，协作不仅"提高了个人的生产力，而且是创造了一种生产力，这种生产力本身必然是集体力"①。因此，高校易班"校本化"建设需要高校协作共享共建。从校级层面来说，高校需要整合校内教育教学优质资源，提升各部门的资源共享意识，依托易班网络平台，形成教务教学、学工信息、信息化校园等资源的共享机制，将信息整合到易班平台，让学生能够在易班平台上获取本校教育资源，形成具有本校特色的网络教育体系。从校际层面来说，省（自治区、直辖市）易班发展中心需要做好省（自治区、直辖市）内高校的组织工作，提升各高校教育教学资源的共享意识，形成协同效应，依托易班平台建立校际优秀教育资源的共享机制，提升易班网络育人内容质量和学习效果。

3. 从内涵建设的角度，加强思想引领、校本特色网络文化供给

易班得以持续发展的动力在于内涵建设，内涵驱动来源于校本特色网络文化内容。易班内容要吸引学生，需要精心设计。作为思想政治教育内容的供给者，思想政治课教师需要发挥主动性，通过思想政治理论课等课程入驻易班的方式，增强师生的网络互动，促进学生更好地理解知识；作为学生思想引领内容的供给者，学生工作者应结合习近平新时代中国特色社会主义思想、社会主义核心价值观、中华优秀传统文化等主题，开展易班网络主题教育；作为学生管理内容的供给者，学生管理部门可以牵头开设新生入学教育网络课程，在新生入学前组织网络课程学习和易班在线测试，实现入学教育网络化、前置化。除了学校层面的网络思政教育内容供给，我们还要发挥大学生的主动性，鼓励其供给优秀网络文学作品。恩格斯曾说："没有任何东西是不动的和不变的，而是一切都在运动、变化、生成和消失。"② 易班内容建设需要及时更新，而大学生网络文化工作室就

---

① 马克思,恩格斯.马克思恩格斯全集:第23卷[M].北京:人民出版社,1972:362.
② 马克思,恩格斯.马克思恩格斯选集:第3卷[M].北京:人民出版社,1995:60.

是一种较好的内容更新来源。学校在推进大学生网络文化工作室建设时可以规定建设内容的类型，如思想引领、教育教学、文化艺术、生活服务等，也可以聚焦优秀传统文化展示等，为大学生网络文化提供动力。

4. 从技术开发的角度，以需求为导向开发解决师生"痛点"的轻应用

易班操作和系统方面存在的种种问题不仅影响了易班网络育人功能的发挥，也影响了师生对易班的体验感。面对上述问题，我们应通过技术方式解决。变革创新是推动人类社会向前发展的根本动力。解决易班发展的问题，需要用创新的眼光，激发易班发展的动力。因此，需要加大技术开发的力度，加大技术开发的投入，做好易班技术发展的整体规划。首先，通过调研把握需要开发的轻应用类型。在进行技术开发前，加强对师生易班使用的调研，找准师生校园学习、生活中的"痛点"；依托易班平台，针对"痛点"进行应用开发，运用信息化手段为师生尤其是大学生解决学业、生活的困扰，增加师生对易班的使用度和黏度；优化易班操作，使之更具便捷性。其次，树立技术开发的大数据思维。开发轻应用，应结合学校整体信息化建设的规划，依托"智慧校园"建设，处理好轻应用与校园信息化系统之间的关系，形成大学生网络社区大数据，以便为后续应用升级提供依据，也为易班长远发展打下基础。最后，要做好易班学生的技术培训，切实发挥技术的效用。

5. 从队伍建设的角度，建设一支网络素养和网络技能较强的师生队伍

《中共中央 国务院关于全面深化新时代教师队伍建设改革的意见》明确提出："面对新方位、新征程、新使命，教师队伍建设还不能完全适应。"[①] 建设一支高素质创新型的教师队伍非常重要。这里所说的教师既包括易班指导教师，也涵盖专业教师。建设一支网络素养和网络技能较强的队伍要结合时代要求进行探索。首先，要组建网络宣传队伍，主要分三个层面：一是建设一支素质过硬的师生网络评论员队伍，掌握网络舆论的主动权和话语权；二是加强网络思政德育创新团队、易班指导教师、易班站

---

① 新华社.中共中央 国务院关于全面深化新时代教师队伍建设改革的意见[EB/OL].(2018-01-31)[2023-09-05]. https://www.gov.cn/zhengce/202203/content_3635294.htm.

长队伍建设,使其成为推进易班平台建设的先行者;三是加强青年网络文明志愿者队伍建设,通过舆论引导,努力营造风清气正的网络环境。其次,要加强队伍的工作培训与理论研究。学校相关部门组织开展网络宣传队伍专项培训,加大对网络思政与易班专项课题的支持力度,增加立项数量和研究经费,从而调动教师对易班建设研究的积极性。

6. 从机制保障的角度,构建良好的易班建设评价激励机制

易班"校本化"建设还需要构建良好的评价激励机制。评价激励机制构建需要分层分类,调动易班使用主体的积极性。首先,组织师生开展网络名栏、名作、名篇评选活动,探索建立网络文化成果评价认证体系,推动将优秀网络文化成果纳入高校科研成果统计,将其作为教师职务职称评聘条件、师生评奖评优依据。其次,对积极参与易班建设和表现突出的师生应给予奖励。再次,鼓励专任教师利用易班创新教书育人,在教学相关奖项中设立易班专项。最后,鼓励思想政治教育教师利用易班开展工作,在优秀思想政治教育工作者评选中设立易班专项,评选易班建设先进工作者和易班优秀学生团队。

网络育人是时代对于高校思想政治教育提出的新要求。高校应充分利用易班网络平台的优势,结合本校校情和特色资源开展易班"校本化"建设,推动易班的持久发展,促使易班成为具有高使用度和黏度的网络学习互动平台。

附件一

上海立信会计金融学院
全面落实立德树人根本任务实施纲要

为深入贯彻习近平新时代中国特色社会主义思想和党的十九大精神，全面落实立德树人根本任务，培养社会主义建设者和接班人，根据上级有关会议精神和文件要求，结合学校实际，制定本实施纲要。

一、指导思想

高举中国特色社会主义伟大旗帜，深入贯彻习近平新时代中国特色社会主义思想和党的十九大精神，深入贯彻高校思想政治工作会议精神、全国教育大会精神、新时代全国高等学校本科教育工作会议精神、上海市教育大会精神，坚持社会主义办学方向，不忘初心、牢记使命，增强"四个意识"、坚定"四个自信"、坚决做到"两个维护"，以立德树人为根本，以理想信念教育为核心，以社会主义核心价值观为引领，培养德智体美劳全面发展的社会主义建设者和接班人。

二、总体目标

教育是国之大计、党之大计，是民族振兴、社会进步的重要基石。提高政治站位，牢牢把握社会主义办学方向，牢牢把握立德树人根本任务，切实把党员干部、师生员工的思想和行动统一到培养德智体美劳全面发展的社会主义建设者和接班人，办好人民满意教育的使命任务上来。用三年的时间，以服务国家发展战略和上海全球卓越城市建设为导向，以内涵发展为主线，以体制机制创新为着力点，紧紧抓住坚持办学正确政治方向、建设高素质教师队伍和形成高水平人才培养体系三项根本性任务，坚持党建引领、立德树人、人才强校、学科攀升、服务驱动、机制创新六大战略，集中力量打好二十项攻坚战，全面落实立德树人根本任务。

三、主要举措

（一）坚持党建引领战略，确保学校正确的办学方向

1. 坚决打好"四位一体"攻坚战。把党的政治建设摆在首位，坚持社会主义办学方向，切实发挥学校党委的领导核心作用、二级党组织的政治核心作用、基层党支部的战斗堡垒作用和党员的先锋模范作用，构建学校党委、二级党组织、基层党支部、党员"四位一体"整体联动机制，形成落实党的领导纵到底、横到边、全覆盖的工作格局，使学校成为坚持党的全面领导的坚强阵地。坚定办好中国特色社会主义财经大学的信心，确保党中央、上海市委的决策部署落到实处，谱写教育奋进之笔。（牵头校领导：李世平；牵头部门：组织部）

2. 坚决打好落实"三大主体责任"攻坚战。推进落实"三大主体责任"是攻坚战，更是持久战，必须保持政治定力。压紧压实意识形态工作、基层党建工作、党风廉政建设和党内监督工作主体责任，健全完善"三大主体责任"同部署、同推进、同考核的"三同机制"。按照"问题导向、顶层设计、总体部署、扎实推进、严格督查、述职考核"的工作思路，推动"三大主体责任"一级级向基层延伸，层层压实责任，切实解决"上热中温下冷""水流不到头"等问题，把党的全面领导贯穿在办学治校、立德树人全过程。（牵头校领导：李世平；牵头部门：党委办公室）

3. 坚决打好监督执纪攻坚战。推进"四责协同"机制，形成党风廉政建设和党内监督齐抓共管的工作格局。强化对权力运行的制约和监督，用好问责利器，坚持"标本兼治"，从源头上防治腐败，加强对重点领域和关键环节的监管，实现巡察和专项检查工作全覆盖，强化不敢腐的震慑，扎牢不能腐的笼子，增强不想腐的自觉。认真贯彻落实中央八项规定及实施细则精神，严防"四风"变异和反弹回潮。提高监督执纪"四种形态"运用水平，强化纪律处分威慑力，营造健康清朗的政治生态。（牵头校领导：温景春；牵头部门：纪委办公室）

4. 坚决打好防范化解重大风险攻坚战。深刻认识和准确把握外部环境的深刻变化和我国改革发展稳定面临的新情况、新问题、新挑战，牢固树立总体国家安全观。坚持以立为本、立破并举、化育并重，牢牢把握意识形态工作的领导权。加强组织领导，坚持底线思维，增强忧患意识，提高防控能力，完善风险防控机制，落实防范化解重大风险的领导责任，形成完整责任链，及时解决突出问题，把防范化解重大风险的各项工作真正落到实处，切实维护学校安全与校园稳定。（牵头校领导：王军华；牵头部门：党委办公室、校长办公室）

（二）坚持立德树人战略，培养社会主义建设者和接班人

5. 坚决打好理想信念铸魂攻坚战。把马克思主义作为中国特色社会主义大学的"鲜亮底色"，把立德树人的成效作为检验学校一切工作的根本标准。深入推进习近平新时代中国特色社会主义思想进教材进课堂进头脑，实施思想政治工作质量提升工程、青年马克思主义者培养工程。一体化构建"三圈三全十育人"工作体系，推动知识传授、能力培养与理想信念、价值理念、道德观念的教育有机结合，筑牢大学生的思想根基，构建具有中国特色、时代特征、立信精神的大思政教育格局，培养担当民族复兴大任的时代新人。（牵头校领导：文选才；牵头部门：宣传部）

6. 坚决打好一流本科教育攻坚战。本科阶段是学生世界观、人生观、价值观形成的关键阶段，要坚持"以本为本"，推进"四个回归"，领导注意力要首先在本科聚焦，教师精力要首先在本科集中，学校资源要首先在本科配置。坚持立德树人，德育为先，切实推进教育教学改革，强化现代信息技术与教育教学深度融合，强化综合性、问题导向、学科交叉的新型课程群建设，强化与实务部门、科研院所、行业企业协同育人，构建富有立信特色的人才培养体系。持续推进高层次人才走上本科教学一线，确保教授全员给本科生上课。以建设一流专业、培育教学名师、打造一流课程等为重点，全面提升教学质量工程建设水平。完善教师教学综合评价制度，积极构建以提高人才培养能力为核心的质量文化，集中优势力量打造一流本科教育。（牵头校领导：朱亚兵；牵头部门：教务处）

7. 坚决打好素质教育攻坚战。要紧紧围绕德智体美劳全面发展的人才培养目标，在巩固德育、智育的基础上，积极实施"一体一艺"工程建设。深化学校体育改革，用好学校体育课教学主渠道，发挥高水平运动队对体育文化和体育精神的引领作用，广泛开展群众性体育活动，建立学生体育素养、心理素养评价制度。深化学校美育改革，进一步加强学校艺术团和学生社团建设，繁荣发展校园文化，切实提升以文化德、以美育人能力。充分发挥劳动教育在树德、增智、强体、育美等方面的作用，引导广大青年学生在创新创业、志愿服务、社会实践、勤工助学等活动中弘扬劳动精神，养成劳动习惯，增强表达沟通、团队合作、组织协调、创新奋进的能力。（牵头校领导：王军华；牵头部门：学工部）

8. 坚决打好诚信文化建设攻坚战。围绕以诚信为基石的大学文化体系建设，构建以诚信为重要特征的精神文化、制度文化、行为文化和环境文化体系，把诚信文化建设融入人才培养、科学研究和社会服务等各项工作，落实到校风学风建设之中。深入挖掘校史校训校歌的精神内涵、价值底蕴，引导师生践行"立信"校训、"立诚明德，经世致用"的大学精神，把诚信文化的丰富教育资源，转化为传播社会主义核心价值观的强大力量，积极打造有灵魂的大学校园。坚持文化育人与文化辐射相促进，开展好高校诚信文化育人联盟建设，加大诚信文化研究，助力诚信社会建设。（牵头校领导：文选才；牵头部门：宣传部）

9. 坚决打好国际合作与交流攻坚战。紧紧围绕扩大教育开放深化改革，以全球视野谋划学校教育国际化，全面提升教育发展能力和水平。以"一带一路"倡议为引领，加大人文交流力度。以提升学校教育国际化和竞争力为目标，以完善治理、提质增效、加快培养国际化人才为重点，推进本科层次合作办学，加快引进国外优质教育资源，更好地服务国家发展战略大局，服务上海卓越城市建设。推进中华文化传播，进一步建设好丹麦孔子学院。（牵头校领导：顾晓敏；牵头部门：国际交流处）

（三）坚持人才强校战略，加快建设高素质人才队伍

10. 坚决打好师德师风建设攻坚战。育人者必先育己，立己者方能立人。贯彻落实上海市《关于全面深化新时代教师队伍建设改革的意见》，全面加强师德师风建设，引导广大教师坚持教书和育人相统一、言传和身教相统一、潜心问道和关注社会相统一、学术自由和学术规范相统一，坚持以德立身、以德立学、以德施教，争做"四有"好老师。坚持把师德师风作为教师评价的第一标准，完善师德师风考核评价机制，明确师德底线，规范职业行为，厚植尊师文化，营造尊师重教的良好风尚，让广大教师安心从教、热心从教、舒心从教、静心从教。（牵头校领导：文选才；牵头部门：教师工作部）

11. 坚决打好高素质教师队伍建设攻坚战。对标应用型人才培养目标，加大人才引进力度，突出理想信念教育，突出全员全方位全过程师德养成，完善学校教师全过程培养体系，建立与大型企业、行业协会间的人员互聘，全力打造"双师型"教师队伍。深化学校评价机制改革，建立重师德、重能力、重业绩、重贡献的教师评价体系，推进教师分类管理、分类考核，坚决克服唯分数、唯升学、唯文凭、唯论文、唯帽子的顽瘴痼疾。深化学校人事分配制度改革，坚持从严管理与激励保障相结合，建立体现以教书育人、知识价值为导向的收入分配机制，进一步激发学校内生动力与办学活力。（牵头校领导：王军华；牵头部门：人事处）

12. 坚决打好高素质干部队伍建设攻坚战。树立重实干、重实绩的用人导向，突出信念过硬、政治过硬、责任过硬、能力过硬、作风过硬，落实好干部标准，改进知事识人方式，完善考核评价机制，大力培养和选拔任用敢于负责、勇于担当、善于作为、实绩突出的干部。突出"关键少数"，加强对领导干部履职尽责、担当作为的管理监督，对不担当不作为的进行严肃处理、问责，促进干部能上能下。健全激励保障制度体系，引导广大干部开拓创新、奋发有为，推动学校改革发展迈上新台阶、取得新成效。（牵头校领导：李世平；牵头部门：组织部）

（四）坚持学科攀升战略，加快形成特色鲜明的学科体系

13. 坚决打好学科方向凝练攻坚战。坚持固优势创特色，上水平上层次，汇聚学科队伍，构建学科平台，凝练学科方向，打造学科特色。构建更多以高端人才领衔、以中青年学术带头人为骨干、以青年优秀人才为支撑的人才团队。主动对接国家和上海重大战略,积极拓展与国家部委、区域、行业、企业的战略合作,促进学科优势集聚、特色凸显。推进学科管理体制改革,突出重点支持和绩效导向,突出学院在学科建设管理中的主体地位,强化学科带头人的权责和引领作用。(牵头校领导:顾晓敏;牵头部门:学科建设处)

14. 坚决打好优势学科建设攻坚战。瞄准服务经济社会发展深化改革,科学制定应用经济学、工商管理、统计学三大学科建设实施方案和优先支持政策,构建有利于建设大平台、汇聚大团队、培育大项目、产出大成果的政策保障体系。加大投入力度,加强组织协同,凸显优势特色,抓紧抓实补短板强弱项工作。既要注重结果,更要做实过程,以学科建设为抓手,实现各项核心指标的尽快突破,力争早日取得硕士学位授予权,全面推进高水平地方应用型大学建设进程。(牵头校领导:顾晓敏;牵头部门:学科建设处)

15. 坚决打好马克思主义学院建设攻坚战。对标示范马克思主义学院建设标准,集中精力和智慧进一步加强马克思主义学院建设,充分发挥马克思主义学院在学校马克思主义理论学科建设和思想政治教育教学中的组织、引领作用,切实提升思政课程和课程思政教学改革的质量和水平。加强马克思主义理论教学科研骨干团队建设,引导教师发挥专业优势,积极投身马克思主义特别是当代中国马克思主义的研究宣传,积极参与理论和政策咨询。加强马克思主义学科建设,努力提升马克思主义理论学科的引领作用。(牵头校领导:文选才;牵头部门:宣传部)

(五)坚持服务驱动战略,进一步激发办学活力

16. 坚决打好服务国家和上海战略攻坚战。全面对接国家和区域重大发展战略,对接落实上海提升城市能级和核心竞争力的部署,紧密服务上海"五大中心"、"四大品牌"、具有世界影响力的卓越全球城市建设,健全激励教师科研创新和成果转化的制度保障,强化特色智库建设,主动融入上海高质量的发展大局之中。积极参与自贸区试验区新片区、科技板上

市并实验注册制、长三角区域一体化发展项目，通过集聚人才，构建团队，主动作为，久久为功，在发展过程中提高学校服务社会的能力和社会影响力。（牵头校领导：顾晓敏；牵头部门：科研处）

17. 坚决打好服务师生攻坚战。推进浦东新校区这一学校重大工程建设，加大协调沟通力度，确保工程建设进度。结合学校人才培养模式改革方案，科学制定新校区智慧校园建设方案、生态校园建设方案、开放校园建设方案，努力把新校区打造成浦江之滨的教育明珠。抓好教学辅助和后勤保障工作，优化各校区资源配置，进一步加强线上线下办事大厅"一站式"服务、学生事务中心、教工之家、学生活动中心等的建设，推进一网通办，积极改善教师办公条件，开展和落实好实事工程，为师生营造愉悦的学习、工作、生活环境，增强师生的归属感、获得感。（牵头校领导：文选才、赵荣善；牵头部门：基建处、后勤处、信息办）

18. 坚决打好优良校风建设攻坚战。认真落实《校风建设指导意见》，紧紧围绕"诚信品质、实践能力、创新意识、国际视野"人才培养目标和"诚信为本、学验并重"的办学特色，立足学校发展实际，努力形成优良的师德师风、学风和管理作风，积极营造"守诚信、重规范、负责任、讲包容、顾大局、促和谐"的优良校风。进一步加强和改进机关作风，推进"一点办结制""限时办结制""午间轮休制""首问负责制"和信息公开、党务公开等一系列工作制度的落实，落实重大决策和重要政策公开征求意见制度、校领导联系基层制度，进一步提高机关职能部门的服务意识和管理水平。（牵头校领导：文选才；牵头部门：宣传部）

（六）坚持机制创新战略，推进治理体系和治理能力建设

19. 坚决打好内控机制建设攻坚战。坚持"业务全覆盖、流程风险控制、权力有效制衡"原则，围绕规范流程、分权制约、有效公开、考核评议、责任追究等方面，健全六大内控闭环机制体系。一是坚持党的全面领导，聚焦正确办学方向，构建"四位一体"的闭环机制；二是坚持"三级联动"，聚焦压力传导，构建落实"三大主体责任"的闭环机制；三是坚持防控并举，聚焦重点领域关键环节，构建权力有效制衡的闭环机制；四是坚持党管干部，聚焦政治担当，构建干部队伍建设的闭环机制；五是坚持党管人才，聚焦师德师风，构建教师队伍建设的闭环机制；六是坚持立德树人，聚焦三全育人，构建人才培养全链条质量保障的闭环机制。让内控机制真正成为防控风险的"防火墙"和规范权力运行的"铁笼子"，实现以内控促规范，以内控保廉洁。（牵头校领导：李世平、唐海燕；牵头部门：党委办公室、校长办公室）

20. 坚决打好教育现代化攻坚战。对标《上海教育现代化 2035》《上海市面向 2020 年加快推进教育现代化实施方案》和百年立信的发展目标，超前思考，整体谋划，制定《上海立信会计金融学院中长期发展规划》，加快学校率先实现教育现代化步伐。深化育人方式、办学模式、管理体制和保障机制改革，着力形成充满活力、富有效率、更加开放、有利于高质量发展的体制机制。坚持统筹谋划与实践探索相结合、目标导向与问题导向相结合、分步实施与整体推进相结合的原则，进一步落实学校重大决策部署、重要发展指标、重点改革任务，实施精准攻坚，全力打造学校核心竞争力。力争到 2028 年建校 100 周年时，把立信基本建设成为国际知名、国内有重要影响、特色鲜明的高水平应用型财经大学。（牵头校领导：唐海燕；牵头部门：发展规划处）

四、工作要求

（一）提高政治站位

深刻领会习近平新时代中国特色社会主义思想和党的十九大精神、高校思想政治工作会议精神、全国教育大会精神、新时代全国高等学校本科教育工作会议精神、上海市教育大会精神，切实提高政治站位。

（二）强化责任担当

学校党委和行政部门统筹协调立德树人"六大战略"任务，牵头校领导对攻坚任务负总责，牵头部门具体负责。牵头校领导根据攻坚任务需要自行确定责任部门，责任部门主动作为，形成工作合力，高质量推进工作。

（三）狠抓工作落实

围绕立德树人"六大战略"和二十项攻坚战，强化目标导向，理清工作思路，细化工作举措，明确时间表、路线图，分年度形成每个攻坚战的工作台账，层层压实责任，全面落实立德树人根本任务。

附件：落实立德树人"六大战略"攻坚任务台账表

落实立德树人"六大战略"攻坚任务台账表

攻坚任务名称：　　　　　　　　　　　　　　　　No：

编号	工作举措（含制度建设）	责任部门	完成时限	备注
1				
2				
3				
4				
5				
6				
7				
8				
9				
10				
预期成效				
牵头部门意见	（签字/盖章）　　　年　月　日	牵头校领导意见	（签字）　　　年　月　日	

注：此表按时间顺序分年度填写，一式两份，可加页；一份交党委办公室或校长办公室；一份牵头部门留存，作为工作台账。

附件二

上海立信会计金融学院
"一站式"学生社区综合管理模式建设指导意见

为深入学习贯彻习近平新时代中国特色社会主义思想和党的二十大精神，贯彻习近平总书记关于教育的重要论述，落实全国高校党建工作会议精神，根据《教育部等八部门关于加快构建高校思想政治工作体系的意见》《教育部思想政治工作司关于依托云平台深化"一站式"学生社区综合管理模式建设工作的通知》等文件要求，结合我校实际，特制定本方案。

一、指导思想

以习近平新时代中国特色社会主义思想为指导，紧紧围绕立德树人根本任务，坚持以学生发展为中心，打造富有立信特色、贴近学生实际、符合思政要求的新型生活园区，推动构建"三圈三全十育人"思想政治教育大格局，促进德智体美劳五育融合发展，着力培养担当民族复兴大任的时代新人。

二、工作目标

对标上海市高校分类评价指标体系和高校"一站式"学生社区综合管理模式建设试点工作指南的要求，从党建引领、管理协同、队伍进驻、服务下沉、文化浸润、自我治理六个方面入手，践行"一线规则"，把校院领导力量、思政力量、管理力量、服务力量下沉到学生生活空间中，立足不同校区的具体情况，探索具有"立信"特色、运行有序、科学有效的多校区"一站式"学生社区综合管理新模式，着力将学生社区打造成为学生党建前沿阵地、"三全育人"实践园地、平安校园样板高地，打通新时代高校育人工作的"最后一公里"，不断提升学生园区管理水平、服务能力和育人成效。

三、基本思路

（一）遵循育人规律，把牢育人方向

以加强党的政治建设为统领，遵循高等教育规律和大学生身心发展规律，把坚持正确的政治方向贯穿于"一站式"学生社区建设的全过程，始终坚持"为党育人，为国育才"的教育使命，营造良好的学生园区思想政治育人生态。

（二）加强系统谋划，紧扣整体布局

将"一站式"学生社区综合管理模式建设试点工作纳入学校整体发展规划，纳入人才培养的总体设计，科学分析不同校区的具体情况，聚焦学生成长成才具体问题，加强系统谋划，分区域、分阶段设置目标任务和措施要求。

（三）贴近学生生活，增进育人效能

切实遵循"一线规则"，推动校院领导力量、思政力量、管理力量、服务力量深入学生社区，激发全体师生员工参与建设"一站式"学生社区的积极性、主动性、创造性，在学生身边构筑思想政治教育多样化平台，展示先进教师风范、优秀学生榜样、敬业职工风采，增进师生交流，实现教职工与学生共享发展、共同成长。

四、总体规划

在学校党委领导下，建立由校领导牵头，相关职能部门参与的"一站式"学生社区综合管理模式建设工作领导小组，统筹推进全校"一站式"学生社区综合管理模式建设。设立学生园区管理办公室，挂靠党委学生工作部，牵头协调各相关职能部门和二级学院，组建工作队伍，并推进落实"一站式"学生社区综合管理模式建设举措，实现管理协同。

根据学校发展现状，制定"一站式"学生社区建设三阶段的总体规划，至2025年取得阶段性成果。

——规划设计，建章立制。围绕"一站式"学生社区管理服务工作，通过走访先进经验高校、征询专家意见、开展一线队伍交流等形式，广泛调研论证，结合我校实际制定规划方案。梳理"一站式"学生社区管理服务工作条线、责任主体，科学划分工作职责，形成学生园区工作规范，制定面向服务对象和责任主体的各项管理制度，立足依法治校要求，构建制度体系，依法依规指导开展学生园区管理育人工作。

——创新体系，分步推进。围绕学生园区教育管理工作维度，搭建平台，创新协同育人体系，不断深化"三全育人"在学生社区的实践内涵，着力打造思想引领、行为规范、学业发展、文化丰富、保障有力、安全有序"六位一体"的园区育人新模式。统筹学校资源，结合各校区特点，逐步扩展园区思政教育场域与载体，分步推进园区育人工作实践，循序渐进地推进"一站式"学生社区建设，确保稳中有进、成效日显。

——总结凝练，复制推广。经过前期试点建设，全面总结上川路、文翔路两校区的"一站式"学生社区管理服务模式探索实践的经验、教训，凝练可推广复制的典型案例、建设成果，进行多渠道宣传推介，并且结合新校区建设，靠前设计、规划"一站式"学生社区管理服务布局，为多校区学生园区育人工作的同步实施打基础。

五、具体举措

（一）坚持党建引领，发挥先锋示范

强化党建工作在园区大学生思想政治教育工作中的政治引领和价值引领，充分发挥学生党员的先锋模范和示范带动作用。实施"先锋引航——党建进社区"计划，通过搭建党建服务平台指导协调园区党建工作。在党员驻岗示范方面，推进党员亮身份，发动学生党员带头担任楼层长、寝室长，根据工作情况，命名一批"学生社区党员先锋示范岗"等；搭建平台与桥梁，积极为党员领导干部深入社区联系学生创造条件。在基层组织联

建方面，鼓励发动各基层党组织围绕学生园区打造党建工作品牌项目，各学院学生党支部围绕生活园区的劳动实践、志愿服务、学业帮扶、寝室建设等方面，组织开展园区主题党日，并将学生党员在生活园区的表现作为组织生活会检视问题和党员民主评议的重要内容。在党建宣传辐射方面，打造红色宣传阵地，丰富党建宣传氛围；推动青马组织进社区，各级青马研究会以学生园区为阵地组织学习交流，开展以党史为重点的"四史"宣传教育，立足社区建设深入实践，增加党建宣传影响力。

（二）完善制度体系，坚持依法治理

根据依法治校的要求，为确保教育、管理、服务上的责权利相统一，"一站式"学生社区综合管理应在学生园区已有的管理制度基础上，从新设机构与建设单位之间的管理职责划分、学生社区公共服务空间的使用规则、学生自治组织的规范要求、第三方机构协同开展教育管理工作的规范等方面设计制定管理制度，逐步形成完善的制度体系来指导实践运行，在依法治理的前提下，积极探索学生社区治理体系与治理能力现代化的实践道路。

（三）强化队伍建设，形成全员合力

切实践行"一线规则"，将"三全育人"要求与"一站式"学生社区综合管理相融合，搭建多层次工作队伍，形成育人的全员合力。领导干部深入社区，深化学校、部门、学院领导干部联系学生社区制度，与学生宿舍、学生党支部结对共建，定期深入社区一线联系学生，了解学生思想状态、生活状态、生活需求及发展需求，切实解决学生实际问题。辅导员常驻社区，在学生生活园区配套辅导员值班室和辅导员宿舍，建立园区值班值守制度，设立辅导员工作室、辅导员之家，探索常态化背景下的网格化管理机制，确保园区辅导员和各学院专职辅导员进驻学生社区，做到与学生同吃同住同生活。值班值守辅导员经常性地深入学生宿舍，做好学生思想价值引领、宿舍事务管理、行为养成教育、网络思政建设、心理健康教育、危机事件应对等工作，努力实现与学生同场域同频率同成长。开展导师进社区工作，发动专业导师、科研竞赛指导教师等深入学生园区，贴近

学生生活场域，组织交流研讨，开设"教授课堂"，营造崇学尚学乐学的学习氛围。校外力量服务社区，积极倡导校外专家、行业模范、杰出校友，甚至学生家长等参与"一站式"学生社区建设，开设"成长学堂"，担任社区兼职辅导员，促进校内小课堂与社会大课堂深度融合，为学生成长成才引路。

（四）加强文化建设，坚持以文化人

依托多元文化建设，在学生社区搭建文化展示平台，形成社区文化展示集成效应，营造随处可见的文化氛围。围绕学校"诚信教育"办学特色，利用学生园区内的宣传设施和楼道大厅等，组织诚信文化宣传展示，推行诚信伞、诚信货架等诚信主题教育活动，进一步完善诚信教育体系，实现全方位、全过程育人。建设室外文化阵地，增设或改建学生园区内的宣传栏，或针对宿舍楼宇外墙进行文创设计，作为绘画、书法、照片等图文信息的展示窗口；依托学生社团组织、校内外各类资源，将中华优秀传统文化引入校园，深入学生社区，开展形式多样的文化展示、交流活动，丰富园区文化氛围。建设楼宇文化，依托学生园区楼宇走廊，由各楼宇学生自行组织开展楼宇特色文化创意活动，构建"特色鲜明""富有创意""格调高雅""健康向上"的多样化特色文化长廊和文化宿舍。组织社区文化节，每学年开展社区文化系列活动，围绕社区工作重点，集中展示优秀文化活动与项目，评选"文明示范寝室""最美楼层长""优秀寝室长""学生社区十佳文化活动"等，打造"社区文化节"品牌活动，组织优秀项目交流和表彰先进，凸显社区文化育人实效。

（五）整合实践资源，深化实践育人

充分挖掘社区实践资源，将大学生实践育人与社区建设相结合，扎实开展劳动教育和志愿服务，大力弘扬劳动精神、劳模精神、志愿服务精神，打造实践育人新阵地。将学生园区志愿服务、勤工助学等实践资源进行统一管理，积极拓展垃圾分类、安全防护、禁毒防诈、心理健康宣传等新型岗位，与劳动教育学分相结合，为参与学生认定劳动服务时长。依托第三方服务机构的资源，发掘物业职工的技能特长，聘请有一技之长的职工担任技能培训讲师，为社区学生开设劳动教育课程，搭建技能培训课程平台，传授劳动技能。

（六）推行自我治理，发挥朋辈效应

设立"园区学生联合会"，制订公约与规范，加强社区学生组织建设协调与管理。各学生组织、社团进驻社区，负责社区功能室的日常运营与维护，并在园区学生联合会指导下，自主开展各类文艺体育、学术科研、创新实践活动，参与社区建设，强化社区运行活力。重构原有园区学生组织，做好功能整合，加强对楼层长团队、志愿者组织的协调，协助开展宿舍管理工作，发挥学生自我监督、沟通协调作用。

（七）推动服务下沉，促进协同联动

由学生园区管理办公室协调集聚管理资源，将党团建设、学业发展、心理健康、就业指导、资助帮扶、创新创业等促进学生成长发展的服务引入社区，六线并进，立足社区开展育人工作，增强管理协同。加强后勤管理人员、安全保卫人员和物业服务人员的沟通，建立协作机制，提升维保响应速度，强化学生社区的安全监督、卫生指导、风险管控；加强社区"一站式"服务建设，规范服务事项、细化服务要求、优化服务流程，为学生提供更便利、高效、优质的服务保障。积极参与上海高校公寓管理"6T"建设，打造社区育人服务平台与载体，积极拓展服务空间，根据不同校区基础条件，分批改造与建设学生社区功能用房，以宿舍楼群及周边区域，配套社区活动室、研讨室、谈心谈话室、健身房、自习室等，以及为育人平台提供办公空间作为社区服务主阵地，满足师生多元化、个性化的思想学习生活需求。

六、组织保障

（一）加强领导与统筹规划

学校党委定期研究"一站式"学生社区建设工作，并在校级层面设立"'一站式'学生社区综合管理模式建设工作领导小组"，由学校分管条线领导担任组长，将园区学生思想政治工作与教学、科研、社会服务、国际

交流等工作同部署、同推进、同考核,把"一站式"学生社区建设纳入学校重点工作计划。

(二)完善管理保障机制

由党委学生工作部(学生园区管理办公室)牵头,相关部门配合,完善学生社区组织架构、工作队伍和体制机制,修订制订相关配套制度办法,稳步推进试点各项工作任务。

(三)保障运行经费

学校配套学生园区工作专项运行经费,建立可持续的经费保障机制,并根据试点成效、工作推进进展实施动态管理。鼓励各二级学院配套园区工作专项经费,用于支持与奖励师生深入学生社区开展工作。

(四)整合利用社区公共空间和资源

学校在现有社区公共服务空间基础上,适当调整改造部分功能用房,拓展园区育人场域。并全力挖掘楼宇内外可利用空间,逐步改造、建设"一站式"学生服务大厅和公寓楼内外多功能活动空间,满足学生思政教育、事务办理、学业指导、心理帮扶和生活服务等方面的需求。

(五)开展考核奖励

将支持和参与"一站式"学生社区综合管理模式建设工作纳入职能部门和二级学院考核范围,强化基于考核的激励与问责机制,依据考核结果,进行经费分配与业绩奖励。

附件三

上海立信会计金融学院诚信文化建设三年行动计划（2020—2022年）

为落实学校事业发展"十三五"规划、文化发展"十三五"规划，根据学校《全面落实立德树人根本任务实施纲要》打好诚信文化建设攻坚战的要求，制定本行动计划。

一、指导思想

深入学习贯彻习近平新时代中国特色社会主义思想和党的十九大、十九届四中全会精神，深入贯彻全国高校思想政治工作会议和全国教育大会精神，传承弘扬社会主义核心价值观和中华优秀传统文化，助推打响诚信文化立信品牌，推动立德树人形成"合围之势"，培养担当民族复兴大任的时代新人。

二、基本思路

坚持"立德树人、立信塑魂"的核心理念。将诚信文化建设植根于社会主义核心价值观和中华优秀传统文化，培育以诚立身、崇德向善的精神追求。

坚持"统筹推进、资源共享"的协同机制。依托闭环式工作推进机制，找准诚信文化建设的发力点，强化资源共享、责任共担、人才共育。

坚持"搭建平台、品牌牵引"的推进策略。注重点面结合，高起点策划、高水平培育一批师生喜闻乐见、具有示范引领效应的诚信文化项目品牌。

三、工作目标

（一）办学历史"立信文脉"发扬光大、行稳致远

立信悠久的办学历史孕育着丰富的优秀传统文化，积淀着一代代立信人最深沉的精神追求，代表着立信人独特的精神标识。通过三年的建设，接好历史的接力棒，将"立信文脉"进一步传承好、发扬好。

（二）诚信文化"立信品牌"特色鲜明、声名远播

立信教育事业创办以来，诚信成为一代代立信师生执着的坚守。通过三年的建设，进一步弘扬立信文化，擦亮"金字招牌"，让立信品牌价值凸显、广受赞誉。

（三）文化育人"立信模式"底色鲜亮、成效显著

立德树人是学校的根本任务，诚信是学校人才培养的鲜亮底色。通过三年的建设，进一步推进社会主义核心价值观融入办学治校、育人育才全过程，培养更多具有诚信品质的高素质应用型财经人才。

四、主要任务与重点举措

对标《全面落实立德树人根本任务实施纲要》，重点实施"640"行动计划。即推进6大攻坚任务，分别为完善诚信教育体系、形成诚信教育课程群、开发师生诚信积分系统、深化学风建设和学术道德建设、筹建诚信文化博物馆、夯实诚信文化联盟平台，实施40项重点举措。

（一）加强诚信文化教育

1. 实施完善诚信教育体系项目。进一步完善"六环节、六目标"诚信教育体系，在学生党员发展过程中，将个人诚信表现作为"底线"衡量依据，塑造政治诚信规范；继续开展诚信学风建设，加强宣传教育，塑造学习诚信规范；对学生日常行为习惯进行养成教育，塑造生活诚信规范；对学生申请奖学金、助学金给予诚信指导，塑造经济诚信规范。

2. 实施强化课堂主渠道育人项目。凸显课堂育人主渠道作用，形成以

信用中国、财经中国课程为内圈，以诚信教育课程为中圈，以诚信领导力等富含诚信元素的专业课程为外圈的诚信教育课程群。完善中国系列课程的统筹运行，进一步扩大中国系列课程的社会影响力，编辑出版《信用中国》。推出"中国共产党人的诚信"系列党课。加强教材建设，修订《大学生诚信教育概论》，完善教学案例库和专家库。

3. 实施深化学风建设和学术道德建设项目。推进本专科生学风建设，加强学生学习过程管理，严格执行平时成绩管理办法，实施平时成绩过程管理的信息化；加强学生行为规范养成教育，引导学生增强诚信意识，培育"励志笃学、勤于实践"的优良学风。推进研究生学风建设，举办学风建设宣讲报告会、学术道德专题研讨会，积极营造学术道德规范、学风端正严谨的研究生科学道德氛围。推进实施"诚信考试"制度，完善诚信考试班级承诺制度，试行无人监考，推动良好考风形成，有效防范考试违纪作弊。强化教师科研诚信建设，实施科研诚信负面清单制度，建立科研诚信与学术道德教育宣讲机制。强化师德师风考核，完善负面清单和正面清单，加大对教师诚信、失信行为的奖惩力度。

（二）推进诚信文化研究

4. 实施校史校情研究项目。推进史志编纂，编撰校志资料长编。推进校友文化传承，走访杰出校友，汇编杰出校友访谈录。推进立信复校前后校史专题研究，整理复校历史档案。

5. 实施诚信文化研究项目。推进诚信文化研究中心建设，打造以诚信文化建设为主题的跨学科研究平台。依托学校智库，推出诚信建设研究报告和决策咨询成果。依托金融学院信用管理专业团队，提升诚信社会建设服务能力。依托马克思主义学院学科团队，举办诚信伦理系列学术论坛，推进金融职业伦理道德研究。编写《诚信文选》，精选古今中外诚信论述，为开展研究提供重要参考文献资料。深化与校外相关机构合作，举办"讲信修睦"主题学术研讨会。依托思研会平台发布研究课题，推动形成诚信文化育人系列研究成果。

（三）深化诚信文化实践

6. 实施诚信文化品牌拓展项目。繁荣校园诚信文化艺术创作，展演原创大师剧《潘序伦》，深挖校史育人元素，创作更多凸显诚信主题的文化艺术作品。深化诚信文化品牌活动建设，依托明德讲堂、人文讲坛推进诚信文化传播，办好诚信辩论赛、诚信案例分析大赛、诚信征文、廉政文化作品征集等一批诚信文化特色活动，提升大学生诚信意识。

7. 实施校内外诚信主题实践项目。丰富"使守信者受益、失信者受限"的诚信体验项目，继续推进"学生发展银行"建设，培育诚信伞等诚信服务项目和互助集市等诚信消费项目，培育学生党员、学风建设骨干小组等为主体的诚信朋辈引领项目。开展"诚信万里行"实践活动，以"大别山扶贫帮困支教服务活动"为典型，通过诚信知识普及、诚信现状调研、诚信文化宣传，让学生在志愿服务中担当诚信文化的传播者、实践者。

8. 实施"区块链+诚信文化建设"项目。举办"区块链+诚信文化建设"专家咨询会，深入探讨区块链技术在校园诚信文化建设场景中的应用。建立和完善师生诚信分评定系统，采集教师诚信数据，建立诚信档案，全面记录教师在教学、管理、科研、育人、服务等方面的诚信、失信行为；优化大学生诚信分评定系统。建立学生诚信激励与失信惩戒机制，完善《大学生诚信分评定实施办法》，扩大诚信分运用场景。

（四）优化诚信文化环境

9. 实施校园文化场所提升项目。强化诚信文化环境育人功能，继续发挥好中国会计博物馆、校史陈列馆、木兰书苑、诚信广场、诚信文化长廊等主题文化场所的育人功能，提升师生诚信意识。实施诚信主题微景观计划，定期推出诚信主题特色景观，打造校园诚信文化新亮点。筹建诚信文化博物馆。推动浦东新校区文化建设规划工作。

（五）扩大诚信文化传播

10. 实施全媒体联动传播项目。推动校园媒体融合发展，做大做强校园主流舆论，为立信品牌打造和诚信文化传播提供舆论支持。鼓励学生创作更多诚信主题网络文化作品，多视角反映新时代立信人价值追求。打好整合传播"先手牌"，讲好立信故事，在社会主流媒体上持续发声。

11. 实施诚信文化传播项目。筹划会计历史文明主题展览，在兄弟高校和合作单位进行展览陈列。探索思政课大中小一体化，与附属学校成立联合课题组，推进大国系列课程走进中小学，探索实施诚信教育大中小一体化。出版"潘序伦诚信思想研究丛书"。

12. 实施诚信文化育人联盟推进项目。依托诚信文化育人联盟扩大文化辐射，继续推动高校诚信文化育人联盟建设和发展，建设一个集"科学研究、教育教学、文化传播"为一体的高校诚信文化交流、协作、共享平台，定期举办研讨会。

五、组织保障与工作推进

（一）完善统筹推进机制

组建学校文化建设委员会，完善诚信文化建设领导协调机制，统筹推进诚信文化建设和重点项目推进。强化党委宣传部在校园文化建设方面的牵头职责，以三年行动计划为抓手，推动跨部门、学院密切协作，推动各项工作部署落地落实。各二级学院要结合实际，建立诚信文化和诚信教育推进落实机制，共同打响诚信文化立信品牌。

（二）健全经费投入机制

进一步优化经费投入，确保落实诚信文化建设项目经费。学校在财力、物力方面加大投入，确保重点攻坚项目优先得到支持。广开渠道，积极争取上级主管部门、企业支持，鼓励多渠道筹措资金。

上海立信会计金融学院诚信文化建设（2020—2022年）40项重点举措与牵头部门

1. 进一步完善"六环节、六目标"诚信教育体系（党委学生工作部）

2. 形成以信用中国、财经中国课程为内圈，以诚信教育课程为中圈，以富含诚信元素的专业课为外圈的诚信教育课程群（党委教师工作部、马克思主义学院、各相关学院）

3. 完善中国系列课程统筹运行，扩大课程社会影响力（党委教师工作部）

4. 编辑出版《信用中国》（党委教师工作部）

5. 推出"中国共产党人的诚信"系列党课（马克思主义学院）

6. 修订诚信教育教材，建立和完善教学案例库、专家库（马克思主义学院）

7. 推进本专科生学风建设（教务处、学生处）

8. 推进研究生学风建设（研究生处）

9. 实施教师科研诚信负面清单制度，建立科研诚信与学术道德教育宣讲机制（科研处）

10. 推进实施"诚信考试"制度（学生处）

11. 强化师德师风考核（党委教师工作部）

12. 编撰校志资料长编（校友事务及教育发展办公室）

13. 汇编杰出校友访谈录（校友事务及教育发展办公室）

14. 推进立信复校前后校史专题研究（会计博物馆）

15. 推进诚信文化研究中心建设（科研处）

16. 依托智库推出诚信文化研究报告和决策咨询成果（立信研究院）

17. 依托信用管理专业团队，提升诚信社会建设服务能力（金融学院）

18. 依托马克思主义学院学科团队，举办诚信伦理系列学术论坛，推进金融职业伦理道德研究（马克思主义学院）

19. 编写《诚信文选》（马克思主义学院）

20. 联合举办"讲信修睦"主题学术研讨会（会计博物馆）

21. 依托思研会平台发布研究课题，推动形成诚信文化育人系列研究成果（党委宣传部）

22. 繁荣校园诚信文化艺术创作（团委）

23. 深挖校史育人元素，创作更多凸显诚信主题的作品（党委宣传部、团委）

24. 深化诚信文化品牌建设，推进诚信文化活动办出特色、形成品牌（党委宣传部、党委学生工作部、团委、各相关学院）

25. 丰富诚信体验项目，继续推进学生发展银行建设，培育诚信服务项目、诚信消费项目和诚信朋辈引领项目（学生处、各相关学院）

26. 开展"诚信文化宣传万里行"实践活动（团委）

27. 举办"区块链＋诚信文化建设"专家咨询会（党委宣传部）

28. 开发教师诚信分评定系统，优化学生诚信分评定系统（党委宣传部、党委学生工作部）

29. 建立和完善学生诚信激励与失信惩戒机制（党委学生工作部）

30. 用好校内主题文化场所，强化诚信文化环境育人功能（党委宣传部、党委学生工作部、团委）

31. 实施诚信主题微景观计划（党委宣传部、人文艺术学院）

32. 筹建诚信文化博物馆（党委宣传部、会计博物馆）

33. 推动浦东新校区文化建设规划（党委宣传部）

34. 推动校园媒体融合发展，为诚信文化传播提供舆论支持（党委宣传部）

35. 鼓励更多诚信主题网络文化作品创作（党委宣传部、党委学生工作部、团委）

36. 打好整合传播"先手牌"，持续讲好立信故事（党委宣传部）

37. 筹划会计历史文明主题展览（会计博物馆）

38. 探索实施诚信教育大中小一体化（党委宣传部、校长办公室、马克思主义学院）

39. 出版"潘序伦诚信思想研究丛书"（立信会计出版社）

40. 推动高校诚信文化育人联盟建设和发展，扩大诚信文化辐射（党委学生工作部）

附件四

上海立信会计金融学院新时代体育工作实施方案

为深入贯彻落实习近平总书记关于体育的重要论述以及在全国教育大会上的重要讲话精神,依据中共中央办公厅、国务院办公厅《深化新时代教育评价改革总体方案》《关于全面加强和改进新时代学校体育工作的意见》《关于构建更高水平的全民健身公共服务体系的意见》,中共上海市委办公厅、上海市人民政府办公厅《关于加强新时代体教融合和学校体育工作、促进青少年健康发展的实施意见》,上海市教育委员会《上海市学校体育发展"十四五"规划》等文件精神,根据《上海立信会计金融学院加强"十育人"体系建设指导意见》等文件,结合我校体育育人工作实际,特制定本实施方案。

一、指导思想

以习近平新时代中国特色社会主义思想为指导,全面贯彻新时代党的教育方针,坚持社会主义办学方向,以立德树人为根本,以社会主义核心价值观为引领,以服务学生全面发展、增强学生综合素质为目标,注重发挥体育在人才培养链条和"三全育人"机制中的育人功能,以体育智、以体育心,促进学生身心全面发展,帮助学生在体育锻炼中享受乐趣、增强体质、健全人格、锤炼意志,培养德智体美劳全面发展的社会主义建设者和接班人。

二、工作原则

(一)坚持思想引领与品格塑造相融合

引领和带动我校学生明晰体育价值取向,树立正确的价值观念,弘扬中华体育精神,增强社会责任感和爱国主义情怀。充分发挥体育育人功能，通过讲述体育历史、传播体育文化、弘扬体育精神、分享体育成就等将思想政治教育贯穿体育教育全过程。

（二）坚持培养兴趣与提高技能相促进

遵循体育教育规律，以兴趣为引导，注重因材施教，逐步提高运动水平，为学生养成终身体育锻炼习惯奠定基础。提升课堂教学效果，强化课外练习和科学锻炼指导，确保学生每天锻炼一小时，通过课堂教学和课外锻炼保障学生技能提升。

（三）坚持群体活动与运动竞赛相协调

面向全体学生，广泛开展多种多样的群众体育活动，有序开展课余训练和运动竞赛，积极培养体育后备人才，大力营造校园体育文化氛围，全面提高学生体育素养。

（四）坚持补齐短板与特色发展相结合

立足新发展阶段，贯彻新发展理念，传承我校在体育教学、训练、竞赛和群众体育工作中的丰厚积淀，进一步扬优势、补短板、增特色，充分发挥体育塑造身体机能、锤炼意志品格、修养道德情操的功能，构建学校体育新发展格局。

三、总体目标

到 2025 年，学校体育育人工作机制更加健全，教学、运动竞赛、群众体育工作体系更加完善，师资队伍和场馆设施明显加强，教育教学质量全面提高，育人成效显著增强。

到 2030 年，全校学生体质健康水平明显上升，学生体质测试优秀率显著提高。

到 2035 年，构筑"体育课堂＋课外锻炼＋体育竞赛＋综合评价"四位一体的体育育人模式，形成具有立信特色的多样化、高质量、"五育"并举、融合发展的新时代学校体育育人工作体系。

四、工作任务与举措

（一）构建具有立信特色的体育课程体系

1. 丰富体育教学内容。以"教会、勤练、常赛"为核心，采用专项班教学模式，组织开展系统连贯的个性化大学体育课程教学。开设的体育限选课程和选修课程满足学生的多样化、个性化需求。进一步挖掘我校《击剑》《跆拳道》等省部级及以上精品课程的育人内涵，进而辐射带动其他体育课程的育人实效。重点发展足球、水上项目、篮球等集体项目，逐步扩容乒乓球、羽毛球、网球等学生喜爱的运动项目，大力推广龙舟、毽球、太极拳等中华传统体育项目和精神。（牵头单位：教务处，协助单位：体育与健康学院）

2. 创新体育教学过程。探索混合式体育教学模式。将课堂教学与课外锻炼相结合，将体育教学与群体活动相结合，将运动体验与竞赛欣赏相结合，充分利用"互联网+"、手机App、新媒体平台、微课堂、云课堂、体育文化展厅、大型体育赛事等育人载体实现教学过程创新。采用理论引导与实践参与相结合、自我激励与榜样示范相结合等教育形式和方法，提高体育育人的针对性和实效性。（牵头单位：教务处，协助单位：体育与健康学院）

3. 完善体育教学评价。建立多元评价主体，探索采用增值评价、过程评价、终结性评价等多种评价方法，运用"知识、技能、行为、健康"综合评价指标，提升体育教学评价效果。具体措施包括：丰富完善理论考试题库建设。对体育知识、健康知识、专项知识等进行考察；侧重专项运动技能和基础体能评价。强化专项运动技能应用、比赛能力和学生课外锻炼等方面的综合评价；强化体育课程思政育人效果评价。通过同行评价、学生评教、督导评教等多元评价主体，注重过程评价，强化体育课程思政育人效果。（牵头单位：教务处、上海市学校体育评估中心，协助单位：体育与健康学院）

（二）营造人人参与体育锻炼的校园氛围

4. 建立科学合理课外锻炼制度。各学院、职能部门高度协调配合，坚持课内与课外、线下与线上相结合，开展丰富多彩的课外体育锻炼活动。探索依托学生体育社团、体育俱乐部引领学生自主参加课外体育锻炼的新方式，同时运用手机App记录学生课外锻炼数据，对学生课外体育锻炼进

行分级分类考核。（牵头单位：教务处，协助单位：体育与健康学院、信息技术中心、各二级学院）

5. 提高学生体育社团运行质量。建立由校团委进行常规管理，体育与健康学院进行业务指导的学生体育社团管理机制，健全学生体育社团动态调整机制。制定包含学生体育社团活动审批、风险管控、考核评优、指导教师职责与激励等方面的工作方案，切实提高学生体育社团运行质量。（牵头单位：学生处、校团委，协助单位：体育与健康学院、各二级学院）

6. 强化学生参与锻炼激励措施。坚持集体组织与自主选择、校内与校外、普及与提高相结合原则，探索体育课程考核与学生体育社团考核评优结果、校阳光体育大联赛参赛获奖情况、线上体能竞赛参赛获奖情况、校外群众性体育赛事参赛获奖情况的联动机制，全面调动学生参与体育锻炼的积极性。（牵头单位：教务处，协助单位：学生处、体育与健康学院、各二级学院）

（三）构建多层次多样化的竞赛育人体系

7. 持续推进校阳光体育大联赛。以校阳光体育大联赛为载体，构建"班级—学院—学校"全面发动、人人参与的三级竞赛体系，为全校学生提供全频谱体育竞赛平台，在竞赛中健全人格，锤炼意志。在校体育运动委员会领导下，依托体育与健康学院、学生处、校团委、各二级学院等部门共同协作，完成校阳光体育大联赛年度赛事计划、审核启动、赛事监管、赛事报道和考核表彰系列工作流程，进一步提高校阳光体育大联赛办赛质量，形成规范化操作模式。（牵头单位：体育与健康学院，协助单位：学生处、校团委、各二级学院）

8. 深耕具有立信特色的体育赛事。每年定期举办学校运动会、体育文化节、"新生杯"体育系列赛事等传统赛事。重点培育陆上划船器、"同频上马"马拉松嘉年华等精品赛事。在组织发动、经费投入、宣传报道等方面加大力度，提高我校传统赛事和精品赛事社会曝光率，进而扩大我校体育竞赛工作在上海高校的影响力，力争5年内形成标志性成果，凸显立信体育品牌。（牵头单位：体育与健康学院，协助单位：学生处、校团委、各

二级学院）

9. 积极组队参加国内外高水平赛事。组织我校击剑、女足、跆拳道、水上项目等高水平及特色运动队参加国内外高级别体育竞赛，做好"市队校办"上海市花剑队与体育局共建项目，选拔我校优秀运动员代表参加竞技体育比赛，力争取得优异竞技成绩，为学校、上海市乃至国家争得荣誉，吸引更多学生积极参与体育运动，发挥竞技体育的示范引领作用。（牵头单位：教务处、体育与健康学院，协助单位：学生处、校团委、各二级学院）

10. 发挥运动团队文化建设育人作用。加强高水平运动队、特色运动队及普通运动队文化建设，确立团队成员共同遵守和奉行的信念、价值观、伦理道德、典礼仪式等，并予以传承与发展。建立优秀运动员服务校内比赛联动机制，如担任赛事策划、裁判、成绩统计等工作，充分发挥运动队训练、竞赛、管理育人对阳光体育大联赛活动以及全校学生日常体育锻炼活动的辐射带动作用。（牵头单位：体育与健康学院，协助单位：校团委）

（四）建立新时代高校体育育人评价机制

11. 推进学校体育育人评价改革。建立体育知识、体育品德、运动行为、体质健康监测、专项运动技能测试与体能测试等相结合的考查机制。加强体质测试中心建设，把体质健康测试成绩与大学生毕业、评优评奖相挂钩，对标《国家学生体质健康标准》，精准监测大学四年学生体质健康指标，完善在校大学生体质测试评价、反馈和调节机制。启动在学校高水平运动员招生中使用体育素养评价结果的研究，将学生综合素质评价结果作为招生录取的重要参考。（牵头单位：上海市学校体育评估中心、教务处、招生与就业处，协助单位：体育与健康学院）

12. 优化体育教师岗位职责评价。将体育课堂教学、课外指导、教研科研纳入对体育教师的岗位职责评价体系。引导体育教师上好每一节课、关爱每一个学生，积极指导学生课外体育锻炼、体育社团及俱乐部活动。认真开展体育教研、科研工作，形成高水平研究成果并运用于教学实践中。（牵头单位：人事处，协助单位：教务处、体育与健康学院）

13. 健全体育督导评价体系。依托学校体育评估中心，成立体育督导队伍。注重发挥体育督导在学校体育工作政策制定、过程监督、结果评价和反馈整改四个闭环管理中重要作用。具体内容包括：一是研究制定学生体质健康监测报告，客观呈现学生体质状况及其影响因素；二是向学校反馈监测发现的主要问题并督促整改，推动学生体质健康测试成绩稳步提升；三是开发具有立信特色的学生体质健康监测工具，建立动态监测数据库，提出科学可行的干预措施，有效提升学生体质健康水平。（牵头单位：上海市学校体育评估中心，协助单位：体育与健康学院）

五、组织保障

14. 加强组织领导和经费保障。成立学校新时代体育工作领导小组，由校党委书记、党委副书记、校长担任双组长，分管宣传工作、学生工作、教学工作、后勤工作、财务工作和体育工作的校领导担任副组长，党委办公室、校长办公室、党委宣传部、党委学生工作部、教务处、科研处、人事处、国际交流处、财务处、后勤保障处、团委、体育与健康学院、信息技术中心、教师教学发展中心、校友事务及教育发展办公室、上海市学校体育评估中心负责人担任成员，统筹规划全校体育工作。

将体育育人工作经费纳入学校经费预算，并全面实施预算绩效管理。保障体育教学、校阳光体育大联赛、学生体育社团和运动队训练竞赛等活动的经费需求，严格经费管理，实行专款专用。

15. 优化师资队伍和支撑条件。配齐配强学校体育教师，加强师资队伍建设。探索引进退役运动员与高水平教练员，广泛吸纳体育保健、体育竞技、体育文化、体育休闲、体育心理、体育医疗等方面的专业人才。鼓励教师进行学位学历深造及对外交流访学，强化体育师资队伍的职业培训，提升体育教师政治素质、业务水平和科研素养。

加强场馆建设及已有老旧设备的维护修缮与更新，配齐体育教学、课外锻炼和运动竞赛所需的器材设备。加强体育场馆建设，改善师生体育锻炼条件。整合现有场馆资源，科学确定体育场馆开、闭馆和教学、训练时间，确保场馆得到充分、高效利用。

16. 加强总结宣传和社会服务。用好"立信体育"微信公众号，加强学校体育工作宣传。定期举办学校体育教育教学成果和竞赛成绩展示活动，扩大宣传覆盖面和影响力。加强立信体育文化宣传，深入挖掘校史中的立信体育基因，讲好立信体育故事。

推进体育研究服务社会。依托体育与健康学院运动与健康促进中心，积极将科研成果转化为社区及师生健康服务实践。发挥体育师资优势，深入街镇、社区，开展多种形式的健康服务实践活动，提升社会服务质量。

附件五

上海立信会计金融学院新时代大学生
劳动教育实施方案（试行）

为深入贯彻落实习近平总书记在全国教育大会上的重要讲话精神和《中共中央 国务院关于全面加强新时代大中小学劳动教育的意见》（中发〔2020〕7号），全面学习推进中共上海市委、上海市政府、上海市教委关于劳动教育有关文件精神要求，构建体现时代特征、符合育人规律、彰显我校特色的新时代大学生劳动教育体系，教育引导大学生树立正确劳动观，充分发挥劳动教育育人实效，结合我校"诚信、实用、开放"的办学理念和"诚信为本、学验并重"的办学特色，特制定本实施方案。

一、指导思想

以习近平新时代中国特色社会主义思想为指导，全面贯彻党的教育方针，落实全国教育大会精神，坚持立德树人，坚持培育和践行社会主义核心价值观，把劳动教育纳入人才培养全过程，贯穿家庭、学校、社会各方面，教育引导学生在恪守"立信"校训、秉承"立诚明德、经世致用"大学精神的过程中，进一步弘扬劳动精神。以课程教育为主要依托，以实践育人为基本途径，统筹全校资源，创新体制机制，注重教育实效，促进劳育与德育、智育、体育、美育深度融合。紧密结合经济社会发展变化和学生学习生活实际，构建融劳动教育、劳动实践、劳动认定、劳动素养和劳动评价为一体的全过程教育评价考核新机制。引导学生辛勤劳动、诚实劳动、创造性劳动，努力成长为德智体美劳全面发展的社会主义建设者和接班人。"以劳树德、以劳增智、以劳健体、以劳育美"，积极探索符合大学生学习生活实际和具有立信特色的劳动教育模式，以劳赋能培养具有"诚信品质、实践能力、创新意识、国际视野"的高素质应用型财经人才。

二、总体目标

结合学校诚信育人特色构建劳动教育体系，开设劳动教育与实践课程、强化劳动教育实践、开拓劳动教育研究、加强劳动教育人才队伍建设、建立劳动教育考评机制、健全劳动教育组织保障，积极推进宣传、实施、考核过程化管理，逐渐夯实校园、社区、园区联动的劳动教育阵地。教育引导学生正确理解和形成马克思主义劳动观，培育学生牢固树立劳动最光荣、劳动最崇高、劳动最伟大、劳动最美丽的观念；培养学生热爱劳动、尊重普通劳动者、珍惜劳动成果的情感和勤俭、奋斗、创新、奉献的劳动精神；培养学生具备胜任专业工作的劳动实践能力、较强的创新创业能力以及在劳动实践中发现新问题和创造性解决问题的能力，形成良好劳动习惯和诚信劳动观念。

三、基本原则

坚持立德树人。坚持党的领导，围绕培养担当民族复兴大任的时代新人，着力提升学生综合素质，促进学生全面发展、健康成长。把准劳动教育价值取向，引导学生树立正确的劳动观，崇尚劳动、尊重劳动、诚信劳动，从而报效国家，奉献社会。

坚持以生为本。根据学校实际，结合上海作为一线城市的硬件条件和学校在诚信教育与文化方面的积累和充分挖掘立信文脉、行业企业、学科优势等资源，开展符合专业特点要求的劳动教育。遵循学生成长规律，根据不同年级开展不同的劳动教育实践。大一侧重劳动理论类课程学习、劳动精神教育和劳动习惯养成，大二注重社会实践、志愿服务和生活劳动，大三结合专业实习实践劳动，聚焦创新创业，大四集中到企事业单位参加实训实习和开展产学研劳动实践。

坚持注重实践。强化学生劳动意识和综合实践能力培养，让学生直接

参加劳动，注意手脑并用、安全适度。引导学生在劳动中动手实践、出力流汗，接受锻炼、磨炼意志，培养学生正确劳动价值观和良好劳动品质；顺应时代背景，结合学科专业开展生产劳动和服务性劳动教育，鼓励学生参与实践锻炼，培育学生创造性劳动能力。

坚持协同育人。拓宽劳动教育途径，协调整合学校、社区、家庭、社会各方面力量，深入挖掘可利用的劳动教育相关资源。学校制定出台劳动教育实施方案，系统谋划，责任明确。各部门之间加强沟通协作，密切联系交流；各学院要形成彰显特色的可操作的细化举措，把劳动教育渗透在专业培养、学生工作等各个环节中，做出特色、突显成效。

四、任务与举措

（一）加强劳动精神学习宣传

1. 营造浓厚的劳动教育和文化氛围。以劳动节、植树节、学雷锋纪念日、国际志愿者日等重大时间节点为契机，组织开展符合大学生特点的劳动主题教育和劳动文化宣传教育活动，邀请大国工匠、劳动模范开展"劳模大讲堂""大国工匠进校园""明德校友讲堂"等专题报告会，广泛宣传劳动榜样人物，让学生近距离感受工匠精神和劳模风范，在各类活动中体悟劳动的重要意义、体会劳动的价值、培育学生积极的劳动精神。（牵头单位：党委宣传部；协助单位：党委学生工作部、工会、校团委、校友事务及教育发展办公室、各二级学院）

2. 深入开展劳动精神学习教育。通过各类宣传平台，在全校开展劳动教育学习宣传活动。通过座谈会、主题班会、专题讲座、主题党团日活动等多种形式，教育学生正确理解马克思主义劳动观。把握劳动精神和奋斗精神的实质和内涵，培养学生正确的劳动价值观和良好的劳动品质，养成勤于劳动、善于劳动、乐于劳动的良好习惯。（牵头单位：党委学生工作部；协助单位：党委宣传部、校团委、各二级学院）

3. 开展劳动教育典型选树活动。深刻领会劳动精神内涵，以"劳动之星""最美劳动者""最美园区人""最美寝室""我身边的劳动榜样"评选为抓手，组织开展榜样典型选树、劳动技能和劳动成果展示等活动。结合时代主题和生动案例提升教育效果，利用多种形式宣传活动中的典型经验和典型事迹，总结教育实践活动的经验和做法，发挥榜样育人的示范引领作用，营造良好氛围，不断加强劳动教育长效机制建设。（牵头单位：党委学生工作部；协助单位：党委宣传部、总务处、校团委、各二级学院）

（二）构建新时代大学生劳动教育课程体系

4. 开设劳动教育专门课程。将劳动教育纳入本科人才培养方案，设立2个学分，总学时不少于32学时的劳动教育与实践课程。劳动教育与实践由理论学习和劳动实践两部分组成。理论学习以专题报告会、网课学习为主；劳动实践以日常生活劳动、实践教育基地劳动和志愿服务性劳动为主。大四学年对学生的劳动教育课程成绩评定和学分进行认定，由各学院组织落实。（牵头单位：教务处、党委学生工作部；协助单位：总务处、信息化办公室、校团委、马克思主义学院、各二级学院）

5. 将劳动教育融入思政课程，打造"劳动＋思政"教育。在马克思主义基本原理概论、习近平新时代中国特色社会主义思想概论、思想道德修养与法律基础和形势与政策等思政课程中融入劳动教育，加强对马克思主义劳动观的学习，引导学生用新时代劳动思想武装头脑，明确认识到劳动是一切财富、价值的源泉，劳动者是国家的主人，一切劳动和劳动者都应该得到鼓励和尊重。（牵头单位：教务处；协助单位：党委学生工作部、马克思主义学院、各二级学院）

6. 将劳动教育纳入专业课程，打造"劳动＋专业"教育。结合学科、专业特点，梳理专业课程所蕴含的劳动教育元素，完善教学设计，以校内外专业实践实习实训基地为依托，强化学生专业实践能力培养。深化产教融合，加强与行业骨干企业、高新企业、中小微企业的紧密协同，在产教协同培养过程中强化对学生劳动锻炼的要求。专业类课程与实习实训、社会实践、毕业设计等相结合开展劳动实践，提高在实习实践中发现问题和创造性解决问题的能力，在动手实践的过程中创造有价值的物化劳动成果。（牵头单位：教务处；协助单位：各二级学院）

7. 将劳动教育汇入创新创业教育，打造"劳动＋创新创业"教育。深入推进创新创业教育改革，将劳动教育贯穿创新创业全过程。在创新创业教育类课程、创新实践学分认定过程中，通过创新创业项目实践、"挑战杯"、"互联网＋"大赛、学科竞赛等专业实践类比赛和活动项目，推动劳动教育与学生创新创业教育相结合，鼓励引导学生进行创造性劳动。做好大学生创新创业项目指导和项目孵化工作，培养学生创新意识，提升学生创新创业潜能。（牵头单位：教务处；协助单位：校团委、各二级学院）

（三）分类开展劳动教育实践活动

8. 设立"劳动教育活动月（周）"。利用劳动月（周）内课外时间，有计划、有目的地组织学生学习劳动教育理论内容，参加日常生活劳动、服务性劳动和志愿服务活动等劳动教育实践，让学生动手实践、出力流汗，接受锻炼、磨炼意志。在劳动月（周）开展系列劳动活动、劳动展示和评比表彰等活动。（牵头单位：党委学生工作部；协助单位：教务处、总务处、校团委、各二级学院）

9. 广泛开展日常生活劳动。以"服务育人"为目标加强学生日常生活劳动教育，在确保安全的前提下，引导学生积极参与校园卫生保洁、垃圾分类、绿化养护、食堂劳作、消防安全、寝室环境美化等劳动实践及管理活动；结合校园生活，组织学生开展校园卫生、教室清洁、实验室维护、图书馆书籍整理、文明寝室建设等劳动锻炼，培养学生掌握日常生活劳动技能和形成良好行为习惯，助力推动社会和校园文明建设。鼓励和支持学生开展"居家劳动一小时"，在家中帮父母做家务、进农田为父母做助手、进社区做志愿服务、进企业进行勤工助学、进学校做支教帮扶。（牵头单位：党委学生工作部；协助单位：党委保卫部、教务处、总务处、校团委、图书馆、各二级学院）

10. 深入开展实践教育基地劳动。进一步整合校内资源，积极拓展校外渠道和校友资源，结合专业见习、实习等教学活动，组织学生到社区、校内外实践教育基地参加劳动活动，充分发挥各级各类实践教育基地的劳动育人功能，满足不同专业学生多样化劳动实践需求，增强学生对劳动精

神的体验感受和认知理解。(牵头单位:教务处;协助单位:招生与就业办公室、校友事务及教育发展办公室、图书馆、各二级学院)

11. 积极开展志愿服务性劳动。以校院两级团学组织为主体,开设"菜单式"志愿劳动项目,加强学生公益性劳动意识。积极搭建志愿服务平台,组织学生深入城乡社区、福利院、医院、养老院、农民工子弟学校、图书馆、博物馆等社会机构和公共场所参加志愿服务,开展公益劳动,参与城市建设、社区治理;抓好"三支一扶"、大学生志愿服务西部计划、"三下乡"、"大学生暑期社会实践"等实践活动,引导学生扎根基层建功立业,培养学生到艰苦地区工作的奋斗精神。(牵头单位:校团委,协助单位:招生与就业办公室、党委学生工作部、图书馆、各二级学院)

(四)结合学校诚信特色开展劳动教育

12. 围绕学校诚信特色,积极打造"诚信意识+劳动实践"。推进劳动教育与学校"六环节、六目标"诚信教育体系相结合,创新教学方式,以诚信案例丰富劳动教育课程资源,提高学生在劳动教育中的主动性与积极性,让大学生的劳动教育课程不仅有"劳"的意识,也有"诚"的情怀。调动起学生参与劳动的热情,实现劳动教育的身心结合、知行合一。以诚信品质引领广大学生进行劳动实践,既让学生得到身体上的劳动,又深化了对劳动的认知与理解。结合财经类院校实际和特色,组织学生参加公益劳动、志愿活动、生活实践等,形成如"安徽大别山支教""诚信文化宣传万里行"暑期社会实践等可持续性的、长久坚持的品牌项目。积极推进"学生发展银行""诚信超市""互助集市""诚信伞""诚信打印店"等项目,丰富劳动教育资源,推动劳动教育理念从以"教"为中心向以"做"为中心的转变,加强学生在诚信教育和劳动教育过程中的参与度,使诚信教育与劳动教育的结合更具参与性和亲和力。(牵头单位:党委学生工作部;协助单位:总务处、校团委、各二级学院)

五、加强劳动教育支持与保障

13. 组织保障。加强顶层设计,构建完善的劳动教育组织领导和工作

推进机制。学校党委统筹劳动教育工作，定期围绕劳动教育进行专题研究，成立上海立信会计金融学院新时代大学生劳动教育工作领导小组，领导小组由校党委书记、校长任主任，分管宣传工作、学生工作、教学工作、总务工作、财务工作的校领导任副主任，党办、校办、组织部、宣传部、学工部、保卫部、教务处、人事处、财务处、总务处、招生与就业办公室、信息化办公室、校工会、校团委、图书馆、校友事务及教育发展办公室、马克思主义学院和各二级学院党务工作负责人为成员的劳动教育工作委员会，领导小组办公室设在党委学生工作部。形成由学校党委统一领导，劳动教育工作委员会统筹协调，各职能部门和二级学院分工负责的工作机制，做好学校劳动教育的统筹规划、宏观指导、组织协调、督促检查、考核评价工作。学校党委把劳动教育纳入学校重要议事日程，定期研究部署和督导推进相关工作，把劳动教育纳入人才培养计划、纳入年度工作计划，纳入全员、全过程、全方位的三全育人体系。（牵头单位：党委学生工作部、教务处；协助单位：党委办公室、校长办公室、党委组织部、党委宣传部、党委保卫部、人事处、财务处、总务处、招生与就业办公室、信息化办公室、校工会、校团委、图书馆、校友事务及教育发展办公室、马克思主义学院、各二级学院）

14. 师资建设。劳动教育是学校人才培养体系建设的重要内容，将劳动教育纳入教师培训内容体系，增强教师对新时代劳动教育在人才培养全过程中的价值认同，强化每位教师的劳动意识、劳动观念。邀请劳动模范、大国工匠等优秀社会人士担任兼职教师，建立专兼职相结合社会型劳动教育师资队伍。各二级学院应成立劳动教育工作小组，劳动教育工作小组负责领导、组织、协调和指导学院的劳动教育工作，根据本方案制定具体措施，细化责任分工，形成工作合力，确保各项工作统一有序、扎实有效地开展。（牵头单位：教务处、各二级学院；协助单位：人事处、党委学生工作部、招生与就业办公室、马克思主义学院）

15. 经费保障。将劳动教育经费纳入学校年度预算，为劳动教育课程、劳动教育实践、劳动教育设施、劳动教育系统平台、校内劳动教育场所、

校外劳动教育实践基地等工作提供必要经费支持。(牵头单位：财务处)

16．系统保障。与学工系统、易班相结合，通过网络平台设立学校劳动教育专题网站，实现劳动教育管理、科学评价的信息化。(牵头单位：党委学生工作部；协助单位：信息化办公室)

17．安全保障。加强对师生的劳动安全教育，强化劳动风险意识，建立安全教育与管理并重的劳动安全保障体系，科学评估劳动实践活动的安全风险，消除劳动实践中的各种隐患。制订劳动实践活动风险防控预案，完善应急与事故处理机制。(牵头单位：党委学生工作部、党委保卫部；协助单位：各二级学院)

附件六

上海立信会计金融学院新时代美育工作实施方案

为深入贯彻落实全国教育大会精神以及中共中央办公厅、国务院办公厅印发的《关于全面加强和改进新时代学校美育工作的意见》和《关于切实加强新时代高等学校美育工作的意见》(教体艺〔2019〕2号)有关文件精神,全面落实推进中共上海市委办公厅、上海市人民政府办公厅印发的《关于全面加强和改进新时代学校美育工作的实施意见》和《上海市学校美育发展"十四五"规划》(沪教委体〔2022〕2号)文件精神要求,把美育纳入人才培养全过程,遵循美育特点,教育引导学生在恪守"立信"校训、秉承"立诚明德、经世致用"大学精神过程中提升审美素养、陶冶情操、温润心灵、激发创新创造活力,培养德智体美劳全面发展的社会主义建设者和接班人,结合我校实际,制定本实施方案。

一、指导思想

以习近平新时代中国特色社会主义思想为指导,全面贯彻党的教育方针,落实立德树人根本任务,弘扬中华美育精神,以社会主义核心价值观为引领,以服务学生全面发展、以提高学生审美和人文素养为目标,以美育人,以美化人,以美培元,通过美育教育,引领学生树立正确的审美观念、陶冶高尚的道德情操、塑造美好心灵,培养德智体美劳全面发展的社会主义建设者和接班人。

二、基本原则

(一)坚持正确方向,以美育人

将高校美育作为立德树人的重要载体,弘扬社会主义核心价值观,在中华优秀传统文化、革命文化、社会主义先进文化教育中，引领大学生树立正确的历史观、民族观、国家观、文化观，陶冶高尚情操，塑造良好心灵，增强文化自信。

（二）坚持面向全体，分类指导

坚持普及与提高并重、传承与创新同步，完善"面向每一位学生、给予特长学生充分发展"的学校美育机制。整体推进全校各学院美育发展，加强分类指导，鼓励学院特色发展形成"一院一品""一校多品"的美育新局面。

（三）坚持改革创新，五育并举

坚持全面深化高校美育综合改革，坚持德智体美劳五育并举，积极探索美育课程改革，加强美育与各学科有机融合，强化美育实践体验，完善评价机制。

（四）坚持统筹协调，整合资源

充分挖掘、合理利用、优化整合各类美育资源，促进学校各部门与社会的互动互联，全员全过程全方位育人，提升美育整体水平，形成充满活力、多方协作、开放高效的美育新格局。

三、总体目标

到 2025 年，学校美育工作取得显著进展，美育教学改革进一步深化，美育课程、美育师资、美育环境建设全面加强，美育推进机制和评价体系进一步完善，社会美育资源进一步整合，美育合力基本形成，学生审美和人文素养进一步提升。到 2035 年，形成具有立信特色的多样化、高质量、五育并举融合发展的新时代高校美育格局。

四、主要任务和举措

（一）深化美育教学改革

1. 树立学科融合理念。推进美育教学改革与创新，加强美育与德育、智育、体育、劳动教育的融合。以艺术课程和艺术活动为主阵地，探索艺

术课程与其他学科的融合，充分挖掘和运用各学科蕴含的体现中华美育精神与民族审美特质的丰富美育资源，跨学科贯通人文学科与自然学科。整合区域文化资源和学校传统优势，促进课程改革、社会实践与校园文化建设深度融合。（牵头单位：教务处、校团委、人文艺术学院、上海市学校艺术教育发展评估中心；协助单位：各学院）

2. 优化公共艺术课程体系。开设以审美和人文素养培养为核心、以创新能力培育为重点、以中华优秀传统文化传承发展和艺术经典教育为主要内容的公共艺术课程。构建具有学校特色的"理论＋鉴赏＋实践"的立体化美育课程体系。设置艺术与审美课程模块，开设多样性、多层次、多元化的"限定性选修＋公共选修"美育课程，丰富美育课程的学习实践。每位本科生在校期间内须修满学校规定的公共艺术课程2学分。通过学习艺术理论、鉴赏艺术作品、参加艺术活动等，树立正确的审美观念，培养高雅的审美品位，提高人文素养。（牵头单位：教务处；协助单位：人文艺术学院）

3. 开发中华传统文化特色课程。围绕中华优秀传统文化传承开发建设特色课程，以"中国书画""民间艺术"等为主要方向，开发具有我校特色的美育课程。开设相关的艺术实践课程，通过课程扩大民族优秀传统文化的传播影响力，进一步强化学生的文化自豪感及文化自信心。（牵头单位：教务处；协助单位：人文艺术学院）

（二）加强美育师资队伍建设

4. 优化拓宽美育师资队伍。坚持专兼结合，配齐配好美育师资队伍，优化校内专职美育教师结构比例，拓展我校美育师资资源，多渠道引进高水平文艺工作者担任学校美育兼职教师，打造一支师德高尚、业务精湛、特色鲜明的高水平美育师资队伍。（牵头单位：人事处；协助单位：人文艺术学院）

5. 提升美育教师教育教学和科研能力。全面提高美育教师思想政治素质、教学素质、育人能力和职业道德水平，积极搭建美育课堂教学交流和教学技能培训平台，结合学校的本科教师教学激励计划的教学团队建设计划和思政创新计划,组建"艺术工作坊"和"美育名师工作室"。鼓励教师开展对外交流、访学,参加高级别美育学术交流会议,开展美育教学与人文、社科、自然等其他学科深度融合的课题研究,培育一批具有较高思想素质、良好敬业精神、较强艺术教育能力的美育师资。(牵头单位:学生处、人事处、科研处、教务处、教师教学发展中心;协助单位:人文艺术学院)

6. 加大教师教学岗位激励力度。结合我校实际情况,最大限度激发美育教师队伍创新活力和可持续发展能力,逐步建立符合美育特点的教师职称评审制度和考核评价机制,为美育教师职称晋升、职业发展、教学科研成果评定等提供支撑。(牵头单位:人事处、科研处、教务处;协助单位:人文艺术学院)

(三)强化美育实践教育

7. 打造美育活动品牌。以"校园文化艺术节""社团文化节"等系列美育活动为依托,以书画协会、美术协会、艺术设计协会等艺术类社团为载体,以迎新季、毕业季为契机,精心打造形式新颖、喜闻乐见的校园艺术文化精品,营造浓厚的校园美育文化氛围,形成"一院一品""一校多品"的美育文化建设成果。(牵头单位:校团委;协助单位:各学院)

8. 推广普及高雅艺术。定期开办"美育大讲堂",邀请知名艺术家、学者、校友进校园举办艺术讲座,给予学生更多的艺术熏陶,营造浓厚艺术文化氛围。定期开展高雅艺术进校园活动,引进思想精深、艺术精湛、制作精良的优秀文化精品力作,满足学生对美好文化生活的需要。(牵头单位:党委宣传部、党委学工部、校团委;协助单位:人文艺术学院、校友事务及教育发展办公室、上海市学校艺术教育发展评估中心、各学院)

9. 增强美育服务社会能力。充分发挥我校美育资源和力量,推进公共文化服务活动,每年参与市、区、街镇、居村、文化指导中心等组织的艺术讲座或艺术实践活动。通过社会实践、支教等多种形式,开展文艺下乡活动,提升整体美育氛围,感受志愿之美,在志愿服务中增强责任感和使命感。积极组织学生艺术团队出国(境)演出交流,传播中华优秀传统文化，增加艺术国际交流。（牵头单位：党委宣传部、党委学工部、国际交流处、校团委、上海市学校艺术教育发展评估中心；协助单位：各学院）

（四）开展立信特色美育工程

10. 强化立信美育原创精品工程。依托高校原创文化精品活动、校园文化特色品牌扶持计划等，将美育融入实践、融入创作，结合校史红色文化打造一系列校园原创精品力作，推动优秀文化精品巡回展示，让以《潘序伦》《海上星火》《永不停息的算盘声》为代表的立信原创文化精品面向社会大众传播红色故事、传递立信精神，激发广大学子爱国爱校热情，提高人文素养，陶冶情操，深化精神体悟。（牵头单位：党委宣传部、校团委；协助单位：各学院、上海市学校艺术教育发展评估中心）

11. 提升星海艺术团建设引领工程。依托星海艺术团，积极开展合唱、舞蹈、交响乐、民乐、话剧等艺术专场活动，充分发挥大学生艺术团的艺术浸润和感染作用，丰富校园文化生活，培育浓厚校园艺术氛围。持续深入开展全国大学生艺术展演、上海市大学生话剧节、"汇创青春"——上海大学生文化创意作品展示活动等品牌活动，引导学生积极参与美育实践活动，培养学生发现美、鉴赏美、创造美的能力。（牵头单位：校团委；协助单位：各学院）

12. 完善线上线下美育展示平台工程。建设线上云校园作品展台以及线下艺术回廊，积极鼓励学生艺术创作，让校内学生更普遍、贴近感受艺术，增强学生提高艺术方面素养的自主意识。用好、用足校内宣传平台，展示多元美育元素，如诚信美、勤劳美、健康美、环境美、语言美、行为美等，营造校园美育氛围。（牵头单位：党委宣传部、校团委、信息化办公室；协助单位：各学院）

（五）加强美育支持与保障

13. 成立美育工作领导小组，统筹规划全校美育工作。由校领导担任组长，党委办公室、校长办公室、党委宣传部、党委学生工作部、教务处、科研处、人事处、国际交流处、财务处、总务处、团委、人文艺术学院、信息化办公室、教师教学发展中心、校友事务及教育发展办公室、上海市学校艺术教育发展评估中心等部门负责人共同参与；下设办公室，设在团委。办公室主任由团委负责人兼任；副主任由教务处、人文艺术学院、上海市学校艺术教育发展评估中心分管美育工作负责人兼任。（牵头单位：校团委；协助单位：教务处、人文艺术学院、上海市学校艺术教育发展评估中心）

14. 保障美育工作经费。将美育工作经费纳入学校经费预算，并全面实施预算绩效管理。保障学生审美与人文素质发展教育活动、美育课程与教学建设、星海艺术团美育实践、艺术展演、高雅艺术进校园、师资进修培训等活动的经费需求，严格经费管理和使用。建立多元筹资机制，完善政府、社会、学校相结合的共建机制。（牵头单位：财务处）

15. 积极推进艺术场馆建设。加大对美育教育相关设施建设的经费投入，加强建设艺术场馆硬件设施的完善。建立满足课程教学和实践活动新需求的场地设施，修缮原有老旧设施，配备充足的美育教育所需器材设备。建立美育工作协同机制，加强与校外艺术组织、机构以及其他高校交流合作，拓宽艺术建设平台，共同协作举办各类艺术展演活动，拓宽美育教育平台与场馆选择范围。（牵头单位：总务处；协助单位：校团委、人文艺术学院、上海市学校艺术教育发展评估中心）

16. 完善美育评价机制。强化美育工作督导，实施美育工作自评和年度报告制度，把美育工作和公共艺术课程教学纳入学校教育督导范畴，并强化督导检查结果应用。（牵头单位：教务处、校团委、人文艺术学院、上海市学校艺术教育发展评估中心）

后 记

教育兴则国家兴，教育强则国家强。习近平总书记在党的二十大报告中首次将"实施科教兴国战略，强化现代化建设人才支撑"作为一个单独部分，充分体现了教育的基础性、战略性地位和作用，并对"加快建设教育强国、科技强国、人才强国"作出全面而系统的部署，对加快建设教育强国的总体方向和重点任务提出新的更高要求。站在新的历史起点上，习近平总书记强调，"我们要建设的教育强国，是中国特色社会主义教育强国，必须以坚持党对教育事业的全面领导为根本保证，以立德树人为根本任务"。阔步迈进在建设教育强国的大路上，"立德树人"的根本属性愈加彰显，"立德树人"的战略意义和时代价值也愈加丰富。

《立德树人之立信实践——新时代高校学生工作理论与实践探索》作为"立德树人之立信实践"丛书中的一部，由上海立信会计金融学院组织编撰，党委副书记、副院长王军华担任主编，负责主持编著并审定，"立德树人之立信实践"丛书副主编李延绍研究员和党委学生工作部部长潘勇军担任副主编，协助编著并统稿。其中，绪论、第一章、第三章由王军华、王煜华、孟微负责编著，第二章、第四章由李延绍、吴甜负责编著，第五章由潘勇军、李羽佳负责编著。本书编撰过程中，得到了刘经伟、王妍、万金城、卫志红、魏康婧、王因、高希杰、孙丽娜、张莎、夏昱、年大琦、沈丹等人的指导和支持，在此一并表示感谢！

本书对标新时代教育强国建设中学生工作的重点、难点以及新要求，力求客观反映上海立信会计金融学院学工系统近年来全面落实立德树人根本任务，深入实施铸魂育人、以文化人、五育并举、评价改革及数字赋能等"五大工程"，推动构建具有立信特色立德树人落实机制的奋进轨迹，全面展示了学校在学生思想政治工作方面的理论与实践探索经验，以期为高等学校在新时代落实立德树人根本任务提供借鉴和启示。

本书的编撰工作也得到了学校领导、相关部门、立信会计出版社的高度重视和大力支持，在此一并致以谢忱。

教育是国之大计、党之大计。当前，世界百年未有之大变局加速演进，中华民族伟大复兴进入关键时期，因此，对高质量教育和高素质人才提出了更高要求。党的十九届五中全会审议通过的《中共中央关于制定国民经济和社会发展第十四个五年规划和二〇三五年远景目标的建议》明确提出"建设高质量教育体系"。党的二十大报告提出"加快建设高质量教育体系"的目标任务。习近平总书记在中共中央政治局第五次集体学习时，进一步将各级各类教育高质量发展与建设高质量教育体系联结在一起，为到2035年建成教育强国指明了新的前进方向，为学校全面落实立德树人根本任务提供了行动指南和重要遵循。作为中国特色社会主义财经大学，学校将胸怀"国之大者"，牢记为党育人、为国育才，站在为全面推进中华民族伟大复兴提供有力支撑的战略高度，深刻领悟高等教育的特殊重要责任与使命，将学校发展"小逻辑"融入国家发展"大逻辑"，在中国式现代化新征程中作出贡献。

由于时间和水平所限，书中如有不当之处，恳请读者海涵并提出宝贵意见，以利后续改进提高。